HISTÓRIAS

Livro VII - Polímnia

Heródoto
HISTÓRIAS
Livro VII - Polímnia

Tradução, introdução e notas
MARIA APARECIDA DE OLIVEIRA SILVA

Graduada em História,
Mestre em História Econômica
e Doutora em História Social (USP).
Pós-Doutora em Estudos Literários (UNESP).
Pós-Doutora em Letras Clássicas (USP).

Copyright da tradução e desta edição © 2024 by Edipro Edições Profissionais Ltda.

Todos os direitos reservados. Nenhuma parte deste livro poderá ser reproduzida ou transmitida de qualquer forma ou por quaisquer meios, eletrônicos ou mecânicos, incluindo fotocópia, gravação ou qualquer sistema de armazenamento e recuperação de informações, sem permissão por escrito do editor.

Grafia conforme o novo Acordo Ortográfico da Língua Portuguesa.

1ª edição, 2024.

Editores: Jair Lot Vieira e Maíra Lot Vieira Micales
Produção editorial: Karine Moreto de Almeida
Tradução, introdução e notas: Maria Aparecida de Oliveira Silva
Revisão: Marcia Men
Diagramação: Karina Tenório
Capa: Marcela Badolatto | Studio Mandragora
Imagem da capa: Polímnia, por Charles Meynier, 1800

Dados Internacionais de Catalogação na Publicação (CIP)
(Câmara Brasileira do Livro, SP, Brasil)

Heródoto, 484-425

    Histórias : livro VII : Polímnia / Heródoto ; tradução, introdução e notas Maria Aparecida de Oliveira Silva. – 1. ed. – São Paulo : Edipro, 2024.

    Título original: Πολύμνια
    ISBN 978-65-5660-131-1 (impresso)
    ISBN 978-65-5660-132-8 (e-pub)

    1. Grécia – História 2. História antiga I. Silva, Maria Aparecida de Oliveira. II. Título.

23-175368   CDD-930

Índice para catálogo sistemático:
1. História antiga : 930

Cibele Maria Dias – Bibliotecária – CRB-8/9427

São Paulo: (11) 3107-7050 • Bauru: (14) 3234-4121
www.edipro.com.br • edipro@edipro.com.br
 @editoraedipro   @editoraedipro

Sumário

Introdução ao Livro VII - Polímnia 6

Livro VII 32

Referências bibliográficas 242

Índice onomástico 246

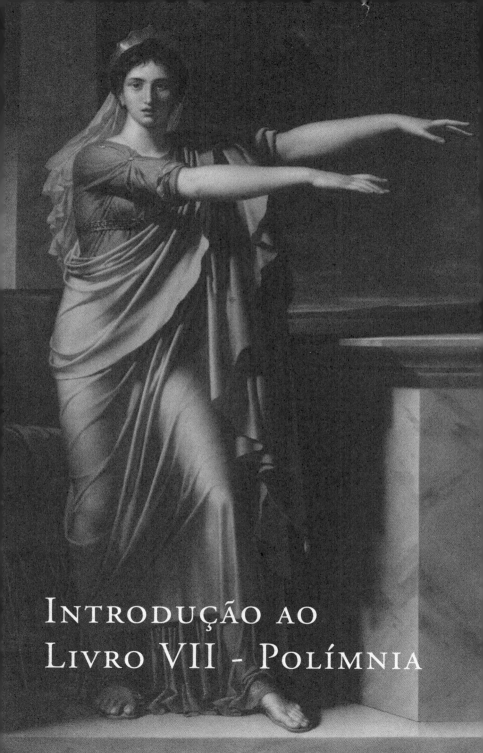

Introdução ao Livro VII - Polímnia

I. Introdução

Após encerrar seu relato sobre a Batalha de Maratona, descrita no *Livro VI – Érato*, Heródoto segue seu registro dos fatos dignos de memória do embate entre helenos e persas na chamada Segunda Guerra Persa, de 482 a 479 a.C. Desse modo, o historiador inicia o *Livro VII – Polímnia* narrando a ira de Dario ao saber da derrota dos persas e o seu incontrolável desejo de vingança, que o leva a iniciar os preparativos para a expedição militar persa que tinha como objetivo atacar a Hélade. No entanto, o rei Dario morre antes de alcançar sua ambição de dominar a Hélade e se vingar, especialmente dos atenienses, considerados os responsáveis pela sua fragorosa derrota em Maratona. Como não poderia faltar, Heródoto traça um breve panorama em que esses preparativos aconteceram: primeiro nos informa sobre o contexto da ascensão de seu filho Xerxes ao trono da Pérsia e as circunstâncias da morte do rei Dario, em 486 a.C.:

> Portanto, não seria razoável nem justo se algum outro recebesse essa prerrogativa régia antes dele próprio, visto que também em Esparta assim era o costume, disse Demarato em tom de conselho, se os filhos fossem nascidos antes de seu pai reinar, e tivesse nascido um filho enquanto ele reinava, o que nasceu depois tornava-se o que tinha direito à sucessão do reino. E Xerxes serviu-se do conselho de Demarato, e Dario considerou que o que ele dizia era justo e entregou-lhe o seu reino. E parece-me que, mesmo sem esse conselho, Xerxes poderia reinar; pois era Atossa que detinha todo o poder. E depois de indicar Xerxes como rei dos persas, Dario movimentou-se para realizar a sua expedição militar; porque, depois desses acontecimentos, outros e a revolta do Egito lhe aconteceram, no ano seguinte, [...] E após a morte de Dario, o reino passou para aquele seu filho, Xerxes. (Heródoto, *Histórias*, VII, 3-4)

Heródoto nos faz ver que a rainha persa exercia influência determinante nas decisões do rei, que era certa a escolha de Xerxes para ser o rei da Pérsia, pois era filho de Atossa, a filha do glorioso rei

Ciro, o fundador da dinastia dos Aquemênidas. Ao comentar que o rei Dario morreu sem completar sua vingança, Heródoto prepara seu leitor/ouvinte para a próxima cena de suas *Histórias*[1] que é a vingança de Xerxes.

II. Segunda Guerra Persa: a vingança do rei Xerxes

Como em um prólogo trágico, Heródoto inicia seu *Livro VII – Polímnia* anunciando a ira que dominou o rei Dario e desencadeou a preparação de uma expedição militar contra a Hélade, bem como demandou a participação de todos os territórios conquistados pelo Império Persa por vários anos, conforme lemos neste relato:

> Quando a notícia sobre a batalha ocorrida em Maratona chegou ao rei Dario, filho de Histaspes, que antes estava profundamente irritado com os atenienses por causa de sua incursão em Sárdis; além disso, nesse momento, porque esse sentimento havia se tornado muito mais terrível, movimentou-se intensamente para realizar uma expedição militar contra a Hélade. E imediatamente enviou mensageiros a cada cidade e anunciou que lhe preparassem um contingente militar, e determinou que fosse muito mais que cada uma havia lhe fornecido antes, tanto em naus e cavalos como em víveres e barcos para seu transporte. E depois dessas ordens terem sido anunciadas, a Ásia ficou agitada por três anos, e ficaram reunindo os melhores, equipando-se a fim de que realizassem a expedição militar contra a Hélade. (Heródoto, *Histórias*, VII, 1-2)

Entre os persas, havia o costume de nomear um rei substituto quando o rei partia em uma expedição militar, pois sabia-se do risco do rei morrer e seu povo ficar sem um governante. Em Esparta, tal problema foi solucionado com a instituição de uma diarquia, o que

---

[1]. Sobre o conteúdo trágico da obra herodotiana, consultar: Silva, M. A. O. A trilogia trágica de Heródoto. *Teatro: criação e construção de conhecimento*, v. 6, p. 61-73, 2018.

também causava discórdia, visto que o rei que partia para a guerra amealhava mais glória e poder. Então, vemos que Demarato estava ansioso para que o rei nomeasse aquele que seria seu simpatizante, nas entrelinhas também é possível inferir que Demarato tinha boas relações com a rainha Atossa, sem a qual a sucessão não seria garantida; ou ainda, que Demarato queria se aproximar da rainha por meio de seu filho, de qualquer modo, ele pretendia a invasão de Esparta e o seu retorno ao trono da cidade.

Não por acaso, Heródoto descreve a situação política de Demarato e sua pressa de assegurar que Xerxes fosse declarado futuro herdeiro do trono persa, quando o rei Dario ainda estava vivo:

> Demarato, filho de Aríston, estava entre eles, porque havia chegado de Susos e sido destituído da realeza de Esparta e lançou-se da Lacedemônia para o exílio. Esse homem, ao ser informado sobre a divergência entre Dario e os filhos, veio, conforme se conta tradicionalmente sobre ele, e aconselhou Xerxes a lhes dizer, além desses argumentos, em poucas palavras que ele nasceu como filho de Dario quando ele já reinava e tinha o poder sobre os persas, e que Artobazanes, quando Dario ainda era um cidadão comum. (Heródoto, *Histórias*, VII, 3)

E o desenrolar dos acontecimentos termina por legitimar a escolha de Dario, Xerxes torna-se o rei da Pérsia, uma vez que seu pai morre durante os preparativos da guerra, episódio que Heródoto comenta assim: "enquanto se preparava; Dario, após ter reinado o total de trinta e seis anos, morreu e não conseguiu se vingar dos egípcios revoltosos nem dos atenienses". (*Histórias*, VII, 4). Com este comentário, Heródoto especifica que a invasão da Hélade tem a cidade de Atenas como alvo para saciar a fúria do rei Dario.

E Xerxes, após ter sido declarado o novo rei da Pérsia, não abandona os planos de vingança de seu pai. Assim, primeiro segue para o Egito a fim de conter a revolta dos egípcios insurgentes e, desse modo, manter o Egito como uma importante província tributária do Império Persa. Em seguida, Xerxes inicia uma articulação interna para que persas e aliados se unam e realizem uma expedição militar contra a Hélade, em particular contra Atenas, com o seguinte discurso:

> Por isso, eu vos reuni agora, a fim de vos comunicar sobre o que tenho em mente fazer; estou prestes a construir uma ponte de barcos sobre o Helesponto e conduzir meu exército através da Europa contra a Hélade, a fim de que ele se vingue dos atenienses pelo tanto que eles fizeram ao meu pai e aos persas. Portanto, vedes que o meu pai Dario desejava intensamente realizar uma expedição militar contra esses homens; mas ele morreu e não conseguiu se vingar deles. E eu, em nome dele e dos outros persas, não pararei antes que capture e incendeie Atenas, os que primeiro cometeram ultrajes contra o meu pai.
> (Heródoto, *Histórias*, VII, 8)

Embora alguns presentes tenham se manifestado contrários à expedição, o argumento de Xerxes tornou-se irrefutável quando afirmou que vingaria "Dario e os persas", pois o rei trouxe a guerra para o plano pessoal, ao mesmo tempo em que se mostrou disposto a realizar o desejo de vingança também de uma pequena aristocracia persa que obteve prejuízos com a malfadada expedição em Maratona. Acrescente-se a esse contexto o fato de os atenienses terem apoiado as colônias iônias da Ásia Menor em sua tentativa falha de libertação dos helenos do Império Persa[2]. Logo que o rei persa recebeu a anuência daqueles que o cercavam, iniciou os preparativos da expedição militar para a invasão da Hélade, cuja grandiosidade é destacada por Heródoto nos capítulos 20 e 21; além disso, o historiador nos mostra a habilidade técnica dos persas na abertura de um canal em Atos, dos capítulos 22 a 24 deste *Livro VII – Polímnia*.

Com todo o seu poderio militar preparado para o ataque contra a Hélade por mar e por terra, uns dias antes de iniciá-lo, Xerxes tentou cooptar os demais povos helenos utilizando a ameaça que

---

2. Episódio conhecido como a Revolta da Iônia, relatada em detalhes por Heródoto no *Livro V – Terpsícore*.

representava a sua força militar para provocar medo entre ele, como Heródoto registra nesta argumentação do rei:

> E assim que chegou a Sárdis, primeiro enviou arautos para a Hélade para que pedissem terra e água e que ordenassem a preparação de um banquete para o rei; como exceção, não enviou um pedido de terra para Atenas nem para a Lacedemônia, mas para todo o restante. E ele os enviou pela segunda vez para pedir terra e água por este motivo: pensava que quantos não os haviam concedido antes ao enviado de Dario, de fato eles os dariam tudo porque teriam medo naquele momento; ele compreendia o fato em si e por si mesmo, então ele os enviou. (Heródoto, *Histórias*, VII, 32)

Mais adiante, no capítulo 133 deste *Livro VII – Polímnia*, Heródoto explica por que Xerxes não enviou arautos a Atenas e Esparta; segundo o historiador, isso aconteceu em razão da reação anterior de atenienses e espartanos, estes haviam atirado seus arautos em um poço e aqueles lançado seus arautos no precipício dos condenados, no Báratron.

> E Xerxes não havia enviado arautos a Atenas nem a Esparta com pedidos de terra, pelos seguintes motivos: primeiro Dario os havia enviado para essa mesma ação, mas uns[3] deles lançaram os solicitantes ao Báratron, e os outros[4] os lançaram em um poço, enquanto lhes ordenavam que trouxessem terra e águas deles para o seu rei. Por causa desses acontecimentos, Xerxes não enviou solicitantes a eles. E o que aconteceu com os atenienses por terem feito isso com os arautos, eu não tenho como dizer, exceto que o seu território e a sua cidade foram saqueados, mas isso não foi por causa do que eu penso que seja o motivo. (Heródoto, *Histórias*, VII, 133)

---

3. Os atenienses.

4. Os espartanos ou lacedemônios. Sobre a história espartana desde o período arcaico ao clássico, consultar: M. A. O. Silva. *Plutarco historiador: análise das biografias espartanas*. São Paulo: Edusp, 2006.

Embora Heródoto coloque em dúvida os males que atingiram a cidade de Atenas após esse ato condenável, as consequências desses atos foram além de despertar a ira e o desejo de vingança do rei Xerxes para Esparta, a atitude dos lacedemônios despertou a ira de seu herói Taltíbio, que ao lado de Euríbato, foi responsável pelas mensagens enviadas pelo grande rei Agamêmnon. O castigo dado aos lacedemônios foi na mesma medida da injúria cometida, conforme lemos neste relato:

> Portanto, a ira de Taltíbio, arauto de Agamêmnon caiu sobre os lacedemônios. Pois existe um templo de Taltíbio em Esparta, também existiam para os descendentes de Taltíbio, que eram chamados Taltibíadas, que eram aqueles que tinham todos os privilégios para ser os arautos de Esparta. E depois disso, os cidadãos espartanos não conseguiam obter bons auspícios nas ocasiões em que realizavam sacrifícios. E eles tiveram de lidar com essa situação durante um longo tempo. E os lacedemônios estavam aflitos com o infortúnio que tinham de conviver, e frequentemente se reuniram em vão, então fizeram uma proclamação anunciada pelo arauto que indagava o que se segue, se alguém dentre os lacedemônios queria morrer em prol de Esparta; então, Espertias, filho de Anaristo, e Búlis, filho de Nicolau, homens cidadãos espartanos bem-nascidos por natureza e que alcançaram as primeiras posições em riqueza, quiseram pagar a pena para Xerxes e ofereceram-se pelos arautos de Dario que foram mortos em Esparta. Desse modo, os cidadãos espartanos enviaram-nos para os medos para que eles fossem mortos.
> (Heródoto, *Histórias*, VII, 134)

A recusa das duas maiores cidades da Hélade explica-se pela potência militar e econômica que ambas formaram, portanto, poderia reagir ao ataque persa. Outro ponto a ser considerado é que as cidades que aceitavam oferecer "terra e água" tinham seus recursos exauridos quando recebia a expedição militar persa, tal lemos neste relato:

> E os que dentre os helenos recebiam sua expedição militar e ofereciam banquetes a Xerxes até que se consumisse tudo, alcançasse tamanha escassez, de modo que eles eram forçados a sair de suas casas; certamente, como entre os tásios, depois de terem recebido a expedição militar de Xerxes e de ter lhe oferecido banquetes, em nome de suas cidades do continente, Antípatro, filho de Orgeu, um homem de boa reputação dentre os cidadãos da cidade alta, igual ou mais que ele, demonstrou que teve como despesa de banquete a quantia de quatrocentos talentos de prata. E porque de um modo muito semelhante nessas outras cidades, os encarregados de recebê-lo comprovaram esse relato. (Heródoto, *Histórias*, VII, 118-119)

Heródoto nos mostra que a submissão imposta pelo Império Persa era sem limites, que o dominado estava submetido a impostos, a envio de dinheiro, víveres e contingente para compor qualquer expedição militar do rei persa. E os territórios povoados que estavam no caminho de uma expedição militar do Império Persa ainda eram forçados a abastecê-la com seus próprios recursos. A resistência espartana e ateniense espelha, de outra maneira, o medo de serem dominados e exauridos pelo Império Persa, o que os tornaria dependentes e sem estrutura para sua libertação, tal como vimos na Revolta da Iônia. Sob essa perspectiva herodotiana, depreendemos que atenienses e espartanos lutavam por seu território e por sua liberdade, algo mais importante que um desejo de vingança.

III. A GUERRA DE HELENOS ARCAICOS CONTRA HELENOS CLÁSSICOS, OU DA TIRANIA X DEMOCRACIA

No episódio em que o rei Xerxes convoca seus conselheiros para deliberar sobre o ataque ao território da Hélade, houve a participação de helenos que estavam hospedados na corte do rei persa. Assim, a inesperada morte do rei Dario antes da realização do ataque contra a Hélade trouxe à cena outros helenos: os Alévadas e os Pisistrátidas, que pretendiam retomar o poder em suas cidades, por isso contavam com a dominação persa para seu retorno ao poder. Não podemos esquecer do rei Mardônio que perdeu seu trono em Esparta e era um atuante general do exército persa; portanto, a corte persa também abrigava helenos descontentes com o regime político de suas cidades e que se aliavam ao Império Persa com a intenção de retomar o poder em seus territórios.

Até mesmo Mardônio, o genro de Dario, tinha a esperança de ser o sátrapa da Hélade, posto que Heródoto chama de governador, de acordo com este relato:

> Mas, dentre os persas que integravam a corte do rei, o mais poderoso era Mardônio, filho de Góbrias, que era primo de Xerxes, porque era filho da irmã de Dario e tinha tal discurso, disse: "Déspota, não é conveniente que os atenienses, depois de terem feito muitos males aos persas, não sofram punição pelas coisas que fizeram. Mas, se fizeres agora o que tens em mãos; se dominares a insolência do Egito, conduz uma campanha de guerra contra Atenas, a fim de que se tenha um bom discurso para os homens para que alguém mais tarde evite realizar uma expedição militar contra a tua terra." Esse seu discurso era por vingança, e acrescentava a esse discurso isto, que a Europa era um território muito belo e que crescia árvores frutíferas por toda parte e era extremamente fértil, e somente o rei dentre os mortais era digno de possuí-lo. E Mardônio dizia tais palavras porque era um aficionado por novos feitos e queria ele mesmo ser o governador da Hélade. (Heródoto, *Histórias*, VII, 5-6)

O conselho de Mardônio parece alinhado com o dado pelos Alévadas e os Pisistrátidas, como lemos neste registro:

> por um lado, mensageiros da parte dos Alévadas chegaram da Tessália e incitaram o rei com todo o seu empenho para que ele fosse contra a Hélade (e esses Alévadas eram os reis da Tessália); por outro lado, alguns Pisistrátidas que tinham vindo de Susos, tinham

os mesmos argumentos que os dos Alévadas, que de fato acrescentavam muito mais. (Heródoto, *Histórias*, VII, 6)

Heródoto nos mostra que esses helenos não se importavam em atuar como sátrapas do rei persa, desde que eles fossem autoridades em suas regiões, enquanto o domínio total da Hélade caberia ao Império Persa. Os Alévadas se manifestam pela manutenção de seu poder real que lhes conferia o direito de governar absolutos na região da Tessália; já os Pisistrátidas tinham planos de retornar ao poder em Atenas. Os Alévadas e Pisistrátidas utilizaram um cresmólogo, isto é, um intérprete de oráculos, como argumento de persuasão, tal lemos neste relato:

> Haviam subido com Onomácrito, um homem ateniense, que era cresmólogo e compilador dos oráculos de Museu, porque haviam desfeito a inimizade com ele. Pois Onomácrito foi expulso de Atenas por Hiparco, filho de Pisístrato, ao ser pego em flagrante por Laso de Hermíone quando introduzia um oráculo nos de Museu, em que dizia que as ilhas próximas de Lemnos desapareceriam no mar; por isso, Hiparco o expulsou, embora antes se relacionassem com muita intensidade. E nesse momento, após terem subido com os Pisistrátidas e, sempre que chegavam à presença do rei, os Pisistrátidas diziam palavras veneráveis a respeito do rei, e ele lhes proferia os oráculos; se houvesse algum revés vindo ao bárbaro, ele não dizia nada sobre isso, selecionava os mais propícios, e ele dizia que seria por destino que o Helesponto seria colocado sob o jugo de um homem persa e explicava como seria a expedição. De fato, tanto ele usava as revelações divinas de seus oráculos como os Pisistrátidas e os Alévadas influenciavam os seus pensamentos. (Heródoto, *Histórias*, VII, 6)

Notamos que a manipulação de oráculos era algo recorrente entre os governantes totalitários que desejavam justificar suas ações absolutistas através de sinais divinos, como se os deuses estivessem ao lado deles. Pensamento que nos conduz ao período arcaico da história helena em que os reis recebiam seus cetros como um elo entre os reis e Zeus, este tido como o responsável pela transmissão desse poder, dado que também legitimava a função sacerdotal que os reis desempenhavam.

A derrubada dos tiranos em Atenas representou um novo tempo de prosperidade na cidade, conforme Heródoto afirma: "Atenas, que era grande antes, nesse momento tornou-se ainda maior por ter se livrado dos tiranos" (*Histórias*, V, 66). Eram os novos ventos democráticos soprando em uma Atenas adentrando o seu período mais glorioso, a época clássica, o tempo do teatro, da filosofia e da arte retórica. Os helenos arcaicos não encontravam mais a ordem do mais forte, a justiça de um ou alguns homens, o poder absoluto e a religião como culto de deuses e de reis. Os helenos clássicos criam uma nova forma de governo chamada democracia, a participação dos cidadãos é mais ampla, os tribunais eram públicos e garantiam o debate entre a acusação e a defesa, o poder era compartilhado e a religião era uma manifestação de culto público à cidade, através de seus festivais, bem como de culto privado com os deuses cultuados em seus lares. Os clássicos conhecem o espaço de debate para ideias novas que vinham de todos os lugares, chamado de ágora, as peças teatrais encenadas por horas que levavam os cidadãos ao convívio entre si, ou seja, o coletivo é o espaço do particular, é onde os diferentes debatem e se embatem por ideias e rumos melhores para si e a cidade.

O contrário do exposto acima são a monarquia e a tirania, pois ambas nos levam, em geral, a decisões tomadas por uma pessoa e, consequentemente, ao silenciamento das vozes discordantes. O discurso de Heródoto contra o tirano e a tirania pode ser compreendido por meio destas palavras de Otanes:

> Como o governo de um só[5] poderia ser uma coisa bem ajustada, na qual é permitido ao governante, sem que seja responsabilizado, fazer o que quiser? De fato, o melhor dentre todos os homens que for colocado neste

---

5. O termo grego é μουναρχίη (*mounarkhíē*), ou seja, "monarquia", que significa "o governo de um só", definição que optamos usar em nossa tradução.

poder, ele se posicionará fora dos seus costumes habituais. Pois a sua insolência origina-se pelas riquezas presentes ao seu alcance, e ainda a inveja que é natural neste homem desde o seu nascimento. E, com essas duas, possui toda maldade; umas por insolência, outras por inveja, para saciar-se, ele comete muitos atos violentos. Todavia, o tirano[6] poderia ser um homem sem inveja, porque certamente tem todos os bens; mas, por natureza, faz o contrário com seus concidadãos; pois sente inveja dos que são os melhores, porque lhe são superiores em classe e ainda quanto ao modo como vivem, mas se alegra com os que são os piores dentre os cidadãos, e ele é o melhor para acolher as calúnias. (Heródoto, *Histórias*, III, 80)

O pensamento democrático que prevalece na Atenas de seu tempo encontra seu lugar de expressão na continuação do discurso de Otanes:

E o governo do povo, em primeiro lugar, recebe o mais belo de todos os nomes: isonomia. Em segundo lugar, aquele que governa sozinho não faz nada dessas coisas ruins; pois os cargos são ocupados por sorteio, e quem ocupa o poder é responsável pela própria gestão, e todas as deliberações são levadas para a comunidade. Portanto, coloco a minha opinião para que nós abandonemos o governo de um só e o elevemos ao povo; pois o todo está na maioria. (Heródoto, *Histórias*, III, 80)

---

6. Percebemos que Heródoto coloca o monarca e o tirano no mesmo plano. Como vimos um pouco acima, ele usa o termo μούναρχον (*moúnarkhon*), ou monarca; já neste passo, utiliza o termo τύραννον (*týrannon*), ou seja, "tirano". Tal confusão conceitual já ocorreu no caso em que Heródoto utiliza o termo *týrannos* (τύραννος), habitualmente traduzido por tirano, porque indica uma soberania no exercício do poder. O atribui o título a Creso tendo como modelo a tirania, o regime político dos helenos anterior ao recente governo democrático que ele vivencia. No entanto, notamos que Heródoto se serve também do vocábulo βασιλεὺς (*basileùs*), que significa rei, para referir-se aos soberanos persas. Por exemplo, no *Livro I – Clio*, capítulo 7, ele afirma que Candaules era "tirano dos sardianos" (τύραννος Σαρδίων/*týrannos Sardíōn*), já no final desse mesmo capítulo, relata que Candaules foi o último "rei dos Heraclidas" (Ἡρακλειδέων βασιλεύς/*Herakleidéōn basileús*).

A palavra ἰσονομία (*isonomía*) nasceu primeiro no contexto médico, com o significado de "equilíbrio". Alcméon de Crotona, um médico e filósofo pré-socrático do início do século V a.C. que, em um dos seus fragmentos compilados por Aécio (*Livro V*, 30,1), afirma que "a saúde consistia num estado de equilíbrio (ἰσονομία/*isonomía*) dos elementos do corpo". Tal conceito foi amplamente discutido pela filosofia sob a perspectiva do equilíbrio da privação e da necessidade. No campo político, o termo ἰσονομία (*isonomía*) traz o significado de igualdade de direitos civis e políticos, que alimentar o conceito de democracia, especialmente em Atenas. Embora Heródoto não utilize o termo democracia, ele afirma que a ἰσονομία (*isonomía*) é típica de um "Πλῆθος δὲ ἄρχον" (*Plḗthos dè árkhon*), que traduzimos por "governo do povo", o que nos remete à noção de democracia[7].

O tirano Aristágoras de Mileto percebeu que os tempos eram outros, que os cidadãos almejavam participação política e não mais estavam afeitos a tiranos ou reis, cujo poder era absoluto e violento com os seus opositores. Dessa maneira, o tirano fingiu ser favorável à forma de governo democrática para obter o apoio não apenas de sua cidade, mas também das outras cidades governadas por tiranos na Ásia Menor, conforme nos relata Heródoto:

> Aristágoras de fato colocou-se às claras, tramando de tudo contra Dario. E em primeiro lugar, em palavra[8], renunciou à tirania e instituiu a isonomia[9] em Mileto,

---

7. Evans afirma que as categorias de pensamento herodotiana sobre as formas de governo seguem o pensamento filosófico da Atenas de seu tempo, consultar: J. Evans, "Notes on the Debate of the Persian Grandees in Herodotus 3, 80-82", *Quaderni Urbinati di Cultura Classica*, v. 7, 1981, p. 80.

8. A expressão λόγῳ (*logōi*), ou "em palavra", significa que não houve a ação, apenas o discurso. Como afirma Aristóteles: "À época antiga, quando o mesmo cidadão se tornava demagogo e estratego, eles mudavam sua forma de governo para a tirania; pois quase a maioria dos antigos tiranos se originaram dos demagogos". (*Política*, 1305a7-10). In: Aristóteles. *Política*. Tradução, introdução e notas de Maria Aparecida de Oliveira Silva. São Paulo, Edipro, 2019.

9. A palavra ἰσονομία (*isonomía*) nasceu primeiro no contexto médico, com o significado de "equilíbrio". Alcméon de Crotona, um médico e filosofo pré-socrático do início do século V a.C., que em um dos seus fragmentos compilados por Aécio

> a fim de que voluntariamente os milésios provocassem a revolta junto com ele; e depois disso, também instituiu isso no restante da Iônia; alguns tiranos ele expulsou, e outros tiranos ele capturou das naus que haviam navegado em companhia dele a Naxos; porque desejava ser agradável às cidades, entregou cada um à cidade que o requisitasse, de onde era proveniente cada um deles. (Heródoto, *Histórias*, V, 37)

A época em que Heródoto morou em Atenas propiciou-lhe ver a ascensão da cidade no governo de Péricles, eleito pelo povo e que seguia as leis da cidade, sem qualquer elo com o modo tirânico de governar. Heródoto foi contemporâneo de Ésquilo e amigo de Sófocles, conheceu o despertar de uma cultura que estava se renovando e rompendo com muitos valores arcaicos. A boa disposição de espírito de Heródoto diante das circunstâncias propícias e seu contentamento com a nova forma de governo são perceptíveis neste relato:

> Atenas, que era grande antes, nesse momento tornou-se ainda maior por ter se livrado dos tiranos. E nela dois homens eram poderosos: Clístenes[10], um homem alcmeônida, que tem uma notícia que se propaga sobre ele ter

---

(*Livro V*, 30,1) afirma que "a saúde consistia num estado de equilíbrio (ἰσονομία/*isonomía*) dos elementos do corpo". Tal conceito foi amplamente discutido pela filosofia sob a perspectiva do equilíbrio da privação e da necessidade. No campo político, o termo ἰσονομία (*isonomía*) traz o significado de igualdade de direitos civis e políticos, que alimenta o conceito de democracia, especialmente em Atenas. Embora Heródoto não utilize o termo democracia, ele afirma que ἰσονομία (*isonomía*) é típica de um "Πλῆθος δὲ ἄρχον" (*Plḗthos dè árkhon*), que traduzimos por "governo do povo", o que nos remete à noção de democracia. Consultar: Heródoto. *Histórias. Livro III – Talia*, capítulos 80-83.

10. Político ateniense, 565-500 a.C., sucedeu o pai Mégacles no comando de Atenas. Instaurou reformas no sistema de cidadania na cidade, reorganizou a distribuição dos demos e concedeu-lhes direito à cidadania. Criou o Conselho dos Quinhentos, restrito aos cidadãos, encarregado de deliberar sobre os assuntos citadinos.

subornado a Pítia[11], e Iságoras[12], filho de Tisandro[13], que era de uma família de boa reputação, mas, se desde a sua origem, eu não sei dizer; e os seus descendentes realizam sacrifícios[14] a Zeus Cário[15]. Esses homens provocaram revoltas pelo poder, e quando estava em desvantagem, Clístenes tomou o povo como seu aliado. Depois disso, porque estavam divididos em quatro tribos, fez a divisão dos atenienses em dez tribos, e retirou os nomes dos filhos de Íon[16], os de Geleontes, Egicoreus, Argadeus e Hopletes[17], inventando outros nomes de heróis de

---

11. Sobre este registro de Heródoto, conhecemos a crítica de Plutarco de Queroneia, séculos I-II, que é a seguinte: "E no quinto livro, relata que, dentre os nobres cidadãos atenienses, Clístenes persuadiu a Pítia a produzir um falso oráculo ordenando aos lacedemônios que libertassem Atenas dos tiranos, atribuindo ao mais nobre e justo feito a acusação de tamanha impiedade e leviandade, retirando da divindade o belo e bom oráculo, quando o dito era digno de Têmis proferir." (Plutarco. *Da malícia de Heródoto*, 860C-D), tradução de Maria Aparecida de Oliveira Silva. In: Plutarco. *Da malícia de Heródoto*. Estudo, tradução e notas de Maria Aparecida de Oliveira Silva. Edição Bilíngue. São Paulo: Edusp/Fapesp, 2013.

12. Político ateniense do século VI a.C., pertencia à família dos sacerdotes de Zeus Cário e era hóspede de Cleômenes I, rei de Esparta.

13. Um dos sacerdotes de Zeus Cário, século VI a.C., pai de Iságoras.

14. Plutarco também ironiza este relato herodotiano: "'Iságoras', afirma, 'o filho de Tisandro, era de família notável, porém não conheço seus dados desde a origem, e seus familiares sacrificavam ao Zeus Cário'. A pilhéria graciosa e política do historiador despacha Iságoras para a Cária, tal como aos corvos". (Plutarco. *Da malícia de Heródoto*, 860E), tradução de Maria Aparecida de Oliveira Silva. In: Plutarco. *Da malícia de Heródoto. Op. cit.*

15. Zeus cultuado na Cária. Zeus era filho de Crono e Reia. Após destronar seu pai, passou a reinar no Olimpo sobre deuses e homens e também a firmar sua raça no disseminar de sua descendência pelo céu e pela terra; por isso, Zeus passou a ser denominado "pai dos homens e dos deuses". Consultar: Hesíodo, *Teogonia*, 468 ss.

16. Filho de Xuto e de Creusa, descendia de Deucalião por parte de pai e de Erecteu por parte de mãe. O herói fundou a cidade de Hélice, nome dado em homenagem à sua esposa, e nomeou seus habitantes de iônios. Íon morreu exercendo o comando do exército ateniense na Ática após atender um pedido de socorro de Atenas que estava em guerra contra os habitantes de Elêusis.

17. Heródoto grafa Γελέοντος καὶ Αἰγικόρεος καὶ Ἀργάδεω καὶ Ὅπλητος (*Geléontos kaì Aigikóreos kaì Argádeō kaì Hoplētos*), todos em sua forma genitiva, são nomes que nos remetem às atividades dessas quatro tribos, os primeiros estão relacionados aos

habitantes dos territórios vizinhos, exceto Ájax[18]; e isso, porque era vizinho e aliado militar, mesmo sendo um estrangeiro, acrescentou. (Heródoto, *Histórias*, V, 66)

Embora Heródoto elogie a forma democrática de governo da Atenas de seu tempo, percebemos que o governo que antecedeu o de Péricles ainda trazia algumas marcas de um governo tirânico, como o suborno da sacerdotisa de Delfos, a Pítia, encarregada de proferir os oráculos do deus Apolo. Outra marca da tirania, também da monarquia, é o governo que favorece a violência e a bajulação, conforme lemos a seguir:

> Todavia, o tirano poderia ser um homem sem inveja, porque certamente tem todos os bens; mas, por natureza, faz o contrário com seus concidadãos; pois sente inveja dos que são os melhores, porque lhe são superiores em classe e ainda quanto ao modo como vivem, mas se alegra com os que são os piores dentre os cidadãos, e ele é o melhor para acolher as calúnias. E o tirano é o mais dissonante de todos; pois se o admiras com comedimento, ele fica irritado porque não foi muito servil, mas se alguém o trata de modo muito servil, ele fica irritado porque age como um bajulador. Então, ainda vou dizer quais são os seus atos mais dissonantes; ele subverte os costumes dos ancestrais, trata as mulheres com violência e mata pessoas sem serem julgadas. (Heródoto, *Histórias*, III, 80)

O discurso de Otanes acima é um prenúncio do que acontecerá com o rei Xerxes, pois ele será convencido pelo discurso de um bajulado que não pensa nas necessidades do Império Persa, mas somente nas suas aspirações políticas, como lemos nesta fala de Mardônio:

---

mais ricos, pois são os "brilhantes", os segundos são os "cabreiros", que estariam mais relacionados ao pastoreio, os terceiros são os "trabalhadores" e os últimos são os "soldados armados".

18. Filho de Télamon, rei de Salamina, como é registrado por Homero, *Ilíada*, II, vv. 557-558.

> Mardônio disse: "Ó déspota, não somente és o melhor dos persas já nascidos, mas também dos que virão, que disseste as restantes e alcançaste as melhores e mais verdadeiras, de fato, porque não permitirás aos iônios que habitam na Europa nos ridicularizem, porque são indignos deles. De fato, seria um problema terrível, se subjugarmos os sacas, os indos, os etíopes, os assírios e os outros muitos e grandes povos e os tivermos como escravos, porque nenhuma injustiça foi cometida contra os persas, mas porque queremos expandir nosso poder, e não nos vingarmos dos helenos que começaram a injúria. Por que deveríamos temer? Pelo contingente de sua tropa de soldados? E pelo poder da sua riqueza? Conhecemos os aspectos de sua batalha, conhecemos como o seu poder é fraco; e detemos seus filhos que nós subjugamos, os que habitam em nossa terra e são chamados iônios, eólios e dórios. (Heródoto, *Histórias*, VII, 9)

Dessa maneira, o rei perde o bom senso e despreza a intervenção de seu tio Artabano, considerada lúcida por Heródoto, visto que ele também havia advertido quando Dario queria atacar a Cítia, e sua argumentação estava correta, como comprovaram os fatos. Entendemos que Heródoto reforça o discurso de Artabano ao fazer referência ao fracasso da expedição contra a Cítia:

> E os outros persas silenciaram e não tiveram a coragem de mostrar uma opinião contrária à que foi colocada, mas Artabano, filho de Histapes, que era tio paterno de Xerxes, que estava confiando nisso, disse-lhe estas palavras: "Ó rei, se não expressam opiniões contrárias entre si, não é possível escolher a melhor, mas devemos utilizar a que foi expressa; mas se é possível expressá-las, tal como o ouro puro que não reconhecemos por ele mesmo, mas quando o atritamos com outro tipo de ouro. E eu também, ao seu pai, meu irmão Dario, declarei que ele não realizasse uma expedição militar contra os citas, porque eram homens que não habitavam em uma cidade em parte alguma de sua terra; e ele, porque tinha a esperança de subjugar os citas nômades, não se deixou

convencer por mim, e realizou a sua expedição militar e retornou após perder muitos e bons homens de seu exército. E tu, ó rei, pretendes realizar uma expedição militar contra homens em muito ainda melhores que os citas, que dizem que eles são os melhores no mar e na terra; e o fato de que existe algo terrível neles, é justo que eu te conte. Dizes que farás uma ponte de barcos no Helesponto para o exército atravessar a Europa e ir até a Hélade. E, além disso, é possível que aconteça de ser vencido em mar ou em terra, ou em ambas. [...]" (Heródoto, *Histórias*, V, 10)

Portanto, embora Xerxes tenha afirmado que sua decisão foi tomada por conta de uma aparição e com esse pretexto convenceu seu tio Artabano (*Histórias*, VII, 12), a decisão de invadir a Hélade foi tomada pelo rei Xerxes não somente pelo desejo de vingança em nome de seu pai, como também pela influência dos helenos de pensamento arcaico que não se contentavam com a perda de seu poder político em favor de uma nova forma de governo que foi estabelecida pelos helenos do período clássico. Em um segundo plano, podemos afirmar que foi uma guerra da democracia contra a tirania na Hélade, em particular, em Atenas.

IV. BATALHA DAS TERMÓPILAS: LEÔNIDAS E OS TREZENTOS

Dos episódios narrados por Heródoto neste *Livro VII – Polímnia*, sem dúvida, a batalha ocorrida no desfiladeiro das Termópilas é a mais conhecida entre nós, tanto por filmes como desenhos em quadrinhos. Mas, já na antiguidade, a coragem desmedida do rei Leônidas e de seus Trezentos, a guarda pessoal do rei que era composta por trezentos cidadãos espartanos altamente treinados e dispostos a morrer em prol de Esparta. Durante os preparativos dos helenos para se defender do ataque persa, os exércitos marítimos e terrestres precisavam ser distribuídos em pontos estratégicos de defesa, então dois lugares foram considerados importantes para a estratégia de defesa da Hélade: o desfiladeiro das Termópilas e o Cabo Artemísio, como lemos a seguir:

> E a opinião vencedora tornou-se a que era para proteger a passagem das Termópilas; pois pareceu-lhes que a passagem para a Tessália era mais estreita e ao mesmo tempo em que era a única mais próxima deles; e a respeito do estreito caminho no qual os helenos foram apanhados de surpresa e capturados nas Termópilas, que nem mesmo sabiam que existiam antes de chegarem às Termópilas, pois foram informados dele pelos traquínios. Portanto, eles deliberaram que protegeriam essa passagem para que o bárbaro não pudesse passar para o lado da Hélade, enquanto seu exército náutico navegaria até Artemísio, situada na terra de Histieia. Pois esses são locais próximos uns dos outros, de modo que é possível estar informado sobre os acontecimentos em cada um deles. (Heródoto, *Histórias*, VII, 175)

Diferente dos bárbaros que não tinham estratégias claras de invasão da Hélade, pois contavam com o grande número de soldados por terra e por mar[19], fortemente armados e equipados, os helenos dispunham de poucos soldados por terra e por mar, que estavam devidamente equipados. Como descendentes de Odisseu, os helenos utilizaram a inteligência e traçaram planos de defesa, como lemos neste relato:

> Assim, esses foram os territórios que se mostravam favoráveis aos helenos; pois anteviram tudo e calcularam que os bárbaros não poderiam utilizar um grande contingente militar nem a cavalaria, eles pensaram que seria melhor esperar o bárbaro que vinha avançando contra a Hélade. E assim que foram informados que o Persa estava em Piéria, eles partiram do Istmo e continuaram sua expedição militar e foram em direção às Termópilas com o exército terrestre, enquanto outros foram por mar para Artemísio. (Heródoto, *Histórias*, VII, 177)

---

19. Na antiguidade, transportava-se soldados armados, ou hoplitas, nas embarcações de guerra.

Livro VII - Polímnia | 25

Portanto, os helenos demonstraram conhecimento tático de guerra e que também estavam cientes do posicionamento dos exércitos dos persas, que a rede de informação construída pelos persas era semelhante à dos helenos. Novamente uma tempestade vem favorecer os helenos com a perda significativa de naus do exército marítimo dos persas. O embate maior estava para acontecer nas Termópilas, em 480 a.c., quando Leônidas e seus Trezentos partiram ao lado de quatrocentos tebanos para o desfiladeiro das Termópilas para defender a passagem da Tessália para a Hélade:

> Naquele momento, ele foi para as Termópilas, após ter selecionado alguns homens, de acordo com os costumes, dentre os Trezentos, os que tinham filhos. E associado também com os tebanos, ele atingiu o número calculado que eu disse, e Leontíades, filho de Eurímaco, atuava como estratego deles. (Heródoto, *Histórias*, VII, 205)

O encontro dos exércitos helenos e persas nas Termópilas era para ter sido grandioso sob a perspectiva do número de soldados helenos envolvidos, mas o medo tomou conta de alguns helenos que acompanhavam ou que haviam prometido acompanhar Leônidas na defesa da passagem do desfiladeiro. No entanto, como relata Heródoto:

> E os helenos que estavam nas Termópilas, quando o Persa surgiu na sua entrada, começaram a ficar temerosos e deliberar sobre o recuo dos exércitos. Então, esses restantes dos peloponésios pensavam que era melhor ir para o Peloponeso e manter-se na guarda do Istmo; mas porque os foceus e os locros protestaram com veemência contra, Leônidas escolheu permanecer no mesmo lugar e enviar mensageiros para as cidades e convocá-las para partir em ajuda deles, porque eles estavam com poucos homens para repelir o exército dos medos. (Heródoto, *Histórias*, VII, 207)

No entanto, a bravura e a coragem de morrer guerreando pela liberdade de seu povo pareciam fortalecer a postura dos cidadãos espartanos que estavam naquele local. Heródoto conta que o rei enviou um espião para ver quantos eram os soldados helenos e este o informou de que eram poucos, mas que estavam se penteando para lutar, o que causou espanto ao rei, como lemos a seguir:

> Xerxes não pôde compreender a realidade, que eles estavam se preparando para que morressem e matassem o quanto lhes fosse possível; mas porque essas ações lhe pareceram ridículas, mandou que Demarato, filho de Aríston, que estava no acampamento militar, viesse a sua presença. E logo que ele chegou, Xerxes perguntou-lhe sobre cada uma dessas ações, quis saber o que estava sendo feito pelos lacedemônios. E ele lhe disse: "também antes ouviste de mim, quando nós nos movimentamos contra a Hélade, a respeito desses homens; mas ao me ouvir, soltaste risadas para o que eu estava te dizendo, porque eu estava vendo exatamente como esses acontecimentos se produziriam[20]. Pois, para mim, exercitar a verdade contra a tua vontade, ó rei, é a minha maior luta; e escuta-me também agora. Esses homens partiram para combater-nos na região da entrada e eles estão preparados para isso. Pois eles têm um costume que é assim: quando vão entrar em uma situação de perigo de vida, nesse momento, eles penteiam e adornam suas cabeças. (Heródoto, *Histórias*, VII, 209)

As primeiras incursões dos persas nas Termópilas foram malsucedidas e Heródoto destaca a coragem do rei Leônidas e dos Trezentos (*Histórias*, VII, 210-212). Contudo, os helenos passam a sofrer perdas e revezes na Termópilas. O primeiro episódio determinante para a derrota fragorosa dos helenos foi a traição de Epialtes:

> E quando o rei não sabia o que seria preciso fazer na situação presente, Epialtes, filho de Euridemo, um homem melieu, foi até a presença dele porque pensava que receberia uma grande recompensa do rei, e lhe explicou

---

20. Consultar os capítulos 101 a 104 deste *Livro VII – Polímnia*.

a respeito do estreito caminho que conduzia através da montanha em direção às Termópilas, também destruiu os helenos remanescentes no local. (Heródoto, *Histórias*, VII, 213)

O segundo episódio que enfraqueceu a resistência helena nas Termópilas foi o medo que tomou conta dos helenos que estavam ao lado do rei Leônidas e seus Trezentos, por conta de um adivinho:

> Para alguns helenos que estavam nas Termópilas, primeiro, o adivinho Megístias, após examinar as entranhas das vítimas sacrificiais, disse-lhes o que aconteceria ao amanhecer, que eles encontrariam a morte; na sequência, houve alguns desertores que lhes anunciaram a manobra estratégica dos persas; eles haviam sinalizado isso ainda à noite, e os observadores diários foram os terceiros que desceram correndo do alto das montanhas imediatamente após o dia ter surgido. Nesse momento, os helenos deliberaram entre si, mas as opiniões deles estavam divididas; pois alguns que não estavam em fileira, queriam abandoná-los, enquanto outros queriam fazer a resistência contra eles. Depois disso, eles partiram e se reuniram em diferentes lugares, alguns foram embora e se dispersaram, cada um deles voltou para a sua cidade, enquanto outros deles estavam preparados a permanecer ali junto com Leônidas. (Heródoto, *Histórias*, VII, 219)

Heródoto tem duas versões para este acontecimento; a primeira, acima, que o adivinho Megístias apareceu e lhes fez previsões terríveis, e a segunda é a versão de que o rei Leônidas aproveitou-se do estado de medo que tomava seus aliados para eternizar a sua glória e a dos Trezentos e, tal Aquiles, morrer por Esparta e alcançar a glória eterna. Em razão disso, Heródoto registra que:

> E conta-se também que o próprio Leônidas mandou que partissem, porque estava preocupado com que eles não morressem; e ainda para ele e para os cidadãos espartanos presentes não era conveniente abandonar a formação, eles

tinham vindo desde o início para protegê-la. [...] porque queria que a glória fosse colocada somente dentre os cidadãos espartanos, Leônidas mandou seus aliados militares irem embora antes que eles debatessem por uma opinião e os que estavam partindo fossem embora de modo tão desordenado. (Heródoto, *Histórias*, VII, 220)

Nem todos os helenos deram atenção às ordens do rei Leônidas, como Heródoto registra, "os aliados militares que foram mandados embora obedeceram a Leônidas, marcharam e partiram, mas téspios e tebanos permaneceram ao lado dos lacedemônios. E dentre eles, os tebanos permaneceram contra a sua vontade" (*Histórias*, VII, 222). Não por acaso, o capítulo 233 trata da covardia dos tebanos no combate contra os persas, fato contestado por Plutarco em seu tratado *Da malícia de Heródoto*, 856A-B e descrito de outro modo por Tucídides, *História da Guerra do Peloponeso*, III, 15[21]. Diante de tantos contratempos e da incontestável superioridade do exército persa, a derrota e a morte de todos os helenos que não capitularam da batalha.

A resistência do rei Leônidas aumentou a ira de Xerxes e a sua vontade de eliminar o rei espartano se acentuou; não satisfeito com sua morte, ultrajou seu cadáver, episódio que Heródoto assim descreve:

Xerxes passou em meio aos cadáveres e o de Leônidas, que tinha ouvido dizer que era rei e estratego dos lacedemônios, então ordenou que eles cortassem a sua cabeça e a espetassem no alto de um bastão. É evidente para mim que existem muitas e diferentes provas, e esta não está entre as menos importantes, de que o rei Xerxes, dentre todos os homens, era o que estava mais furioso com Leônidas enquanto ele ainda estava vivo; pois jamais teria transgredido a lei em função desse cadáver, visto que, dentre os homens, os persas são os que mais têm consideração para com os homens valentes nas

---

21. Consultar as notas de rodapé do capítulo 222.

circunstâncias de guerra, isto está dentre os fatos que eu conheço. (Heródoto, *Histórias*, VII, 238)

Como vimos anteriormente, Xerxes não enviou mensageiros a Atenas e Esparta, embora os tenha enviado para o restante da Hélade, por eles terem maltratado e assassinado os anteriores. Desse modo, o rei persa não estava disposto a negociar com esses dois povos, mas sim a destruí-los, pois o costume persa era de pedir terra e água antes para que não tivessem de guerrear e, assim, evitar a perda de homens e de víveres.

E Heródoto encerra este *Livro VII – Polímnia* com um episódio envolvendo Demarato, o rei espartano que havia sido destituído do trono. O registro nos informa que o espartano enviou uma mensagem secreta à cidade e que os lacedemônios foram os primeiros a saber dos planos de ataque do rei persa, o que demonstra os laços que ele ainda mantinha com sua cidade, revela sua vontade de retornar a Esparta e possivelmente retomar o seu posto de rei.

V. Da tradução

Esta edição de *Histórias* está dividida em nove volumes não apenas pela extensão dos livros de Heródoto, que por si só justificariam uma edição em volumes, mas por conta desta tradução trazer notas explicativas que contemplam várias áreas do conhecimento, pois anotam questões literárias, míticas, históricas, geográficas e filológicas. A principal finalidade dessas notas é aproximar o leitor da narrativa de Heródoto, colocando-o em um posto confortável para que sua atenção não seja dispersa com a consulta constante a uma literatura de apoio e ainda lhe propicie um entendimento maior e mais rápido do que está sendo lido.

A tradução deste *Livro VII – Polímnia* foi realizada diretamente do texto grego, cuja estrutura sintática buscamos preservar na medida do possível em língua portuguesa. Do mesmo modo, procuramos manter o estilo discursivo de Heródoto, a fim de que o leitor conheça não somente o seu modo de expressão, mas também de pensar. A tradução de Histórias apresentada nestes nove volumes tem como texto-base a Coleção Guilhaume Budé, com tradução, introdução e notas de Ph. E. Legrand: Hérodote. *Histoires, Livre VII Polimnie*. Paris: Les Belles Lettres, 1965.

MARIA APARECIDA DE OLIVEIRA SILVA

Livro VII

1. Quando a notícia sobre a batalha ocorrida em Maratona chegou ao rei Dario, filho de Histaspes[1], que antes estava profundamente irritado com os atenienses por causa de sua incursão em Sárdis[2]; além disso, nesse momento, porque esse sentimento havia se tornado muito mais terrível, movimentou-se intensamente para realizar uma expedição militar contra a Hélade. E imediatamente enviou mensageiros a cada cidade e anunciou que lhe preparassem um contingente militar, e determinou que fosse muito mais que cada uma havia lhe fornecido antes, tanto em naus e cavalos como em víveres e barcos para seu transporte. E depois dessas ordens terem sido anunciadas, a Ásia ficou agitada por três anos, e ficaram reunindo os melhores, equipando-se a fim de que realizassem a expedição militar

---

1. Filho de Histaspes, não se sabe o nome de sua mãe. Dario, soberano da Pérsia, reinou entre 550 a 485 a.C, conhecido como Dario, o Grande, por ter sido o conquistador de grande parte da Ásia, do Cáucaso e da África, incluindo o Egito, as ilhas do Mar Egeu, o norte da Hélade, a Macedônia e a Trácia. Sobre Dario, Heródoto conta que "Histaspes era filho de Ársames, um homem de ascendência Aquemênida, Dario era o seu filho mais velho; nessa época, tinha mais ou menos vinte anos de idade, e ele havia sido deixado na Pérsia; pois não tinha ainda a idade para realizar uma expedição militar". (Heródoto, *Histórias*, I, 209). In: Heródoto. *Histórias. Livro I – Clio*. Tradução, introdução e notas de Maria Aparecida de Oliveira Silva. São Paulo: Edipro, 2015. Quando Dario e seus seis companheiros contestam o poder de Esmérdis, registra: "Dario, filho de Histaspes, vindo da Pérsia; pois o seu pai era, de fato, o governador dos persas. Portanto, quando ele chegou, os seis persas julgaram que seria bom se eles se associassem a Dario". (Heródoto, *Histórias*, III, 70). In: Heródoto. *Histórias. Livro III – Talia*. Tradução, introdução e notas de Maria Aparecida de Oliveira Silva. São Paulo: Edipro, 2017, 70.

2. Heródoto se refere ao seguinte episódio: "Portanto, Onésilo fazia o cerco de Amatunte quando foi anunciado por um mensageiro a Dario que Sárdis foi capturada e incendiada por atenienses e iônios, e que quem se tornara o comandante dessa união, para que isso fosse tramado, fora o milésio Aristágoras; primeiro conta-se que ele, quando foi informado sobre o ocorrido, não deu nenhum valor ao que foi feito pelos iônios; bem ciente que esses revoltosos não agiriam impunemente, perguntou-lhes quem eram os atenienses, e, depois de ter sido informado sobre eles, pediu o seu arco, pegou-o, colocou uma flecha nele e a lançou para o alto em direção ao céu, e enquanto ele a lançava no ar, disse: 'Ó Zeus, permita-me que os atenienses paguem por isso', e, assim que disse isso, ordenou a um dos seus servidores, quando ele estivesse sentado no jantar, que a cada momento lhe dissesse três vezes: 'Déspota, lembra-te dos atenienses.'" (Heródoto, *Histórias*, V, 105), tradução de Maria Aparecida de Oliveira Silva. In: Heródoto. *Histórias. Livro V – Terpsícore*. Tradução, introdução e notas de Maria Aparecida de Oliveira Silva. São Paulo: Edipro, 2019.

contra a Hélade. E no quarto ano, os egípcios, que haviam sido escravizados[3] por Cambises[4], revoltaram-se contra os persas; naquele momento, de fato, movimentou-se mais para realizar uma expedição militar contra ambos.

2. E enquanto Dario se preparava para o combate contra o Egito e Atenas[5], dentre os seus filhos aconteceu uma grande disputa pelo poder, porque o rei deveria indicar um deles[6], conforme o costume

---

3. O sentimento expresso por Dario em relação aos atenienses e sua decisão de invadir a Hélade assemelha-se ao sentimento de raiva manifestado por Cambises, quando foi enganado pelo faraó Amásis, conforme lemos neste relato: "De fato, Cambises, filho de Ciro, realizou uma expedição militar contra esse Amásis, levando consigo os outros helenos que ele governava, iônios e eólios, pelo seguinte motivo: Cambises enviou um arauto ao Egito para que pedisse a filha de Amásis em casamento [...] E Amásis estava aflito e apreensivo com o poder dos persas e não sabia se dava ou se recusava; pois estava bem ciente de que Cambises não tinha a intenção de tê-la como mulher, mas como concubina. [...] Então, Amásis enfeitou e vestiu essa menina com ouro e a enviou para os persas, como se fosse sua filha. Transcorrido algum tempo que ela havia sido recebida, quando Cambises chamou-a pelo nome do seu pai, a menina disse-lhe: '– Ó rei, não percebeste que foste enganado por Amásis, que me adornou e vestiu com ouro e depois me enviou para ti, como se tivesse entregando a sua própria filha em casamento, embora na verdade eu seja filha de Apriés, daquele que foi seu senhor deposto e assassinado por ele junto com os egípcios'. De fato, essa notícia e essa acusação vindas nessa fala levaram Cambises, filho de Ciro, profundamente irritado, a marchar contra o Egito. Assim então contam os persas." (Heródoto, *Histórias*, III, 1), tradução de Maria Aparecida de Oliveira Silva. In: Heródoto. *Histórias. Livro III – Talia*. Tradução, introdução e notas de Maria Aparecida de Oliveira Silva. São Paulo: Edipro, 2017.

4. Filho de Ciro, Cambises foi rei da Pérsia entre 530 e 522 a.C. e tornou-se notável por ter conquistado o Egito. Conforme veremos mais adiante, Heródoto relata que, depois da conquista do Egito, Cambises começou a demonstrar insanidade mental, o que os egípcios consideraram um castigo divino pelos atos impiedosos contra a sua religião. Além disso, mandou matar seu irmão Esmérdis por medo de ser destronado por ele. No entanto, o seu ardil não funcionou porque um mago ocupou o seu lugar, fingindo ser seu irmão, e quando Cambises foi combatê-lo para reaver seu poder, morreu ferido na coxa em seu retorno a Pérsia.

5. Cidade localizada na Península Ática, considerada a maior cidade de período clássico ao lado de Esparta.

6. O costume persa ao qual Heródoto se refere está na necessidade de deixar alguém no trono enquanto o rei está fora liderando uma expedição militar. Quando Ciro saiu em expedição militar contra os masságetas, Heródoto conta: "E Ciro colocou Creso sob os cuidados do seu próprio filho Cambises, a quem concederia o seu reinado, e ordenou-lhe que o honrasse e que lhe tratasse bem, se a travessia no território dos

dos persas, e assim poder realizar uma expedição militar[7]. Pois Dario, antes de se tornar rei, tinha três filhos de sua primeira mulher, que era filha de Góbrias[8], e enquanto reinava, teve outros quatro com Atossa[9], a filha de Ciro[10]; dentre os primeiros, Artobazanes[11] era o mais velho, e dentre os que nasceram depois, era Xerxes[12].

---

masságetas não fosse bem-sucedida; após ter ordenado essas coisas, ele os mandou de volta aos persas, e ele mesmo atravessou o rio, também o seu exército". (Heródoto, *Histórias*, I, 208). In: Heródoto. *Op. cit.*

7. No entanto, a designação de um substituto no trono nem sempre resultava em algo positivo, pois aconteceu, quando Cambises partiu com seu exército contra o Egito, de um motim ter sido organizado em sua ausência, conforme lemos neste relato: "E quando Cambises, filho de Ciro, passava o seu tempo no Egito e se mostrava fora de si, dois irmãos, homens que eram magos, organizaram uma revolta contra ele, Cambises deixou um deles na Pérsia para ser o seu supervisor dos assuntos palacianos. [...] ele se apossou dos poderes régios da maneira que se segue. Ele tinha um irmão, como eu disse, que estava com ele na revolta, que era muito parecido com a figura de Esmérdis, filho de Ciro e irmão de Cambises, o que o rei havia matado; e, além disso, ele tinha o mesmo nome: Esmérdis. Depois de o mago Patizites ter convencido esse homem de que ele próprio executaria todas as ações necessárias para o seu plano, ele o conduziu até o trono real. Depois de ter feito isso, Patizites enviou arautos para todo o território persa, e também para o Egito, para anunciar ao exército que doravante deveria escutar as ordens de Esmérdis, filho de Ciro, não mais as de Cambises". (Heródoto, *Histórias*, III, 61). In: Heródoto. *Op. cit.*

8. Filho do general persa Mardônio, conhecido por este episódio narrado por Heródoto como um dos que conspiraram para a derrubada do mago Esmérdis, o que resultou na ascensão de Dario I ao trono. Sobre Góbrias, quando da formação do grupo que lutaria para colocar Dario no poder, Heródoto conta que: "E Otanes recebeu Aspatines e Góbrias, que eram homens importantes dentre os persas e os mais merecedores de sua confiança". (Heródoto, *Histórias*, III, 70).

9. Filha de Ciro, esposa de seu irmão Esmérdis, depois Dario I, portanto rainha da Pérsia no século V a.C.

10. Rei da Pérsia entre 559-530 a.C., recebeu o epíteto de o Grande por ter conquistado todos os povos vizinhos e fundado o Império Aquemênida, o maior de seu tempo.

11. Não dispomos de mais informações sobre essa personagem.

12. Rei da Pérsia, de 486 a 465 a.C., também denominado "Rei". Ao suceder Dario, planejou conquistar a Hélade, mas teve seu exército arrasado em Salamina em 480 a.C. Retornou para a Pérsia, deixando seu general Mardônio para continuar a guerra de conquista; no entanto, este também sofreu dura derrota em Plateias em 479 a.C., como veremos nos próximos capítulos deste *Livro VII – Polímnia*.

E porque não eram filhos da mesma mãe, estavam em disputa[13], pois Artobazanes, porque era o mais velho da sua descendência e porque era reconhecido dentre todos os homens que o mais velho deveria ter o poder, enquanto Xerxes, porque era filho de Atossa, a filha de Ciro, o que conquistou a liberdade para os persas.

3. E Dario não demonstrou seu pensamento, e por acaso nesse mesmo momento, Demarato[14], filho de Aríston[15], estava entre eles, por-

---

13. Plutarco dedica vários parágrafos ao rei persa Dario, entre eles, conta uma versão diferente da aqui apresentada por Heródoto. Na versão plutarquiana, a sucessão de Dario foi feita em comum acordo, sem disputas, conforme lemos neste relato: "Após a morte de Dario, uns julgavam que Ariâmenes deveria reinar, por ser o mais velho da linhagem, outros julgavam que Xerxes deveria reinar, porque sua mãe era Atossa, filha de Ciro e que ele já havia nascido como rei Dario. Ariâmenes então veio da terra dos medos sem polêmica, mas estava calmo, apoiado na justiça, mas Xerxes estava presente e fazia o que convinha a um rei. Depois de seu irmão ter chegado no palácio, colocou ao seu lado o diadema e inclinou a tiara, que os reis carregavam reta, foi ao seu encontro e saudou-o, enviou-lhe presentes e ordenou anunciar aos que o acompanhavam que: 'Com essas coisas, agora o teu irmão Xerxes honra-te; e se fores proclamado rei pelo julgamento e pelo voto dos persas, concede-te ser o segundo lugar depois dele'. E Ariâmenes respondeu: 'Eu recebo os teus presentes, mas considero que a realeza dos persas convém a mim. Guardarei depois da minha honra a dos meus irmãos, a Xerxes como o primeiro dos irmãos'. Depois que o tribunal para o julgamento foi estabelecido, os persas escolheram Artabano, que era irmão de Dario, para ser o juiz pela reputação que tinha entre eles, mas Xerxes escapava do que fora julgado por ele, acreditando no povo. Atossa, a mãe, castigou-o: 'Por que foges, Artabano, meu filho, se és o tio e o melhor dentre os persas? Por que temes tanto a disputa, se existem coisas belas quando se está em segundo lugar, ser julgado um irmão do rei dos persas?' Então, após Xerxes ter sido convencido, quando os discursos foram proferidos, Artabano revelou que a realeza convinha a Xerxes, Ariâmenes logo saltou e moveu-se em direção ao irmão e tomou-lhe sua mão direita e o sentou no trono régio". (Plutarco, *Do amor fraterno*, 488D-F), tradução de Maria Aparecida de Oliveira Silva. In: Plutarco. *Do amor fraterno*. Tradução, introdução e notas de Maria Aparecida de Oliveira Silva. São Paulo: Edipro, 2019.

14. Rei espartano da Casa dos Euripôntidas, reinou entre 515 e 491 a.C.. Demarato foi destituído do trono de Esparta em 492 a.C. por ter atacado Cleômenes, o outro rei espartano da Casa dos Ágidas, em uma batalha no território de Egina. Depois de ter sido destronado, Demarato segue para a corte persa e encontra abrigo no palácio do rei Dario, que concedeu terras na Mísia por seus serviços prestados. Demarato também é conhecido por ter participado das Guerras Persas ao lado de Xerxes, como conselheiro do rei persa.

15. Rei espartano da Casa dos Euripôntidas, reinou em Esparta de 550 a 515 a.C., casou-se três vezes, uma delas era esposa de seu amigo, com quem Aríston gerou Demarato, que mais tarde é repudiado por ser considerado um bastardo. No entanto,

que havia chegado de Susos¹⁶ e sido destituído da realeza de Esparta e lançou-se da Lacedemônia para o exílio. Esse homem, ao ser informado sobre a divergência entre Dario e os filhos, veio, conforme se conta tradicionalmente sobre ele, e aconselhou Xerxes a lhes dizer, além desses argumentos, em poucas palavras que ele nasceu como filho de Dario quando ele já reinava e tinha o poder sobre os persas, e que Artobazanes, quando Dario ainda era um cidadão comum. Portanto, não seria razoável nem justo se algum outro recebesse essa prerrogativa régia antes dele próprio, visto que também em Esparta assim era o costume, disse Demarato em tom de conselho, se os filhos fossem nascidos antes de seu pai reinar, e tivesse nascido um filho enquanto ele reinava, o que nasceu depois tornava-se o que tinha direito à sucessão do reino. E Xerxes serviu-se do conselho de Demarato¹⁷, e Dario considerou que o que ele dizia era justo e entregou-lhe o seu reino. E parece-me que, mesmo sem esse conselho, Xerxes poderia reinar; pois era Atossa que detinha todo o poder¹⁸.

---

como não havia deixado descendentes, voltou atrás em sua decisão e reconheceu Demarato como seu filho legítimo, fato que serviu de argumento para que Cleômenes conseguisse destituí-lo do trono de Esparta.

16. Por influência das traduções francesas, tem-se o hábito de grafar "Susa". No entanto, o nome em grego é Σοῦσος (*Soûsos*), portanto, o seu nome em nosso vernáculo é Susos. Cidade localizada na região da Mesopotâmia, a 250 quilômetros do Rio Tigre. Hoje a cidade de Susos é o monumental sítio arqueológico de Shush, o nome original da cidade.

17. Em Esparta, havia a diarquia, duas famílias detinham o poder a dos Ágidas e a dos Euripôntidas. Não lhes era permitido realizar expedições militares simultâneas, uma vez que a cidade não poderia ficar sem um rei. Em razão disso, Demarato argumentou pela descendência e pelo exercício da função, quem era Dario em cada uma dessas épocas, o que nos lembra o costume espartano e também egípcio de os filhos seguirem as profissões dos pais.

18. No *Livro III – Talia*, Heródoto relata este episódio em que Atossa conversa com Dario no mesmo plano de poder: "Atossa entrou no leito nupcial de Dario e dirigiu-lhe a seguinte fala: '– Ó rei, com tanto poder que tens, permaneces quieto, nem acrescentando nenhum povo nem aumentando o poder dos persas. E isso é natural a um homem jovem, senhor de grandiosas riquezas, mostrar que está realizando um feito admirável, a fim de que os persas percebam que são governados por um homem. Realizar essas coisas te conduzirá para dois pontos interessantes: um ponto é que os persas saberão que eles têm um homem que está à frente deles, e outro ponto é que estando extenuados pela guerra não terão tempo livre para revoltarem-se contra ti. Pois agora poderias realizar

4. E depois de indicar Xerxes como rei dos persas, Dario movimentou-se para realizar a sua expedição militar; porque, depois desses acontecimentos, outros e a revolta do Egito lhe aconteceram, no ano seguinte, enquanto se preparava; Dario, após ter reinado o total de trinta e seis anos, morreu[19] e não conseguiu se vingar dos egípcios revoltosos nem dos atenienses. E após a morte de Dario, o reino passou para aquele seu filho, Xerxes.

5. Bem, Xerxes estava tão cheio de ardor[20] para realizar uma expedição militar com suas tropas contra a Hélade, mas de fato reuniu seu

---

uma obra admirável, porque estás na idade da tua juventude; pois, por um lado, enquanto o corpo está crescendo, cresce também a sua inteligência; por outro lado, quando ele está envelhecendo, envelhece também a sua tonicidade para realizar todas as suas ações'. [...] E Atossa disse-lhe as seguintes palavras: '– Vê, então, abandona a ideia de primeiro atacar os citas; pois esses, quando tu quiseres, será teu povo. E tu, segundo eu penso, deve realizar uma expedição militar contra a Hélade; porque fui informada em uma conversa, e desejo ter servas lacônias, argivas, áticas e coríntias. E tens o homem mais apropriado dentre todos os homens para indicar-te cada um dos territórios da Hélade e ainda guiar-te por eles, esse que curou o teu pé'. E Dario disse-lhe em resposta: '– Mulher, visto que assim te parece melhor, nós primeiro vamos fazer uma experiência com a Hélade; parece-me melhor que primeiro enviemos observadores com o mesmo homem que do mesmo modo que tu disseste para enviá-los, porque depois de terem apreendido e observado cada um dos territórios, eles irão nos informar a respeito de tudo; e em seguida, marcharei contra eles informado sobre tudo'". (Heródoto, *Histórias*, III, 134), tradução de Maria Aparecida de Oliveira Silva. In: Heródoto. *Op. cit*. Não era comum que uma mulher aconselhasse um rei, ou até mesmo desafiasse a sua autoridade, como faz Atossa, mas ela é uma mulher influente por ser filha de Ciro, que havia proclamado que os filhos dela seriam os herdeiros do trono persa.

19. Em 486 a.C.

20. A falta de interesse pela Hélade se explica pelo fato de o Egito ter muito mais riquezas e pagar tributos muito mais valiosos que o rei Xerxes poderia arrecadar na Hélade, esta que tanto dependia das riquezas da Ásia, em especial, da própria Pérsia. Convém destacar que a Hélade não se aproximava em poder e riqueza dos Impérios Asiáticos, mas que estava na periferia. Sobre os tributos pagos pelo Egito, temos o seguinte relato de Heródoto: "Do Egito, e ainda os líbios que estavam próximos ao Egito, também Cirene e Barce (pois esses mesmos territórios foram dispostos na província do Egito), pagavam o tributo a Dario no valor de setecentos talentos, além do que provinha do lago Méris, o que era gerado pela pesca dos seus peixes; de fato, à parte dessa prata e do pagamento em suprimento de trigo, Dario recebia em tributo a quantia de setecentos talentos; pois aproximadamente cento e vinte mil medimnos de trigo dos persas eram pagos aos persas que habitavam na Muralha

exército para ir contra o Egito. Mas, dentre os persas que integravam a corte do rei, o mais poderoso era Mardônio[21], filho de Góbrias[22], que era primo de Xerxes, porque era filho da irmã de Dario e tinha tal discurso, disse: 'Déspota[23], não é conveniente que os atenienses, depois de terem feito muitos males aos persas, não sofram punição

---

Branca da cidade de Mênfis e aos seus mercenários; essa era a sexta província".
(Heródoto, *Histórias*, III, 91), tradução de Maria Aparecida de Oliveira Silva. In: Heródoto. *Op. cit.*

21. Filho de Góbrias e genro de Dario, comandou o exército persa na guerra contra os helenos; mais tarde foi destituído do posto por não ter participado da Batalha de Maratona em 490 a.C.

22. Filho do general persa Mardônio, conhecido por este episódio narrado por Heródoto como um dos que conspiraram para a derrubada do mago Esmérdis, o que resultou na ascensão de Dario I ao trono, conforme este relato de Heródoto: "E Otanes recebeu Aspatines e Góbrias, que eram homens importantes dentre os persas e os mais merecedores de sua confiança, e contou-lhes toda a questão. E eles mesmos ainda suspeitavam do modo como Esmérdis tinha morrido, e receberam as palavras que Otanes proferira. E pareceu-lhes que seria bom se cada um deles se associasse a um homem persa, no qual confiasse mais. Portanto, Otanes trouxe Intafernes, Góbrias trouxe Megabizo e Aspatines trouxe Hidarnes. Quando eles se tornaram seis, chegou em Susos Dario, filho de Histaspes, vindo da Pérsia; pois o seu pai era, de fato, o governador dos persas. Portanto, quando ele chegou, os seis persas julgaram que seria bom se eles se associassem a Dario. E esses sete reuniram-se e deram uns aos outros suas palavras e sua confiança". (*Histórias*, III, 70-71). In: Heródoto. *Histórias. Livro III – Talia. Op. cit.*

23. δεσπότης (*despótēs*), ou déspota, termo que não corresponde ao sentido que temos hoje, à época de Aristóteles, era o nome dado ao senhor de escravos. O relato de Heródoto lembra o dito pelo filósofo ateniense sobre o homem livre: "De modo que uns não sabem governar, mas ser governados por um poder semelhantes ao destinado aos escravos, e os outros não sabem ser governados por nenhum tipo de poder que ser governado por um poder despótico. Portanto, a cidade se torna um lugar de déspotas e de escravos, mas não um lugar de homens livres; uns homens são invejosos e outros são negligentes, o que se afasta muitíssimo da amizade e da comunidade política; pois a comunidade é um ato de amizade; pois os homens não querem compartilhar nem o caminho com os seus inimigos". E sua definição de escravo é: "Pois é um escravo, por natureza, aquele que pode ser de outro (por esse motivo também é de outro), e aquele que participa da razão tanto quanto percebê-la, mas não a tem. Pois os demais seres vivos não a percebem pelo pensamento, mas estão submetidos aos seus instintos. E sua utilidade também faz pouca diferença: pois a sua ajuda para as coisas necessárias com o seu corpo são iguais para ambos, tanto para os escravos como para os animais domésticos". (Aristóteles, *Política*, 1295b20-25 e 1254b20-26). In: Aristóteles. *Política*. Tradução, introdução e notas de Maria Aparecida de Oliveira Silva. São Paulo: Edipro, 2019.

pelas coisas que fizeram. Mas, se fizeres agora o que tens em mãos; se dominares a insolência do Egito, conduz uma campanha de guerra contra Atenas, a fim de que se tenha um bom discurso para os homens para que alguém mais tarde evite realizar uma expedição militar contra a tua terra'. Esse seu discurso era por vingança, e acrescentava a esse discurso isto, que a Europa era um território muito belo e que crescia árvores frutíferas por toda parte e era extremamente fértil[24], e somente o rei dentre os mortais era digno de possuí-lo[25].

6. E Mardônio dizia tais palavras porque era um aficionado por novos feitos e queria ele mesmo ser o governador[26] da Hélade.

---

24. Xenofonte, em sua obra *Econômico*, afirma que o rei da Pérsia se interessava por agricultura e guerra, assim o argumento de Mardônio visa despertar o interesse nas regiões agricultáveis da terra. Quanto ao registro de Xenofonte, é o seguinte: "'E nós, Sócrates? Que tipo de arte nos aconselhas exercer?' 'Será', disse Sócrates, 'que nos envergonharíamos de imitar o rei dos persas? Dizem que ele por julgar que a agricultura e a arte bélica estão entre as mais belas e necessárias, dá muita atenção a ambas.'", tradução de Anna Lia Amaral de Almeida Prado. In: Xenofonte. *Econômico*. Tradução do grego e introdução de Anna Lia Amaral de Almeida Prado. São Paulo: Martins Fontes, 1999.

25. Os argumentos de Mardônio atraem o rei não porque a Ásia não possua terrenos férteis, mas pelo desejo persa de expansão territorial. Quando Arístágoras vai a Esparta para convencer o rei espartano a guerrear contra os persas na Revolta da Iônia, Heródoto registra o seguinte: "E os que habitam naquele continente ainda têm tantos bens que nem todos os homens juntos não têm, começando pelo ouro, mas também prata, cobre, vestes bordadas, animais de carga e escravos de guerra; se vós mesmos os desejardes com o coração, poderias tê-los. E eles habitam na sequência uns dos outros, como eu apontarei. Na sequência desses iônios, habitam estes lídios em um território fértil e são possuidores de muitas riquezas (e depois de ter-lhes mostrado essas coisas no seu mapa geográfico da terra que trazia gravado na lâmina de bronze). 'E na sequência dos lídios', disse Arístágoras e continuou, dizendo: 'estão estes frígios que estão voltados para o lado da aurora, e são os mais ricos em rebanhos dentre todos os povos que eu conheço, e também são os mais ricos em produção dos frutos da terra'". (Heródoto, *Histórias*, V, 49), tradução de Maria Aparecida de Oliveira Silva. In: Heródoto. *Histórias. Livro V – Terpsícore*. Tradução, introdução e notas de Maria Aparecida de Oliveira Silva. São Paulo: Edipro, 2019.

26. Heródoto utiliza o termo ὕπαρχος (*hýparkhos*), que significa literalmente "submisso a"; "dependente de"; ou ainda "subalterno que comanda sob as ordens de outrem ou no lugar de um outro", daí em termos políticos significa "governador". O termo utilizado ὕπαρχος (*hýparkhos*) também é o termo utilizado para designar o "sátrapa" do Grande Rei. Cada satrapia era uma província com um governador próprio chamado de sátrapa, que era nomeado pelo rei. Estes sátrapas tinham certa autonomia

Com o tempo, realizou seu objetivo e persuadiu Xerxes para que fizesse isso; pois aconteceram outros fatos que foram seus aliados para que Xerxes foi persuadido; por um lado, mensageiros da parte dos Alévadas[27] chegaram da Tessália[28] e incitaram o rei com todo o seu empenho para que ele fosse contra a Hélade (e esses Alévadas eram os reis da Tessália); por outro lado, alguns Pisistrátidas[29] que tinham vindo de Susos, tinham os mesmos argumentos que os dos Alévadas, que de fato acrescentavam muito mais. Haviam subido com Onomácrito[30], um homem ateniense, que era cresmólogo[31] e compilador dos oráculos de Museu[32], porque haviam desfeito a inimizade com ele. Pois Onomácrito foi expulso de Atenas por

---

em suas administrações, mas eram sempre vigiados pelos conhecidos "olhos do rei". Em grego: ὀφθαλμὸς βασιλέος (*ophthalmòs basiléos*), isto é, "olho do rei". Tal expressão é usada para designar um emissário encarregado de inspecionar ou administrar as ordens dadas pelo rei persa aos sátrapas.

27. O ataque contra a Tessália ocorreu em 476 a.C., quando partiu para punir os Alévadas, família aristocrática de Larissa que nela governava e que se aliara aos persas na Segunda Guerra Persa, então lutou ao lado de Xerxes.

28. Região localizada ao noroeste da Hélade, próxima à Macedônia.

29. Pisistrátidas foi a denominação dada aos tiranos que governaram Atenas e eram filhos de Pisístrato, que eram Hípias e Hiparco. Harmódio, um dos tiranicidas, ao lado de Aristogíton, assassinou o tirano Hiparco por ter ultrajado a irmã de Harmódio ao proibi-la de participar das Panateneias. Sobre esse episódio, Aristóteles faz a seguinte análise: "Porque a insolência é composta de vários tipos, e o motivo de cada uma delas se origina da cólera; e quase a maioria dos que se encolerizam atacam por vingança, mas não pela sua superioridade. Por exemplo, o ataque contra os Pisistrátidas aconteceu por causa do ultraje feito à irmã de Harmódio e ainda por terem caluniado Harmódio (pois Harmódio se encolerizou por causa da irmã, e Aristogíton por causa de Harmódio)". (*Política*, 1311a34-40). In: Aristóteles. *Política*. Tradução, introdução e notas de Maria Aparecida de Oliveira Silva. São Paulo: Edipro, 2019. Os Pisistrátidas também estavam voltados para as iniciativas artísticas em suas várias formas, Pisístrato, por exemplo, foi responsável pela compilação dos textos da *Ilíada* e da *Odisseia*, por isso a importância deste registro sobre o alfabeto introduzido na Hélade.

30. Poeta ateniense, século V a.C., conhecido por seus poemas órficos.

31. O χρησμολόγος (*khrēsmológos*), ou cresmólogo, era o intérprete de oráculos.

32. Poeta trácio, conhecido por seus poemas religiosos, relacionados ao culto de Orfeu.

Hiparco³³, filho de Pisístrato³⁴, ao ser pego em flagrante por Laso³⁵ de Hermíone³⁶ quando introduzia um oráculo nos de Museu, em que dizia que as ilhas próximas de Lemnos³⁷ desapareceriam no mar³⁸; por isso, Hiparco o expulsou³⁹, embora antes se relacionas-

---

33. Filho de Pisístrato, morto em 514 a.c. Hiparco era conhecido por seu gosto pelas artes e por financiar artistas. Morto pelas mãos de Harmódio e Aristogíton em razão de suas fortes investidas amorosas ao primeiro.

34. Tirano de Atenas, 560-527 a.c.. Alcançou a tirania depois de simular uma tentativa de assassinato contra si mesmo, obtendo, assim, uma guarda pessoal com a qual tomou a Acrópole. Em seguida, foi expulso e retornou depois de estabelecer um acordo com Mégacles, sendo novamente expulso. Então, armou-se e venceu Mégacles na Batalha de Palene, reassumindo a tirania e ocupando o poder até morrer. Para mais detalhes sobre a história da tirania de Pisístrato, com suas idas e vindas, ler os capítulos 59 a 64 do *Livro I – Clio*, desta Coleção Heródoto.

35. Poeta da Argólida, século VI a.C.

36. Cidade localizada na Argólida, na Península do Peloponeso.

37. Ilha situada no Mar Egeu, também conhecida por ser a ilha onde o herói Filoctetes foi abandonado pelos helenos quando estavam indo com sua expedição militar contra Troia. O motivo do abandono foi por uma ferida purulenta que expelia forte odor, após ter sido picado por uma cobra, e pelos seus intensos lamentos de dor. O drama de Filoctetes foi representado na peça homônima de Sófocles. Em um relato tardio, Plutarco afirma em seu tratado *Se um ancião deve participar da política*, 875B, que Sófocles compôs uma epigrama em que afirma ter dedicado a Heródoto quando ele tinha cinquenta anos, o que nos leva a crer que ambos tinham uma amizade sólida.

38. A observação de aparecimento e desaparecimento de ilhas vulcânicas parece ter sido algo comum no mundo antigo. Temos também o testemunho de Pausânias que relata o desparecimento de uma dessas ilhas vulcânicas em 72 a.C., consultar: Pausânias, *Descrição da Hélade*, VIII, 33.4.

39. Heródoto nos conta que os Pisistrátidas eram detentores de oráculos, conforme lemos neste episódio: "E no momento em que eles estavam se preparando para a vingança, surgiu um empecilho por meio de uma questão levantada pelos lacedemônios. Pois os lacedemônios foram informados sobre as tramas dos Alcmeônidas urdidas para a Pítia, também as da Pítia contra eles mesmos e os Pisistrátidas, o que eles consideravam um duplo infortúnio porque, embora fossem homens com quem eles tinham laços de hospitalidade, eles os expulsaram de sua terra natal, também porque fizeram isso sem que nenhuma gratidão fosse manifestada pelos atenienses. E além desses acontecimentos, os oráculos lhes diziam que haveria muitas coisas terríveis e também hostilidades para eles vindas dos lacedemônios; antes desses acontecimentos eles os ignoravam, e souberam naquele momento porque Cleômenes os trouxe para Esparta. E Cleômenes obteve a posse dos oráculos retirando-os da acrópole dos atenienses, os que antes os Pisistrátidas detinham a sua posse, quando foram expulsos de sua terra

sem com muita intensidade. E nesse momento, após terem subido com os Pisistrátidas e, sempre que chegavam à presença do rei, os Pisistrátidas diziam palavras veneráveis a respeito do rei, e ele lhes proferia os oráculos; se houvesse algum revés vindo ao bárbaro, ele não dizia nada sobre isso; selecionava os mais propícios, e ele dizia que seria por destino que o Helesponto[40] seria colocado sob o jugo de um homem persa e explicava como seria a expedição. De fato, tanto ele usava as revelações divinas de seus oráculos como os Pisistrátidas e os Alévadas influenciavam os seus pensamentos.

7. E logo que Xerxes foi persuadido a realizar uma expedição militar contra a Hélade, época do primeiro ano depois da morte de Dario[41], em primeiro lugar, fez uma expedição militar contra os revoltosos[42]. Portanto, eles foram subjugados e fez com que o Egito tivesse uma escravidão muito mais árdua que a existente na época de Dario, e confiou o seu reino a Aquêmenes[43], que o seu próprio irmão, que

---

natal, eles os deixaram no templo; e porque estavam abandonados lá, Cleômenes se apossou deles". (Heródoto, *Histórias*, V, 90), tradução de Maria Aparecida de Oliveira Silva. In: Heródoto. *Op. cit.*

40. Estreito que liga o Mar Egeu ao Mar de Mármara, na Ásia Menor.

41. Entre 485 e 484 a.C.

42. Sobre essa revolta, Heródoto escreve: "De fato, os que foram encarregados de procurar o seu filho ainda não estavam presentes e ele foi o primeiro a ser cortado em pedaços, mas eles trouxeram Psamênito e o levaram à presença de Cambises; lá conviveu o resto da sua vida, sem que houvesse qualquer tipo de violência. Se ainda tivesse sido capaz de não se intrometer na vida alheia, Psamênito teria recebido o Egito para ser o seu administrador, visto que os persas estão habituados a honrar os filhos dos reis; e ainda que tenham se revoltado contra eles, do mesmo modo entregam o seu governo aos filhos deles próprios. Portanto, muitos e diferentes são os casos que sedimentam porque fazem isso de forma tão habitual, no caso do líbio Ínaro, filho de Tanira, que recebeu o poder que o seu pai tinha; também Pausiri, filho de Amirteu, pois também esse recebeu o poder que seu pai tinha; todavia, certamente, Ínaro e Amirteu mais que nenhum outro realizaram tantas coisas más para os persas. E agora, depois de ter tramado coisas ruins, Psamênito recebeu a sua paga; pois, enquanto ele liderava os egípcios revoltosos, quando eles foram percebidos por Cambises, ao beber o sangue de um touro, ele morreu imediatamente. Então, assim ele obteve o termo de sua vida." (*Histórias*, III, 15). In: Heródoto. *Histórias. Livro III – Talia. Op. cit.*

43. Filho de Dario com a rainha Atossa, participou da Batalha de Salamina, em 480 a.C., porém morreu na Batalha de Papremis, ocorrida entre 460 a.C. e 459 a.C.,

era filho de Dario. Portanto, Aquêmenes, enquanto governava sobre o Egito, um tempo mais tarde, assassinou Ínaro[44], o filho de Psamético, um homem líbio[45].

8. E Xerxes, depois de ter recapturado o Egito, porque tinha a intenção de tomar nas mãos a expedição militar contra Atenas, convocou uma assembleia dos melhores dentre os persas, a fim de que soubesse de suas opiniões e queria contar-lhes tudo sobre as circunstâncias. E assim que eles se reuniram, Xerxes disse-lhes estas palavras:

---

morto pelo rebelde líbio Ínaro em 460 a.C., que na sequência foi morto pelo rei persa Artaxerxes, em 459 a.C.

44. Filho de Psamético, liderou uma revolta egípcia contra os persas em 460 a.C. com o apoio de Atenas, que lhe enviou duzentas naus, mas o rei Artaxerxes reprimiu duramente a revolta, massacrando os rebelados. Sobre a revolta de Ínaro, Tucídides relata o seguinte episódio: "O líbio Ínaro, filho de Psamético e rei dos líbios vizinhos do Egito, tendo como base Maréia, além da cidade de Faros, sublevou a maior parte do Egito contra o rei Artaxerxes e, assumindo o comando, conseguiu a intervenção dos atenienses. E eles (estava justamente a caminho de Chipre uma expedição de duzentos navios seus e aliados) abandonaram Chipre e vieram; subiram o Nilo desde a foz, asseguraram o domínio do rio e dois terços de Mênfis, e lutavam pelo outro terço que se chama Muralha Branca. Havia aí refugiados persas e medos e também egípcios que não tinham participado da sublevação." (*História da Guerra do Peloponeso*, I, 104), tradução de Anna Lia Amaral de Almeida Prado. In: Tucídides. *História da Guerra do Peloponeso – Livro I*. Tradução e apresentação de Anna Lia Amaral de Almeida Prado. Texto grego estabelecido por Jacqueline de Romilly. São Paulo: Martins Fontes, 2008.

45. Heródoto faz uma breve descrição e análise etnográfica sobre o resultado da guerra entre persas e egípcios em Papremis, com este interessante relato: "E eu vi algo muito extraordinário, porque fui informado pelos habitantes locais. Os ossos de cada um dos que tombaram nessa batalha estavam amontoados longe uns dos outros (pois exceto os ossos dos persas que jaziam para o lado em que estavam separados desde o início, os dos egípcios jaziam em outro lugar), e as cabeças dos persas eram tão frágeis, a ponto de, se quiseres atingi-los, com um único caco os perfuraria, enquanto as dos egípcios eram tão fortes que dificilmente quebraria todas com uma pedra. E eles dizem que a causa é a que se segue, e certamente eles me convenceram sem dificuldade: que os egípcios logo desde a infância começam a raspar suas cabeças e, por ficarem diante do sol, o seu osso se torna espesso. E a causa é essa mesma, também para que não se tornem calvos; pois poderia se ver menos calvos dentre todos os homens egípcios. De fato, essa é a causa para que eles tenham suas cabeças fortes; porque as dos persas são frágeis, a causa é a seguinte: trazem as cabeças cobertas com turbantes desde o início, usando tiaras de feltro. Portanto, isso assim eu vi; e vi também outras coisas semelhantes entre os ossos, em Papremis, dos que estavam junto com Aquêmenes, filho de Dario, que foram mortos pelo líbio Ínaro". (*Histórias*, III, 12). In: Heródoto. *Histórias. Livro III – Talia. Op. cit.*

"Homens persas, e eu mesmo não sou o primeiro a estabelecer esse costume entre vós, mas utilizarei o que recebi dos meus antepassados; pois, conforme fui informado pelos mais velhos, jamais nos mantivemos quietos depois de termos tomado aquela hegemonia dos medos[46], quando Ciro derrubou Astíages[47]; mas um deus assim nos conduz, e nós mesmos muitas vezes o seguimos pensando que o melhor fosse acontecer. Portanto, Ciro, Cambises e o meu pai Dario, assim como os povos conquistados e subjugados, porque sabeis bem quais, não é preciso que se diga. E eu depois de ter herdado esse trono, refleti sobre como não depreciar os meus antecessores nesse cargo e nem acrescentar menos que eles ao poderio dos persas. E durante a minha reflexão, encontrei ao mesmo tempo um modo de conquistar glória e um território que não é menor[48] nem menos

---

46. Segundo Heródoto, este episódio desencadeou a desconfiança de Creso, que estava disposto a conter o crescimento do Império Persa e ao mesmo tempo a expandir o Império Lídio, claro que também já temendo a perda do poder e a possibilidade de ver a Lídia escravizada por Ciro, conforme lemos neste relato: "E, por dois anos, Creso permaneceu em profundo luto, por estar privado do seu filho; depois disso, Astíages, filho de Ciaxares, teve sua hegemonia destruída por Ciro, filho de Cambises, e houve o crescimento dos empreendimentos dos persas, e isso fez Creso cessar a sua dor e mergulhar em preocupação, se de algum modo poderia, antes de os persas tornarem-se poderosos, tomar deles esse poder crescente. Depois desse pensamento, rapidamente, pôs à prova os oráculos dentre os que existiam entre os helenos e o do povo líbio, e enviou diferentes mensageiros para lugares distintos, uns para ir a Delfos, outros para Abas, nas regiões dos foceus, e outros ainda para Dodona; alguns foram enviados para Anfiarau e para Trofônio, e outros para o dos Brânquidas, na região milésia; esses foram os oráculos helênicos que Creso enviou para solicitar uma predição; e enviou outros à Líbia para consultar o oráculo de Ámon. Ele os enviou tendo em mente colocar à prova os oráculos; se compreendesse que descobriria a verdade, ele os enviaria uma segunda vez para perguntar-lhes sobre se acaso empreendesse uma expedição militar contra os persas". (*Histórias*, I, 46-47). In: Heródoto. *Histórias. Livro I – Clio. Op. cit.*

47. Último rei do Império Medo, 596-560 a.C., que foi sucedido, após perder a guerra, pelo rei persa Ciro. Embora tenha sido destronado, Astíages viveu na corte de Ciro até a sua morte em aproximadamente 548 a.C.

48. Sobre a extensão e outras características da Europa, Heródoto registra que: "E claro que a Europa não é de modo algum conhecida, nem os territórios voltados para o sol nascente nem os que estão na direção norte, se é banhada de água por todos os lados; e em extensão é conhecida por ter a mesma que a das duas outras partes. Não posso inferir por qual razão a terra que é uma só recebe três nomes, com todos os nomes de mulher, e por qual motivo ela tem os limites do Nilo, um rio egípcio, e o Fásis, um colco (outros dizem os limites são o Tánais, um rio meótide, e os Estreitos

fértil do que temos agora, mas é produtor de muitos frutos, e ainda efetivar a nossa vingança pelas injúrias. Por isso, eu vos reuni agora, a fim de vos comunicar sobre o que tenho em mente fazer; estou prestes a construir uma ponte de barcos sobre o Helesponto[49] e conduzir meu exército através da Europa contra a Hélade, a fim de que ele se vingue dos atenienses pelo tanto que eles fizeram ao meu pai e aos persas. Portanto, vedes que o meu pai Dario desejava intensamente realizar uma expedição militar contra esses homens; mas ele morreu e não conseguiu se vingar deles. E eu, em nome dele e dos outros persas, não pararei antes que capture e incendeie Atenas, os que primeiro cometeram ultrajes contra o meu pai. Em primeiro lugar, eles foram a Sárdis com Aristágoras[50], o milésio, e

---

Cimérios), nem posso me informar sobre os nomes dos que fizeram essa divisão, e por que colocaram esses nomes. Pois já a Líbia vem de Líbia, é contado pela maioria dos helenos que o nome vem de uma mulher da região, e a Ásia vem do nome da mulher de Prometeu; também os lídios reclamam como seu esse nome, esclarecem que Ásia é chamada assim porque vem de Ásia, filha de Cótis, filho de Manes, mas que Ásia não vem do nome da mulher de Prometeu; que vem da tribo que se chamada Asiada, em Sárdis. E, de fato, a Europa não é conhecida por nenhum dos homens; não se sabe se é banhada por águas por todos os lados, nem de onde ela recebeu esse nome, nem está claro quem foi o que o colocou, a não ser que digamos que o território recebeu esse nome da tíria Europa; e antes não tinha nome, tal como as outras duas terras. Mas ela certamente parecia que vinha da Ásia e não chegou até essa terra que é chamada de Europa pelos helenos, mas que da Fenícia para Creta, e de Creta para a Lícia. Sobre isso então já foi dito o bastante; pois nós utilizamos as considerações deles". (Heródoto, *Histórias*, IV, 45), tradução de Maria Aparecida de Oliveira Silva. In: Heródoto. *Histórias. Livro IV – Melpômene*. Tradução, introdução e notas de Maria Aparecida de Oliveira Silva. São Paulo: Edipro, 2019.

49. Os persas já estavam habituados a fazer uma ponte de barcos sobre o Helesponto, conforme lemos neste episódio: "Enquanto Dario se preparava para uma expedição militar contra os citas e enviava mensageiros para ordenar a uns povos que fossem para a infantaria do exército e outros que processem as naus, e a outros, que construíssem uma ponte sobre o Bósforo Trácio, Artabano, filho de Histaspes, que era irmão de Dario, e pedia-lhe para que de modo algum realizasse uma expedição militar contra os citas, expondo em detalhes a dificuldade de se ir contra os citas. Mas, embora seus conselhos tenham sido úteis, ele não se convenceu, e Artabano se conteve, e depois de ter preparado tudo, cavalgou com seu exército partindo de Susos". (Heródoto, *Histórias*, IV, 83), tradução de Maria Aparecida de Oliveira Silva. In: Heródoto. *Histórias. Livro IV – Melpômene. Op. cit.*

50. Aristágoras era administrador de Mileto na mesma época em que seu primo e sogro Histieu estava na presença de Dario. Na ocasião, porque desconfiou das intenções

um escravo nosso, e chegaram incendiando os recintos sagrados e os templos; em segundo lugar, vós todos sabeis o que eles nos fizeram quando Dátis[51] e Artafernes[52] realizaram uma expedição militar[53]. De fato, por esses motivos, eu estou pronto para realizar uma expedição militar contra eles. E, ao raciocinar sobre isso, encontrei coisas favoráveis nesses planos; se nós os subjugarmos e os seus vizinhos, os que habitam o território do frígio Pélops[54], exibiremos a terra persa

---

de Dario, que realmente desejava eliminá-lo, Histieu enviou uma mensagem a Aristágoras para que se revoltasse contra o domínio persa em 499 a.C.; tal revolta durou até 492 a.C., No entanto, Aristágoras morreu antes, em 497 a.C., quando fora um dos líderes da Revolta Iônia; com o apoio de Atenas e Eretria, foi derrotado pelos persas e fugiu para Mircino, que estava sob a tirania de Histieu, e lá morreu em combate contra os edonos.

51. Comandante medo que lutou na Batalha de Maratona em 490 a.C.

52. Nomeado em 513 a.C. como sátrapa persa na Lídia em 513 a.C. e lá permaneceu até 493 a.C., foi um dos sátrapas de Dario nas Guerras Persas. Em sua busca por uma aliança militar com o sátrapa persa, Heródoto apresenta Artafernes no discurso de Aristágoras: "Artafernes por acaso é meu amigo; e para vós, Artafernes é filho de Histaspes, e irmão do rei Dario, e ele comanda todos os territórios litorâneos na Ásia, com um exército numeroso e muitas naus. Portanto, penso que esse homem fará as coisas que precisamos". (*Histórias*, V, 30). In: Heródoto. *Histórias. Livro V – Terpsícore. Op. cit.*

53. Episódio que Heródoto assim narra: "Então, os atenienses tinham uma guerra continuada contra os eginetas, enquanto o Persa fazia o que lhe interessava, como seu servo sempre lhe fazia lembrar, os atenienses e os Pisistrátidas posicionavam-se do seu lado e caluniavam os atenienses, e ao mesmo tempo Dario queria com esse pretexto subjugar os habitantes da Hélade que não lhe deram terra e água. Então, como Mardônio havia atuado sem sucesso na expedição, Dario o dispensou do posto de estratego e indicou outros estrategos, que enviou a Erétria e a Atenas; eram Dátis, que era de origem meda, e Artafernes, filho de Artafernes, que era seu sobrinho; e os enviou com a ordem de que escravizassem Atenas e Erétria, e que trouxessem para sua própria vista os escravizados". (Heródoto, *Histórias*, VI, 94), tradução de Maria Aparecida de Oliveira Silva. In: Heródoto. *Histórias. Livro VI – Érato.* Tradução, introdução e notas de Maria Aparecida de Oliveira Silva. São Paulo: Edipro, 2021.

54. Filho de Tântalo e de Clície, ou ainda de Eurinassa, Euristanassa e Euristemiste, que é identificada com um deus-rio, ou de Pactolo ou Xanto. Pélops veio para a Hélade, então muito pobre, trazendo suas riquezas adquiridas na Ásia. A região tornou-se o seu epônimo a Península do Peloponeso, onde Pélops instituiu os Jogos Olímpicos; o herói também está relacionado ao Ciclo de Troia, pois houve o oráculo decifrado por Heleno em que dizia que seus ossos deveriam ser trazidos para Troia a fim de que os helenos vencessem o embate.

se avizinhando ao éter de Zeus[55]; pois, de fato, não existirá nenhum território que o Sol verá sob ele que se avizinhe ao nosso, mas eu colocarei convosco todos eles em um único território[56], depois de ter atravessado toda a Europa. Pois fui informado que é a situação é assim, não restará nenhuma cidade dos homens nem nenhum povo dentre os homens que será capaz de ir contra nós em uma batalha, quando esses que eu relacionei forem retirados pouco a pouco de nossa frente. Desse modo, tanto aqueles que forem culpados para nós quanto os inocentes terão o jugo da escravidão. E vós, se quiserdes me agradar, fazei estas coisas: no momento em que eu sinalizar, deveis virdes nesse tempo, com boa vontade, cada um de vós precisará estar presente; aquele que vier provido com o mais belo exército, eu lhe darei os presentes que são mais estimados entre o nosso povo. Portanto, isso deve ser feito desse modo. E a fim de que não vos pareça que decido por mim mesmo, coloco o assunto para discussão comum, e peço a opinião daquele dentre vós que queira me demonstrar a sua." Dito isso, ele se conteve.

9. E depois dele, Mardônio disse: "Ó déspota, não somente és o melhor dos persas já nascidos, mas também dos que virão, que

---

55. Pai dos deuses e dos homens, Zeus, filho de Crono e Reia, reinou sobre todos após destronar seu pai; sobre a origem e os acontecimentos que antecederam seu reinado, consultar: Hesíodo, *Teogonia*, 468-506. Dentre os vários atributos de Zeus, estava o poder de fazer chover.

56. O pai de Xerxes também planejou, incentivado por sua esposa Atossa, a conquistar todos os territórios, episódio que Heródoto assim narra: "Então, depois de Democedes tê-la tratado e de ter declarado que ela estava saudável, nesse momento, instruída por Democedes, Atossa entrou no leito nupcial de Dario e dirigiu-lhe a seguinte fala: '– Ó rei, com tanto poder que tens, permaneces quieto, nem acrescentando nenhum povo nem aumentando o poder dos persas. E isso é natural a um homem jovem, senhor de grandiosas riquezas, mostrar que está realizando um feito admirável, a fim de que os persas percebam que são governados por um homem. Realizar essas coisas te conduzirá para dois pontos interessantes: um ponto é que os persas saberão que eles têm um homem que está à frente deles, e outro ponto é que estando extenuados pela guerra não terão tempo livre para revoltarem-se contra ti. Pois agora poderias realizar uma obra admirável, porque estás na idade da tua juventude; pois, por um lado, enquanto o corpo está crescendo, cresce também a sua inteligência; por outro lado, quando ele está envelhecendo, envelhece também a sua tonicidade para realizar todas as suas ações'". (*Histórias*, III, 134). In: Heródoto. *Histórias. Livro III – Talia. Op. cit.*

disseste as restantes e alcançaste as melhores e mais verdadeiras, de fato, porque não permitirás aos iônios que habitam na Europa nos ridicularizem, porque são indignos deles. De fato, seria um problema terrível, se subjugarmos os sacas, os indos, os etíopes, os assírios e os outros muitos e grandes povos e os tivermos como escravos, porque nenhuma injustiça foi cometida contra os persas, mas porque queremos expandir nosso poder, e não nos vingarmos dos helenos que começaram a injúria. Por que deveríamos temer? Pelo contingente de sua tropa de soldados? E pelo poder da sua riqueza? Conhecemos os aspectos de sua batalha, conhecemos como o seu poder é fraco; e detemos seus filhos que nós subjugamos, os que habitam em nossa terra e são chamados iônios, eólios e dórios. E também eu mesmo os pus à prova quando marchei contra esses homens, após ter sido ordenado por seu pai, e avancei até a Macedônia e faltou pouco para que eu chegasse a essa mesma Atenas; ninguém foi de encontro a mim na batalha. Todavia, certamente, os helenos têm o hábito, conforme fui informado, do modo mais irrefletido, de se levantarem para a guerra por falta de discernimento e imperícia; pois sempre que declaram guerra uns contra os outros, eles procuram o território mais belo e plano, e nesse lugar eles partem para o combate entre si, de modo que os vencedores o abandonam junto com um grande prejuízo; e a respeito dos que foram derrotados, não digo absolutamente nada; pois são destruídos. Como são falantes da mesma língua, eles precisam compreender as diferenças utilizando seus arautos e mensageiros, muito antes das batalhas; e se fosse completamente necessário que guerreassem uns contra os outros, que encontrassem um lugar para cada um deles fossem difíceis de serem subjugados e pudessem se por a prova ali[57]. Assim, com esse

---

57. Note que Heródoto usa a fala do persa para criticar o modo como os helenos se relacionam entre si, a falta de sabedoria nos embates que destruíam suas cidades e o seu povo, deixando-os vulneráveis aos ataques dos inimigos, em especial os persas. Notemos ainda que Heródoto reprova as guerras que arrasavam os territórios e levavam à pobreza e à fome povos que são do mesmo ramo linguístico, portanto da mesma origem étnica. Com essa fala, Heródoto termina também por elogiar o modo como os persas pensavam a guerra, não para a destruição do inimigo, mas

comportamento que não é útil, os helenos destruíam a si mesmos; quando eu avançava até a terra da Macedônia, eles não foram até lá por esse diálogo para que guerreassem[58]. E, de fato, quem irá se opor declarando uma guerra contra ti, ó rei, que vais conduzir também o grande contingente da Ásia e todas as suas naus? Como eu penso, o poderio militar dos helenos não chega a essa ousadia; então, se eu mesmo estou sendo enganado por meu pensamento e aqueles se levantarem contra ti de modo irrefletido e vierem contra nós na batalha, aprenderiam que nós somos os melhores dentre os homens nos assuntos da guerra. E que seja então, nós não devemos deixar de tentar nada; pois nada se move por si mesmo, mas é a partir da tentativa que tudo costuma acontecer aos homens".[59]

10. Depois de ter suavizado suas palavras tão intensa opinião de Xerxes, Mardônio ficou quieto. E os outros persas silenciaram e não tiveram a coragem de mostrar uma opinião contrária à que foi colocada, mas Artabano[60], filho de Histapes[61], que era tio paterno[62] de

---

para que este permanecesse como estava a fim de que pudessem recolher tributos dos povos dominados.

58. Interessante notar que os helenos são irrefletidos quando é para guerrear entre si, como se cada povo se julgasse superior militarmente ao outro, mas quando é para guerrear contra os persas, eles se reúnem e deliberam até perder o momento certo da batalha, como se estivessem usando um pretexto para não enfrentar o maior poderio militar de seu tempo. Diante disso, Heródoto mostra que os helenos não tinham medo de guerrear entre si, mas que temiam muito o embate contra os persas.

59. Provérbio grego encontrado também em Teógnis, 571 e Teócrito, IX, 62.

60. Nascido na Hircânia, região dominada pelo Império Aquemênida, e de origem nobre, Artabano serviu como estratego e conselheiro político do rei Dario I. Sobre esta personagem, Aristóteles conta: "Artapanes atacou Xerxes por temer a acusação sobre Dario, porque o enforcou sem que Xerxes lhe houvesse ordenado, mas pensando obter o perdão de Xerxes, que o esqueceu ao ser convidado para um banquete". (1311b35-40). In: Aristóteles. *Política*. Tradução, introdução e notas de Maria Aparecida de Oliveira Silva. São Paulo: Edipro, 2019. Note-se que Aristóteles grafa Ἀρταπάνης (*Artapánes*) em vez de Ἀρτάβανος (*Artábanos*) como Heródoto.

61. Filho de Dario I e de Atossa, ele desempenhou a função de comandante militar na segunda guerra dos persas contra os helenos.

62. Esta é a segunda intervenção contrária de Artabano, a outra é assim descrita por Heródoto: "Enquanto Dario se preparava para uma expedição militar contra os citas e

Livro VII - Polímnia | 51

Xerxes, que estava confiando nisso, disse-lhe estas palavras: "Ó rei, se não expressam opiniões contrárias entre si, não é possível escolher a melhor, mas devemos utilizar a que foi expressa; mas se é possível expressá-las, tal como o ouro puro que não reconhecemos por ele mesmo, mas quando o atritamos com outro tipo de ouro. E eu também, ao seu pai, meu irmão Dario, declarei que ele não realizasse uma expedição militar contra os citas, porque eram homens que não habitavam em uma cidade em parte alguma de sua terra[63]; e ele, porque tinha a esperança de subjugar os citas nômades, não se deixou convencer por mim, e realizou a sua expedição militar e retornou após perder muitos e bons homens de seu exército. E tu, ó rei, pretendes realizar uma expedição militar contra homens em muito ainda melhores que os citas, que dizem que eles são os melhores no mar e na terra; e o fato de que existe algo terrível neles, é justo que eu te conte. Dizes que farás uma ponte de barcos no Helesponto para o exército atravessar a Europa e ir até a Hélade. E, além disso, é possível que aconteça de ser vencido em mar ou em terra, ou em ambas – pois os homens contam que são valentes, e pode-se concluir isso quando Dátis e Artafernes chegaram

---

enviava mensageiros para ordenar a uns povos que fossem para a infantaria do exército e a outros que provessem as naus, e a outros, que construíssem uma ponte sobre o Bósforo Trácio, Artabano, filho de Histaspes, que era irmão de Dario, e pedia-lhe para que de modo algum realizasse uma expedição militar contra os citas, expondo em detalhes a dificuldade de se ir contra os citas. Mas, embora seus conselhos tenham sido úteis, ele não se convenceu, e Artabano se conteve, e depois de ter preparado tudo, cavalgou com seu exército partindo de Susos". (Heródoto, *Histórias*, IV, 83), tradução de Maria Aparecida de Oliveira Silva. In: Heródoto. *Histórias. Livro IV – Melpômene. Op. cit.*

63. Sobre esse fato, Heródoto relata que: "E o Ponto Euxino, contra o qual Dario começava a organizar uma expedição militar, dentre todos os territórios é o que apresenta, fora os citas, os povos mais ignorantes; pois não podemos fazer referência à sabedoria de nenhum povo dentre os que estão no interior da região do Ponto, nem sabemos se algum homem erudito nasceu por lá, fora os citas e Anacársis. E nós sabemos que a raça cita encontrou a mais sábia solução para um dos maiores problemas da humanidade, todavia eu não admiro as suas outras ações. E assim tiveram a sua maior descoberta de modo que ninguém escape quando avançar contra eles, se não quiserem ser descobertos, que não seja possível ser capturados. Pois eles não têm cidades nem construções que tenham muralhas, mas todos são carregadores de suas próprias casas e são arqueiros com cavalos, que não vivem do arado, mas do que possuem, e tinham víveres em suas casas; como eles não seriam invencíveis e inacessíveis para encontrar em batalha?". (Heródoto, *Histórias*, IV, 46), tradução de Maria Aparecida de Oliveira Silva. In: Heródoto. *Histórias. Livro IV – Melpômene. Op. cit.*

ao território Ático com um exército tão numeroso e os atenienses sozinhos os aniquilaram – então se não forem capazes em ambos; mas que ataquem nossas naus, vençam a batalha marítima, naveguem em direção ao Helesponto e depois destruam a ponte, e isso é terrível, rei. E eu mesmo cheguei a isso, não por alguma sabedoria própria, mas pela nossa dolorosa derrota que faltou pouco para que nós fossemos capturados naquela situação, quando o teu pai, após unir o Bósforo Trácio[64] e construir uma ponte de barcos no Rio Istro[65], atravessou-a e atacou os citas. Nesse momento, os citas criaram todo tipo de argumento para pedir aos iônios que abandonassem a passagem, pois a guarda das pontes do Istro foi confiada a eles; e então Histieu[66], o tirano de Mileto[67], se tivesse seguido a opinião dos demais tiranos, não se teria colocado do lado contrário[68], o Império Persa teria sido

---

64. Heródoto assim discorre sobre esta região: "E Dario, depois de ter marchado de Susos, chegou à Calcedônia, às margens do Bósforo, onde a ponte unia suas duas margens, de lá embarcou em uma nau e navegou até as chamadas Ciâneas, as que dizem os helenos que são errantes, sentou-se em um promontório e contemplou o Ponto, que é algo digno de ser contemplado. Pois dentre todos os mares é naturalmente o mais maravilhoso, sua extensão é de onze mil e cem estádios, e sua largura, em seu ponto mais extenso, é de três mil e trezentos estádios. A embocadura desse mar é de quatro estádios de largura, e o estreito que forma a embocadura, que é chamado de Bósforo, até onde existe a ponte que une as suas duas margens, a sua largura é de cento e vinte estádios; e o Bósforo se estende até a Propôntida. E a Propôntida, cuja extensão é de quinhentos estádios e largura é de quatrocentos estádios de comprimento, deságua no Helesponto, cujo estreito é de sete estádios e sua largura é de quatrocentos. E o Helesponto deságua em um mar aberto que é chamado de Egeu". (Heródoto, *Histórias*, IV, 85), tradução de Maria Aparecida de Oliveira Silva. In: Heródoto. *Histórias. Livro IV – Melpômene. Op. cit.*

65. Rio Istro é o atual Rio Danúbio, que corta a região conhecida pelos antigos como Dácia. Vemos aqui, então, uma inconsistência geográfica, o que nos leva a crer que Heródoto se enganou com o nome.

66. Tirano de Mileto, século VI a.C., mais conhecido por ter sido o líder da revolta dos iônios contra os persas.

67. Cidade localizada na Ásia Menor, cujas atividades comerciais destacaram-se em toda a sua região, pois estabeleceu relações comerciais com o sul da Península Itálica, com a Trácia, local em que foram fundadas colônias e, principalmente, com o Egito, onde foi criado um posto comercial em Náucratis, no Delta do Rio Nilo.

68. Heródoto se refere a este episódio: "Diante disso os iônios começaram a deliberar. A opinião do ateniense Milcíades, que era estratego e tirano dos quersonésios no

destruído. Todavia, também é terrível ouvir por meio de um discurso que todo o império do rei veio a ser dependente de um único homem. Portanto, tu não queiras de modo algum chegar a esse tipo de perigo, porque não existe necessidade alguma, mas deixa-te convencer por mim; agora dissolve esta reunião; e novamente, quando te parecer melhor, após teres refletido por ti mesmo sobre a questão, anuncia as medidas que te pareçam as melhores. Pois acho que é importante que deliberes bem, porque é um grandioso ganho; ainda que algo queira se colocar como um empecilho, em nada o que for decidido será pior, e a tua decisão será dada pela sorte; e aquele que delibera de modo vergonhoso e encontra uma solução, mesmo que a sorte o acompanhe, não será em nada inferior àquele que deliberou mal. E tu vês os animais, os seres vivos que se sobressaem, como o deus os fulmina com um raio não lhes permite que se regozijem de sua condição, enquanto não faz nenhum ataque aos pequenos; e tu vês como nas habitações maiores, sempre, também nas árvores de tal natureza, ele acerta seus dardos. Pois o deus costuma cortar fora tudo o que se sobressai. E, assim também, um exército numeroso é aniquilado por um pequeno, conforme tal situação: quando a divindade, tomada de inveja[69], envia-lhe o medo ou um estrondo de trovão, por isso que

---

Helesponto, sua ideia era que eles obedecessem os citas e libertassem a Iônia; mas o milésio Histieu foi contra a sua ideia, ele disse que agora cada um deles era tirano de uma cidade por causa de Dario, e que se o poderio de Dario fosse destruído, nem ele mesmo seria capaz de comandar os milésios, nem nenhum outro sobre o outro; pois cada cidade preferiria instituir o regime democrático mais que o tirânico. E depois de Histieu ter exposto essa sua opinião, logo todos se voltaram para essa opinião; antes haviam preferido a de Milcíades". (Heródoto, *Histórias*, IV, 137), tradução de Maria Aparecida de Oliveira Silva. In: Heródoto. *Histórias. Livro IV – Melpômene. Op. cit.*

69. Sobre a inveja divina, Heródoto a apresenta já no primeiro livro nas seguintes palavras de Sólon: "Creso, eu sei que a divindade é em tudo invejosa e perturbada, interrogaste-me sobre os assuntos humanos. Pois, na longa vida humana, houve muitas coisas que ninguém quis ver, e ainda, muitas vezes, sofrer. Suponho que o limite da vida humana esteja nos setenta anos. Esses setenta anos representam vinte e cinco mil e duzentos dias, não havendo mês intercalar; se quisesse tornar um ano a cada dois anos mais extenso com um mês, a fim de que as estações do ano venham no devido momento, além dos setenta anos, os meses intercalares vão se tornar trinta e cinco e os dias dos meses, mil e cinquenta. Esses dias todos nestes setenta anos totalizarão vinte e seis mil duzentos e cinquenta, e um dia é completamente diferente do outro, não traz nenhum acontecimento semelhante. Assim, Creso, um

ele é indignamente destruído. Pois o deus não permite a ninguém ter pensamentos elevados, a não ser ele mesmo. Portanto, o fato de se apressar em toda questão gera um passo em falso, dos quais costumam se originar grandes perdas; e existem coisas boas em deter-se nisso, se não são pensadas imediatamente, mas que podem ser descobertas ao longo do tempo. De fato, é isso que a ti, ó rei, aconselho. E tu, Mardônio, filho de Góbrias, para de dizer palavras tolas a respeito dos helenos, porque não são dignos de ter má reputação. Pois calunias os helenos para exortar o próprio rei a realizar uma expedição militar contra eles; e parece-me que é por causa disso que se prolonga no assunto com todo esse empenho. Portanto, que isso não seja assim! Pois a calúnia é algo muito terrível; nela são dois os culpados de injustiça e um único injustiçado. Pois o caluniador comete injustiça quando o acusado não está presente, e comete injustiça quem ouve falar sobre os acontecimentos sem antes conhecê-los com precisão. E então quem está ausente da discussão é injustiçado pelas palavras do seguinte modo: tanto é caluniado por outro debatedor e considerado como mau por outro. Mas se, de fato, deve-se realmente realizar uma expedição militar contra esses homens, vai, permanece dentro dos nossos costumes como rei dos persas; nós dois colocamos em risco os nossos filhos, realiza tu mesmo a expedição militar, escolhe os homens que queres e dirige o exército a qualquer lugar que queiras; e se, como tu dizes, os acontecimentos terminam favoráveis ao rei, que meus filhos morram, e além deles, também eu! E se o que eu predigo acontecer, os teus experimentarão isso, e junto com eles, também tu, se retornares. E se não quiseres encarregar-se disso, tu realmente conduzirás uma expedição militar contra a Hélade, afirmo que alguém dentre os que foram deixados para trás aqui ouvirão que Mardônio, o realizador de uma grande ruína para os persas, foi pasto de cães e de aves[70] em algum lugar da terra dos atenienses ou dos lacedemônios, se não for an-

---

homem é em tudo vicissitude. Para mim, tu pareces que és muito rico e rei de muitos homens; e sobre aquilo que me perguntaste, eu não te responderei antes de ser informado se terminaste bem a tua vida". (Heródoto, *Histórias*, I, 32). In: Heródoto. *Histórias. Livro I – Clio.*

70. Não há como não se lembrar dos versos homéricos 4 e 5 da Ilíada de Homero em que o poeta lamenta os aqueus terem servido de pasto para cães e aves de rapina.

tes mesmo em algum lugar do caminho, e compreenda contra quais tipo de homens pretendes que o rei realize uma expedição militar."

11. Artabano disse essas palavras; e Xerxes, irritado, virou-se e disse-lhe em resposta o seguinte: "Artabano, és o irmão de meu pai; isso te livrará para que não sejais digno de receber um castigo por suas palavras tolas; também por essa tua covardia e porque estás de mau ânimo, ordeno que tu permaneças aqui junto com as mulheres e que não realizes a expedição militar contra a Hélade junto comigo. E eu mesmo sem a tua companhia farei o que disse que cumpriria. Pois que eu não seja filho de Dario, filho de Histaspes, filho de Ársames, filho de Ariamnes, filho de Teispes, filho de Ciro, filho de Cambises, filho de Teispes, filho de Aquêmenes, se não me vingar dos atenienses; bem sei que se nós ficássemos quietos, mas aqueles, não, mas que certamente fariam uma expedição militar contra a nossa terra, se devemos tirar conclusões pelas iniciativas vindas deles, que incendiaram Sárdis e invadiram a Ásia. Portanto, nenhum dos dois podem sair da guerra, mas agir ou sofrer na disputa estabelecida, a fim de que este território aqui[71] fique sob o domínio dos helenos ou o de lá[72] fique sob o domínio dos persas. É por nossa inimizade que não existe nenhum meio termo. Portanto, é belo nós nos vingarmos, porque fomos os primeiros a ser ofendidos, já é tempo, a fim de que eu conheça esse terrível perigo que vou experimentar se avançar contra esses homens, certamente, que o frígio Pélops, que foi um escravo dos meus antepassados, que os dominou tanto que até agora esses homens e a sua terra são chamados pelo nome do seu dominador."

12. Ele disse essas palavras até chegar a esse ponto. Depois disso, veio a hora de dormir e a opinião de Artabano perturbava Xerxes; com a noite, propiciou-lhe um conselho e entendeu completamente que não era seu assunto realizar uma expedição militar contra a Hélade. Após ter-lhe proporcionado essas reflexões, ele dormiu imediatamente. E de fato, na noite em que teve essa visão, como é contado pelos persas, Xerxes pensou que um homem de elevada estatura e de bela

---

71. Ou a Ásia.

72. Isto é, da Europa.

feição lhe disse: "Mudaste de opinião, Persa, sobre não conduzir uma expedição militar contra a Hélade, depois de anunciares aos persas que reunissem seu exército? Portanto, não fazes bem ao mudar de opinião, nem ninguém de seu entorno o perdoará; mas, tal como tomaste a decisão pela manhã, vai por esse caminho". Após ele ter dito isso, Xerxes imaginou que ele se afastou voando.

13. E quando o dia brilhou, não deu importância nenhuma a esse sonho, e promoveu a reunião dos persas com os que ele tinha se reunido antes, e lhes disse o seguinte: "Homens persas, perdoai-me porque eu mudei subitamente de opinião; pois eu ainda não alcancei o ápice de minha inteligência, e os que me instigam a fazer isso, por nenhum momento, afastam-se de mim. Todavia, após eu ouvir a opinião de Artabano, imediatamente o ardor da juventude entrou em efervescência, de modo a despejar palavras inconvenientes a um homem com mais anos de vida mais que o necessário; todavia, agora concordo com a opinião dele e a utilizarei. Portanto, porque mudei a minha opinião e não irei mais realizar uma expedição militar contra a Hélade, ficai tranquilos". Os persas, quando ouviram essas palavras, tomados de alegria, prosternaram-se.

14. E quando se tornou noite, Xerxes teve novamente o mesmo sonho enquanto estava dormindo em sono profundo, e ele lhe disse: "Ó filho de Dario, e então te mostras entre os persas renunciando à expedição militar e fazes pouco caso das minhas palavras, como se as tivesses ouvido de um qualquer? Então, sabei bem isto: se não realizares mesmo a expedição militar imediatamente, por isso irão te acontecer os seguintes fatos: com te tornaste de fato grande e poderoso em pouco tempo, assim também rapidamente serás novamente insignificante."

15. Xerxes ficou tão temeroso com sua visão que pulou do seu leito correndo e enviou um mensageiro até Artabano para chamá-lo. No momento em que ele chegou, Xerxes lhe disse estas palavras: "Artabano, naquele momento, eu não estava sob o meu controle e te disse palavras tolas por causa de seu útil conselho; todavia, não muito tempo depois, eu mudei de opinião, e compreendi que eu deveria fazer o que tu havias me aconselhado. Portanto, não me é possível fazer isso, mesmo eu querendo; pois também um espectro tem aparecido em visita durante o sonho e que me exorta com veemência a não fazer de modo algum isso; e na verdade, ele partiu após me fazer ameaças. Portanto, se é um deus quem o enviou e que está em completo regozijo por haver uma expedição militar contra a Hélade, ele voará também sobre ti no mesmo lugar e no mesmo tipo de sonho, igualmente te ordenará o que foi estabelecido para mim. E do modo que se segue eu consigo descobrir se isso deveria acontecer, caso tu tomes todo o meu aparato e vistas meu traje, depois disso, sentes-te no meu trono e em seguida deites em meu leito."

16. Xerxes lhe disse essas palavras. E no início, Artabano não obedeceu ao que lhe foi ordenado, porque não se considerava digno de sentar no trono real; por fim, como estava sendo forçado, ele fez o que lhe foi ordenado e depois disse-lhe estas palavras: "Conforme o meu julgamento, ó rei, é a mesma coisa pensar bem e querer ser persuadido por palavras úteis que alguém diga; tu também acumulas ambas as coisas, mas as companhias dos maus o enfraqueceram, pela mesma razão que o sopro dos ventos se lança no mar, o mais útil de todas as coisas úteis para os homens não o permite, diz-se, que se mantenha em sua própria natureza. E depois de ouvir-te falar mal de mim, isso não me afetou com tanta dor quanto, havendo duas opiniões colocadas aos persas, uma é exagerada por desmedida, e a outra é para impedi-lo e diz que é um mal ensinar à alma a ter sempre que procurar algo mais do que lhe é dado no presente, porque escolheste a mais perigosa para ti e para os persas. Portanto, agora, visto que te voltaste para a melhor, porque recusaste a realizar a expedição contra os helenos, contas que um sonho enviado por um deus que te visita com frequência e que não te permite isso e o faz abandonar a ideia da expedição. Mas isso não é divino, ó filho. Pois eu te explicarei como são os sonhos que aparecem para os homens, porque sou muitos anos mais velho que tu; essas visões dos sonhos costumam especialmente ser plasmadas conforme os assuntos que te preocupam durante o dia; e dias antes nós tínhamos nos ocupado intensamente com a realização dessa expedição militar. E se então isso não é do modo como eu julgo, mas que isso tem alguma participação do divino, tu mesmo sintetizaste tudo quando falaste; pois que apareça também para mim, como também para ti, e que me dê suas ordens. E não deixará de aparecer para mim e ser mais útil porque estou trajando a tua vestimenta e não a minha, nem em algo mais porque estou repousando em teu leito que no meu, mesmo se quiser se manifestar de outra maneira. Pois essa aparição certamente não é ingênua a ponto de vir, qualquer que seja ela em teu sonho, de modo que pense que sou eu quando te vir, porque estou usando a tua vestimenta. E se ele não me der nenhuma importância, nem se dignar a aparecer para mim, nem se eu estivesse com a minha vestimenta, nem mesmo a tua, e se ela continua a te visitar, isso já deve ser compreendido; pois se de fato ela te visitar com frequência, também direi que isso é algo divino. E se essa é a decisão que tomaste e não te é possível mudar de opinião sobre isso, e se eu já devo dormir no teu leito, vai! Isso será executado por mim, e que ela apareça também para mim. E até que isso aconteça, continuarei com a minha presente opinião."

17. E após dizer essas palavras, Artabano, esperando demonstrar que Xerxes estava dizendo tolices, cumpriu o que lhe foi ordenado; e vestiu a vestimenta de Xerxes e sentou-se no trono régio, depois disso, quando ia para o leito, veio-lhe a aparição que havia visitado Xerxes em um mesmo sonho, e colocando-se acima de Artabano, disse-lhe então estas palavras: "Então, tu és aquele que apressa Xerxes para realizar uma expedição militar contra a Hélade; por que estás preocupado com ele? Mas, nem no futuro nem no presente agora, não escaparás impune ao que deve retornar para ti e ao que é preciso acontecer; e Xerxes deve sofrer o que lhe foi revelado, porque foi revelado por mim mesmo."

18. E Artabano então pensou que o sonho lhe fez essas ameaças e que ele ia queimar seus olhos com um ferro quente. E ele soltou um grito alto, levantou-se de sobressalto, sentou-se ao lado de Xerxes e foi quando ele lhe relatou a visão que lhe veio do sonho, em seguida disse-lhe estas palavras: "Eu, ó rei, como um homem que já viu muitas vezes grandes impérios serem derrubados por menores, não te permitiria em tudo parecer com os da tua idade, sabia que seria um mal desejar muitas coisas, e me recordava da expedição que Ciro realizou contra os masságetas[73], e também recordava da de Cambises[74] contra os etíopes, e de quando Dario realizou uma expedição militar contra os citas[75]. Conhecendo esses acontecimentos, tenho a opinião de que tu serias mais bem-aventurado para todos os homens se não te abalares. Visto que uma força superior divina gera um impulso, e como parece, também um desastre imposto pelo divino irá se voltar contra os próprios helenos, eu mesmo me contenho e mudo a minha opinião. E tu envie um sinal para os persas sobre as determinações vindas do deus, e ordena-lhes que façam assim como tu havia dito antes para sua preparação, com a concessão do deus, e tu fazei com que não falte nada no que depender de ti". E após os relatos de ambos, a partir de então ficaram exaltados em seu olhar, logo que nasceu o dia, Xerxes determinou isso aos persas,

---

73. Já no seu primeiro livro, Heródoto faz referência ao embate dos persas contra os citas: "Depois de Ciro ter conquistado esse povo, desejou colocar os masságetas sob o seu poder. E diz-se que esse povo também era numeroso e corajoso, habitando na direção da aurora e do sol nascente, do outro lado do Rio Araxes, e em frente aos homens issedônios. Há os que dizem que eles são do povo cítio". (Heródoto, *Histórias*, I, 201). In: Heródoto. *Histórias. Livro I – Clio*.

74. Rei da Pérsia, 530-522 a.C., filho de Ciro, que se tornou notável por ter conquistado o Egito. Heródoto assim apresenta Cambises: "Após a morte de Ciro, Cambises, filho de Ciro e de Cassandane, filha de Farnaspes, que morreu antes dele, herdou o seu reino; o próprio Ciro guardou um longo luto e proclamou a todos os outros povos que ele governava que guardassem luto também. De fato, Cambises era filho daquela mulher e de Ciro. Porque ele considerava os iônios e os eólios como escravos herdados de seu pai, realizou uma expedição militar contra o Egito, levando os outros povos que ele governava, entre eles, os helenos que havia subjugado." (*Histórias*, II, 1). In: Heródoto. *Histórias. Livro II – Euterpe*. Tradução, introdução e notas de Maria Aparecida de Oliveira Silva. São Paulo: Edipro, 2016.

75. O relato herodotiano sobre os citas se inicia com a expedição militar organizada por Dario mais ou menos em 512 a.C., que tem o objetivo de vingar-se da invasão da Média feita pelos citas, como lemos no trecho que se segue: "E depois da captura da Babilônia, ocorreu uma marcha do próprio Dario contra os citas. Quando a Ásia florescia com seus homens e reunia grandiosas riquezas, Dario desejou que os citas pagassem sua pena, porque antes eles cometeram a ofensa de invadir a Média e vencer em batalha os seus oponentes. Pois os citas comandaram na parte alta da Ásia, como também já foi dito antes por mim, durante vinte e oito anos. Pois eles invadiram a Ásia em perseguição aos cimérios, e colocaram fim ao poder dos medos; estes, antes dos citas chegarem, comandavam a Asia". (Heródoto, *Histórias*, IV, 1)

e Artabano que antes mostrava-se o único que tentava dissuadi-los, nesse momento era claro que os estava estimulando.

19. E quando Xerxes decidiu realizar sua expedição militar, depois disso, surgiu uma terceira visão em seu sonho; após os magos[76] a terem ouvido, julgaram que estava relacionada a toda a terra e que significava que ele iria escravizar todos os homens. E a sua visão foi esta: Xerxes pensou que estava sendo coroado com um ramo de oliveira, e que os galhos dessa oliveira se estenderam por toda a terra, e depois disso, a coroa que estava sobre a sua cabeça desapareceu; e após os magos a terem julgado dessa forma, os persas que estavam reunidos imediatamente cada homem partiu cavalgando cada um de volta para o seu próprio local de governo, e tinham todo empenho no que lhes foi dito, porque cada um queria receber as recompensas estabelecidas, e Xerxes assim fez a reunião de seu exército, procurou em cada território do continente[77].

20. Pois, a partir da retomada do Egito, durante quatro anos inteiros, Xerxes preparou seu exército e as coisas necessárias ao exército, e quando se completaram cinco anos[78], ele comandou uma expedição militar numerosa, com um grande contingente. Pois dentre as expe-

---

76. Heródoto narra um sonho parecido, quando do nascimento de Ciro e a tentativa de seu avô de ir contra o que lhe havia sido predestinado: "Quando Mandane foi morar com Cambises, no primeiro ano, Astíages teve outra visão: pareceu-lhe que brotava uma videira dos órgãos sexuais dessa sua filha, e a videira cobria toda a Ásia. Após ter visto isso e comunicado aos intérpretes de sonhos, mandou vir dos persas a sua filha e, quando ela chegou, protegeu-a, porque queria matar o que estava para nascer dela; pois, a partir da visão que teve, dentre os magos, os que eram intérpretes de sonhos indicaram que o descendente de sua filha iria reinar no lugar dele. Então, Astíages, protegendo-se disso, quando Ciro nasceu, chamou Hárpago, um homem de sua família e o mais confiável dos medos e administrador de todos os seus assuntos, e disse-lhe o seguinte: 'Hárpago, entrego a ti um assunto, de modo algum descuide dele, não me traia nem prefiras outros para que eu mesmo faça cair dores sobre ti pela tua falha. Pega a criança que Mandane deu à luz, leva-a contigo para matá-la'". (Heródoto, *Histórias*, I, 108). In: Heródoto. *Histórias. Livro I – Clio.*

77. Isto é, em toda a Ásia.

78. 485 a 481 a.C. ou 484 a 480 a.C.

dições militares que nós vimos, em muito essa se tornou, de fato, a maior delas, de modo que a de Dario contra os citas em comparação a essa se mostra ínfima, e a dos citas quando os citas perseguiram os cimérios, invadiram o território da Média, submeteram e ocuparam quase todos as regiões ao norte da Ásia[79]; por causa desses acontecimentos, Dario vingou-se deles mais tarde, nem conforme o que se conta, que a dos Atridas[80] contra Ílion[81], nem a dos mísios e a dos teucros[82] que foram antes da Guerra de Tróia, eles atravessaram a Europa até o Bósforo, subjugaram todos os trácios, desceram até o Mar Iônio e avançaram até o Rio Peneu[83] no território ao sul.

21. Todas essas e outras expedições militares que aconteceram, nenhuma delas é digna desta que é única. Pois qual povo Xerxes não trouxe da Ásia contra a Hélade? E qual curso d'água, exceto o dos grandes rios, essa expedição não secou? Pois uns povos estavam fornecendo naus, enquanto outros contribuíam com suas fileiras para o exército terrestre, e pediu a uns que organizassem a cavalaria, a outros que trouxessem embarcações para transporte de cavalos e que ao mesmo tempo participassem da expedição militar, a outros

---

79. No *Livro I – Clio*, Heródoto descreve as regiões dominadas pelos citas, mas lá afirma que os citas dominaram toda a Ásia, conforme lemos neste relato: "O caminho do Lago Meótis até o Rio Fásis e para o território dos colcos é de trinta dias para um homem ágil, e de colcos não se caminha muito para o território dos medos, mas há um único povo pelo meio deles, os sáspiros, e passando por esse lugar, chega-se à região dos medos. Todavia, os citas não avançaram por esse caminho, mas deram uma volta muito mais extensa ao norte desse caminho, que, no seu lado direito, eles tinham a montanha do Cáucaso, onde os medos se encontraram com os citas, e foram vencidos na batalha, e perderam o seu poder, e os citas dominaram toda a Ásia." (Heródoto, *Histórias*, I, 104-105). In: Heródoto. *Histórias. Livro I – Clio*.

80. Agamêmnon e Menelau, os filhos de Atreu, rei de Micenas, esposo de Aérope, filha de Catreu, rei de Creta. Menelau era rei de Esparta e Agamêmnon de Micenas, aquele era marido de Helena e este de Clitemnestra, também irmãs.

81. Outro nome dado à cidade de Troia, que estava situada na Ásia Menor.

82. Guerras míticas associadas à fundação de Troia, quando teria se construído a sua famosa muralha, por ser longa e intransponível.

83. Situado na região da Tessália.

que fornecessem naus longas[84] para a construção de pontes[85], e a outros víveres e naus.

22. E como os primeiros que circunavegaram o Atos[86] foram esmagados contra ele[87], ele se preparou três anos antes para este lugar, em especial, o Atos. Pois em Eleunte[88], no Quersoneso, as trirremes[89] estavam a postos, de lá moveram todos os povos do seu exército, que cavavam movidos por chicotadas, os que revezavam com eles iam e vinham continuamente; e os que habitavam em torno do Atos também cavaram. E Bubares[90], filho de

---

84. Em geral, as naus usadas eram as πεντηκόντερος (*pentēkónteros*), que é a forma iônia para a forma ática πεντηκόντορος (*pentēkóntoros*). A pentecontero era uma nau longa de cinquenta remos. A que Heródoto atribui sua invenção aos foceus: "E esses foceus foram os primeiros dentre os helenos a se servir das navegações à longa distância; eles descobriram o Adriático, a Tirsênia, a Ibéria e o Tartesso; e não navegavam em naus redondas, mas em pentecônteros. Quando chegaram a Tartesso, tornaram-se amistosos ao rei dos tartéssios, cujo nome era Argantônio, e que havia reinado em Tartesso durante oitenta anos, e viveu cento e vinte anos no total. De fato, os foceus foram tão amistosos com esse homem que, em primeiro lugar, ele lhes pediu que deixassem sua terra para habitar em seu próprio território, caso quisessem; depois disso, como ele não persuadiu os foceus, e porque foi informado de que o poder medo junto deles estava aumentando, concedeu-lhes dinheiro para cercar a cidade com uma muralha. Ele o concedia com prodigalidade; pois também o circuito da muralha não era de poucos estádios, e todo ele era de grandes pedras e bem ajustadas." (*Histórias*, I, 163-164). In: Heródoto. *Histórias. Livro I – Clio. Op. cit.*

85. Sobre a construção de pontes, consultar o capítulo 8 deste *Livro VII – Polímnia*.

86. Monte Atos, localizado na Península da Cálcis, ao norte do Mar Egeu, com 2.033 metros de altitude, cujas águas que o circundam são conhecidas por serem profundas e agitadas.

87. Em 492 a.C.

88. Situada ao Sul do Quersoneso Trácio.

89. Naus com três fileiras de remos.

90. Era casado com Gigea, irmã do governador da Macedônia, conforme Heródoto conta neste relato: "o próprio Alexandre preparou alguns homens ainda imberbes com a vestimenta das mulheres, em igual número ao das mulheres, deu-lhes um punhal e os introduziu no local, e enquanto ele os introduzia, dizia aos persas o seguinte: 'Ó persas, vós pareceis que vos banqueteastes totalmente, [...] nós vos damos livremente as nossas mães e as nossas irmãs, para que [...] anuncieis por meio de um enviado ao rei que um homem heleno, governador da Macedônia, recebeu-vos bem tanto à mesa como ao leito.' [...] então eles foram mortos por essa forma violenta [...] uma grande investigação

Megabizo[91], e Artaquea[92], filho de Arteu[93], estavam encarregados da obra. Pois o Atos é um enorme[94] e célebre maciço montanhoso que desce até o mar, onde é habitado por homens; e o maciço montanhoso termina em um lugar que vai dar no continente, é semelhante a uma península e um istmo que tem doze estádios; e esse é uma planície e umas colinas que não são enormes e que vão do Mar Acanto[95] até o outro lado do Mar Torone[96]. E nesse istmo onde termina o Atos está situada Sane, uma cidade da Hélade; naquela época, o Persa[97] empreendeu tornar as cidades insulares em vez de continentais, e estas são as seguintes: Díon, Olofixo, Acrotoo, Tisso e Cleonas[98].

---

a respeito desses homens veio dos persas, e Alexandre os conteve com sabedoria, deu-lhes muito dinheiro e a sua própria irmã, cujo nome era Gigea; e Alexandre deu isso a Bubares, um homem persa, que era o estratego dos que estavam procurando os desaparecidos. Então, desse modo ele foi contido e a morte desses persas foi silenciada". (*Histórias*, V, 20-21).

91. Depois de ter sido bem-sucedido ao lado de seus amigos na derrubada do falso rei Esmérdis e colaborado para a coroação de Dario I como rei da Pérsia, Megabizo tornou-se comandante do exército do rei no Helesponto. A respeito de Megabizo, Heródoto escreve: "E Dario passou pela Trácia e chegou ao Sesto, na região do Quersoneso; de lá ele atravessou com suas naus em direção à Ásia, e deixou Megabizo, um homem persa, como estratego na Europa, a quem outrora Dario concedeu uma menção honrosa ao emitir a sua opinião sobre ele entre os persas: Dario se precipitava para comer romãs; quando ele rapidamente abriu a primeira das suas romãs, o seu irmão Artabano lhe perguntou o que ele desejaria ter em tanta quantidade quanto os grãos que nasciam em uma romã; e Dario respondeu-lhe que desejaria ter uma quantidade maior de Megabizo que a Hélade subjugada. De fato, ele o honrou entre os persas ao dizer isso, e nesse momento ele o deixou como seu estratego, com oitenta mil homens do seu exército". (*Histórias*, IV, 143). In: Heródoto. *Histórias. Livro IV – Melpômene. Op. cit.*

92. Heródoto acrescenta informações sobre Artaquea no capítulo 117 deste *Livro VII – Polímnia*.

93. Não dispomos de mais informações sobre essa personagem.

94. Cerca de 2 mil metros de altura.

95. Localizada no golfo de Estrímon, próxima à Cálcis.

96. Situado em um golfo do mesmo nome, próximo à Calcídia.

97. Nome dado ao rei persa, não está destinado a um nome específico, Heródoto usa o Persa para designar todos os reis persas de sua narrativa.

98. Cidades que eram tributárias da Trácia.

23. Essas eram as cidades situadas no Atos. E após os bárbaros terem dividido o território para cada povo, eles escavaram do modo que se segue. Riscaram uma linha reta pela cidade de Sane, e logo que o canal se tornou profundo, uns que estavam posicionados nos pontos mais baixos dele continuaram escavando, enquanto outros entregavam continuamente o material que era retirado da escavação para outros que estavam posicionados acima em uma base sólida, e outros por sua vez o entregavam a outros, até que o levassem para os que estavam posicionados nos pontos mais altos; e esses o levavam para fora e o jogavam longe de lá. Portanto, o desmoronamento das beiradas da escavação resultava em uma dupla pena para eles; exceto para os fenícios[99], pois, como eles faziam a mesma medida para a abertura superior e a inferior, o resultado provável é que lhes acontecesse assim. E os fenícios mostraram sabedoria, além de nesse trabalho, também em outros desse tipo; pois a parte que lhes foi deixada por meio de sorteio, eles escavaram a parte superior da abertura do canal duas vezes maior que realmente precisavam para o próprio canal, e quando avançavam o trabalho, sempre o estreitavam; de fato, eles fizeram a parte superior e a igualaram às outras partes do trabalho. E lá existe um prado, onde eles tinham uma ágora e um mercado; e trigo moído em grande quantidade vinha com frequência da Ásia.

24. Conforme eu concluí após reflexão, Xerxes ordenou escavá-lo por causa de orgulho, tanto queria demonstrar seu poder como deixar obras memoráveis; pois seria possível a eles puxar as naus através do Istmo sem nenhum trabalho[100], mas ele ordenou escavar

---

99. Heródoto trata os cartagineses como fenícios, visto que estes colonizaram o Sul da África e fundaram a poderosa cidade de Cartago; esses fenícios eram provenientes das cidades de Tíron e Sídon, dois grandes entrepostos comercias da Fenícia.

100. Tucídides relata que os lacedemônios utilizaram esse expediente para transportar suas naus pelo Istmo assim: "os próprios lacedemônios foram os primeiros a chegar e começaram a construir no istmo mecanismos de suspensão para transferir as naus de Corinto para o mar do lado ateniense, com o objetivo de atacar Atenas por mar e por terra". (*História da guerra do Peloponeso*, III, 15), tradução de Mário da Gama Kury. In: Tucídides. *História da guerra do Peloponeso*. Tradução, introdução e notas de Mário da Gama Kury. Brasília: Editora da Universidade de Brasília, 1982.

um canal para o mar com uma largura de duas trirremes que pudessem navegar e serem postas lado a lado. E àqueles mesmos que fizeram o canal, ordenou também construir uma ponte de barcos no Rio Estrímon[101] para unir suas margens.

25. Portanto, ele fez isso assim, e ainda preparou cabos de papiro e de linho branco para as pontes, o que foi determinado para os fenícios e os egípcios, e fez depósitos de víveres para o exército[102], a fim de que nem o exército nem os animais de carga que marchavam contra a Hélade passassem fome. E depois de ter sido informado sobre os territórios, ordenou a construção de depósitos onde fosse mais conveniente, e para um e outro lugar traziam embarcações para cargas e barcos de todas as regiões da Ásia. Então, e levaram a maior parte do alimento para a chamada Ponta Branca[103], na Trácia, outros para Tirodiza[104], o território de Perinto, outros para Dorisco[105], outros para Éion[106], às margens do Estrímon, e outros à Macedônia, como lhes foi determinado.

26. E enquanto eles realizavam o trabalho estabelecido, nesse momento todo exército terrestre reunido marchou em direção a Sárdis junto com Xerxes, movendo-se de Critalos na Capadócia[107]; pois foi

---

101. Rio localizado na Trácia que desemboca no Mar Egeu. Estrímon também e o nome do deus do rio homônimo, pai de Reso, herói trácio que combateu na Guerra de Troia e foi morto por Odisseu e Diomedes. Consultar: Homero, *Ilíada*, X, 434-563.

102. A preocupação com os víveres era uma constante nas batalhas dos persas, em outra ocasião, Xerxes assim agiu: "de lá foi até o rei Xerxes e contou que no ponto mais distante da sua navegação pela costa apareceram homens de baixa estatura que vestiam roupas de folhas de palmeira, que sempre que eles atracavam com sua nau, eles fugiam para as montanhas, deixando as suas cidades para trás; e eles entravam nelas sem lhes causar nenhum prejuízo, e pegavam delas apenas víveres". (Heródoto, *Histórias*, IV, 43), tradução de Maria Aparecida de Oliveira Silva. In: Heródoto. *Histórias. Livro IV – Melpômene. Op. cit.*

103. Cabo situado na Propôntida.

104. Localizada no litoral da Propôntida.

105. Situada na região da Trácia.

106. Localizada na Trácia.

107. Situada na região da Anatólia entre o Rio Eufrates e o Mar Negro. Esta região foi palco do embate entre dois impérios, famosa pela chamada Batalha de Ptéria, onde

dito para que todos os exércitos se reunissem lá para que marchassem juntos pelo continente com o próprio Xerxes. Não posso dizer quem então dentre os governadores conduziu o exército mais equipado e recebeu os presentes que o rei havia oferecido; pois nem mesmo sei se entraram em disputa no início por isso. E eles em seguida atravessaram o Rio Hális[108] e adentraram a Frígia, marcharam por ela e chegaram a Celenas[109], onde as fontes do Rio Meandro[110] e as de outro, e as correntes do Meandro não são menores que o outro, cujo nome ocorre de ser Catarrectes[111], que nasce da própria ágora de Celenas e se lança no Meandro; nesse lugar da cidade também está pendurado o odre da pele esfolada do sileno Mársias[112], uma

---

houve o enfrentamento do exército do Império Aquemênida com o Império Lídio, em 547 ou 546 a.c., conforme Heródoto relata: "E Creso empreendeu uma expedição militar contra a Capadócia pelos motivos que se seguem, pelo desejo de querer acrescentar essa terra à parte dele e, principalmente, por estar confiante nas palavras oraculares e também por querer vingar-se de Ciro em nome de Astíages. Pois este, filho de Ciaxares, era parente de Ciro, rei dos medos, e Ciro, filho de Cambises, o tinha subjugado, o qual se tornou cunhado de Creso [...] E Creso, depois de tê-lo atravessado com o seu exército, chegou à chamada Ptéria, na Capadócia (a cidade de Ptéria é a mais forte da região, na vizinhança da cidade de Sinope, que estava mais situada no Ponto Euxino), onde montou seu acampamento militar e destruiu os lotes de terra dos colonos dos sírios. Também capturou e reduziu à escravidão a cidade de Ptéria, capturou as cidades vizinhas de todo o seu entorno, e deixou os sírios sem suas casas, ainda que não fossem culpados de nada. E Ciro, depois de ter reunido seu exército e acolhido todos os colonos das regiões intermediárias, resistiu a Creso". (*Histórias*, I, 73-76). In: Heródoto. *Histórias. Livro I – Clio. Op. cit.*

108. O Rio Hális corre do sul entre a Síria e a Paflagônia e se lança no chamado Ponto Euxino.

109. Cidade que ficava no caminho para Sárdis, no famoso "caminho real".

110. Rio da Ásia Menor cuja foz está localizada no Golfo de Mileto.

111. Outro nome dado ao Rio Mársias, o mais importante afluente do Rio Meandro.

112. Mársias é um sileno da Frígia considerado o inventor da flauta de dois tubos, também conhecida como aulo, mas os atenienses contam outra versão, a de que a flauta foi inventada por Atena que, ao ver seu rosto deformado quando a tocava, arremessou o instrumento para longe. Outra versão do mito conta que Hera e Afrodite, ao ver Atenas tocando o instrumento, ridicularizaram a deusa por seu aspecto deformado; ciente da situação constrangedora, Atena atira o instrumento do Olimpo com a promessa de que quem o pegasse seria punido. Então, um dia

história que é contada pelos frígios de que ele teve a pele esfolada e foi enforcado por Apolo[113].

27. Nessa cidade Pítio[114], o filho de Átis[115], um homem lídio, estava sentado esperando-o e recebeu como convidados toda a expedição militar do rei, com as grandes pompas de hospitalidade e também quis deixar-lhe alguma quantia de dinheiro para prover sua guerra. E após ter sido informado por meio de mensageiros sobre a quantia de dinheiro de Pítio, Xerxes perguntou aos persas presentes quem era aquele homem Pítio e quis saber como ele havia adquirido essa tamanha quantia de dinheiro. E ele lhe respondeu: "Ó rei, esse é o que teu pai Dario nos presenteou com um plátano de ouro e um vinhedo[116]; o que ainda hoje é o primeiro dentre os homens com a riqueza que nós vimos, depois de tu."

28. E espantado com aquelas últimas palavras, em seguida, o próprio Xerxes perguntou a Pítio quanto seria aquela quantia. E ele lhe respondeu: "Ó rei, não te esconderei nada nem te alegarei que não sei de minha própria posse, mas como sei com precisão, eu te direi em detalhes. Pois tão logo fui informado que tu descias para o mar

---

Mársias o encontrou e nesse momento começou a punição de Apolo, deus regente da música, por ter criado a lira. O frígio ficou orgulhoso e pôs-se a tocá-lo com maestria, a ponto de desafiar Apolo para uma competição musical. Após ter sido derrotado, Apolo o desafiou para outra modalidade instrumental, a lira, e Mársias foi então derrotado e pendurado em uma árvore e esfolado. De seu sangue nasceu o Rio Mársias. Portanto, tal ação e resultante da nêmesis (νέμεσις/*némesis*), ou "vingança divina". É válido lembrar que entre os helenos há uma deusa homônima, Nêmesis, que é a personificação dessa vingança divina, e se apresenta como deusa do pudor e da justiça distributiva, encarregada de castigar o orgulho ou o excesso de felicidade.

113. Filho de Zeus e Leto, irmão gêmeo da deusa Ártemis, Apolo é considerado o deus da adivinhação e da música, conhecido também por sua excepcional beleza física.

114. Neto do rei lídio Creso.

115. Filho de Creso.

116. Obras talhadas por Teodoro de Samos, século VI a.C., conforme o registro de Xenofonte, *Helênicas*, VII, 1.38 e Pausânias, *Descrição da Hélade*, VIII, 14.7.

da Hélade[117], porque eu queria te dar dinheiro para a guerra, eu quis saber dela toda, e descobri, após ter feito os cálculos, que eu tinha dois mil talentos de prata e que faltavam sete mil estáteras[118] para alcançar os quatro milhões de dáricos[119] de ouro. E eu te presenteio com esse dinheiro; porque tenho escravos e terrenos suficientes como meio de vida."

29. Ele disse isso, e Xerxes ficou satisfeito com o que foi dito e lhe respondeu: "Estrangeiro lídio, depois que parti do território da Pérsia, não tive contato com nenhum homem até este ponto que quis oferecer hospitalidade para o meu exército, e nenhum voluntário que se colocou diante da minha vista[120] e quis contribuir comigo com dinheiro para a guerra, exceto tu. Mas tu recebeste com grandiosidade o meu exército como teu hóspede e contribuiu com uma grande quantidade de dinheiro. Portanto, em troca disso, eu te concedo tais recompensas: eu te torno meu hóspede[121], completarei os teus quatro milhões de estáteres[122], dou-te sete mil do meu próprio dinheiro, a fim de que não tenhas a falta dos sete mil nos quatro milhões, mas que a soma foi completa por mim. E mantenha tu mesmo tuas posses, as mesmas que tu mesmo adquiriste e permanece sendo sempre como és; pois não te farão nada, nem te arrependerás no presente e no tempo futuro".

---

117. Mar Egeu.

118. Moeda persa, cada estátera valia cerca de 8,5 gramas de ouro, o mais puro até então.

119. Outro nome dado à estátera.

120. ἐς ὄψιν (*es ópsin*) também é traduzido como "à minha presença", preferimos uma tradução mais próxima do original grego: "diante da minha vista".

121. Em outras palavras, o rei oferece ao estrangeiro a sua proteção e as portas do seu palácio abertas em caso de necessidade ou de viagem ao seu território.

122. O estáter era uma moeda utilizada na antiga Hélade feita em prata, ouro ou bronze, circulava em diversas regiões e tinha diferentes valores.

30. E após ter dito essas palavras e as cumprido, marchou sempre para a frente. E passou ao lado de uma cidade da Frígia[123], chamada Anava[124], e um lago de onde extraem sal, chegou até Colossas[125], uma grande cidade da Frígia, no ponto em que o Rio Lico se lança em uma grande abertura na terra e desaparece; depois atravessa mais ou menos cinco estádios por onde fica escondido e se lança no Meandro. E o exército se moveu de Colossas para as fronteiras da Frígia e da Lídia e chegou até a cidade de Cidrara[126], onde está fixada uma estela que foi erigida por Creso[127] e que demarca suas fronteiras por meio de uma inscrição.

---

123. Localizada na Anatólia, na região da Ásia Menor. Homero, em *Ilíada* II, 401, narra que Frígia era uma cidade εὖ ναιομενάων (*eû naiomenáōn*), ou seja, "bem edificada". Os frígios foram aliados dos troianos na guerra contra os helenos na famosa Guerra de Tróia.

124. Cidade localizada ao Norte da Frígia.

125. Cidade localizada próxima ao Rio Meandro, que tem como seu rio principal o Lico, que também é afluente do Rio Meandro.

126. Cidade situada entre o Rio Meandro e a cidade de Colossas, próxima ao Rio Lico.

127. Rei da Lídia entre 560-546 a.C., sucedeu seu pai Aliates e deu prosseguimento à conquista da Jônia. Mantinha amizade com os gregos, além de ser benfeitor do oráculo de Delfos, sendo também assíduo consulente da Pitonisa. Perdeu seu reino em uma guerra contra Ciro, rei da Pérsia. Segundo Heródoto, após ter gritado o nome de Sólon quando estava na fogueira, Ciro ordenou sua retirada da pira e ouviu seu relato. Admirado pela sapiência de suas palavras, manteve-o vivo e o nomeou seu conselheiro; ver: *Histórias*, I, 86. Heródoto nos conta uma breve história do rei lídio neste relato: "Creso era de origem lídia, filho de Aliates e rei dos povos do lado de dentro do Rio Hális, que corre do sul entre a Síria e a Paflagônia e se lança na direção do vento norte, no chamado Ponto Euxino. Esse Creso foi o primeiro bárbaro, dentro do que nós sabemos, que submeteu alguns helenos ao pagamento de tributo, e a outros tornou seus amigos. Subjugou iônios, eólios e dórios da Ásia, enquanto tornou os lacedemônios seus amigos. Antes do reinado de Creso, todos os helenos eram livres. Pois o exército dos cimérios que invadiu a Iônia, que nela era mais antigo que o de Creso, não promoveu a submissão das cidades, mas de surpresa fazia sua pilhagem". (Heródoto, *Histórias*, I, 6), tradução de Maria Aparecida de Oliveira Silva. In: Heródoto. *Histórias. Livro I – Clio. Op. cit.*

31. E quando se sai da Frígia e se entra na Lídia[128], existe a bifurcação do caminho: um para a esquerda que leva até a Cária[129], e outro para a direita que vai até Sárdis; e passando por ela, torna-se em muito necessário atravessar o Rio Meandro e ir beirando a cidade de Calatebo[130], na qual os homens artesãos produziam mel[131] do

---

128. Localizada na Ásia Menor, na região da Anatólia. Sobre o caminho que ia da Frígia para a Lídia, Heródoto conta: "Certamente, existem vinte pousadas que se estendem através da Lídia e da Frígia, e em uma distância de noventa e quatro parassangas e meia. E em seguida da Frígia está o Rio Hális, nas margens do qual existem portas pelas quais é muito necessário passar e assim atravessar o rio, e também nele existe um grande corpo de guarda. Depois de atravessá-lo, vem a Capadócia e nessa travessia até as fronteiras da Cilícia existem vinte e oito pousadas, em uma distância de cento e quatro parassangas; e nas fronteiras desta, atravessarás duas portas e passarás por dois corpos de guarda. E depois de ter atravessado essa região, também atravessando o caminho pela Cilícia existem três pousadas, em uma distância de quinze parassangas e meia. E a fronteira entre a Cilícia e a Armênia é constituída por um rio que se atravessa com barcos, cujo nome é Eufrates. E na Armênia, existem quinze pousadas com lugares para hospedagem, em uma distância de cinquenta e seis parassangas e mais, nas quais também existe um corpo de guarda. E desse território da Armênia entra-se na terra dos matienos, onde existem trinta e quatro pousadas, em uma distância de cento e trinta e sete parassangas. E existem quatro rios que são atravessáveis por barco e que por essa região correm, os quais é completamente necessário que sejam atravessados; o primeiro é o Tigre, e depois dele, vêm o segundo e o terceiro, que são o mesmo rio, que é chamado Zábato, mas que não é o mesmo rio, nem mesmo a origem de sua correnteza; pois o primeiro deles é conhecido como o que corre vindo da Armênia, e este último por vir do território dos matienos; e o quarto dentre esses rios tem o nome de Gindes, o que outrora Ciro dividiu em trezentos e sessentas canais. Desse território muda-se para o da Císsia, onde existem onze pousadas, em uma distância de quarenta e duas parassangas e meia, até o Rio Coaspes, também esse se atravessa de barco, nas suas margens está construída a cidade de Susos. O total dessas pousadas são cento e onze. Portanto, essa é também a quantidade de hospedarias das pousadas para quem sobe de Sárdis para Susos. E se o caminho real está corretamente medido por parassangas e a parassanga vale trinta estádios". (Heródoto, *Histórias*, V, 52-53), tradução de Maria Aparecida de Oliveira Silva. In: Heródoto. *Histórias. Livro V – Terpsícore. Op. cit.*

129. Região da Ásia Menor localizada a oeste da costa Iônia, na Anatólia.

130. Cidade localizada ao Sudoeste de Sárdis.

131. Estamos habituados a pensar no mel como um produto originário das abelhas, mas os povos da Ásia também o obtinham a partir de outros frutos e cereais, como vimos acima. Conforme Heródoto nos conta, os babilônios "têm palmeiras nascidas sobre toda a sua planície, grande parte delas frutífera, a partir das quais produzem pães, vinho e mel". (Heródoto, *Histórias*, I, 193), tradução de Maria Aparecida de Oliveira Silva. In: Heródoto. *Histórias. Livro I – Clio. Op. cit.*

tamarisco e do trigo. Enquanto ia por esse caminho, Xerxes encontrou um plátano que, por causa de sua beleza, presenteou com um adereço de ouro e o confiou a um guardião, um homem Imortal[132], e no segundo dia, chegou na cidadela[133] dos lídios.

32. E assim que chegou a Sárdis, primeiro enviou arautos para a Hélade para que pedissem terra e água[134] e que ordenassem a preparação de um banquete para o rei; como exceção, não enviou um pedido de terra para Atenas nem para a Lacedemônia[135], mas para todo o restante. E ele os enviou pela segunda vez para pedir terra e água por este motivo: pensava que quantos não os haviam concedido antes ao enviado de Dario, de fato eles os dariam tudo porque

---

132. Ἀθάνατος (*Athánatos*), ou Imortal, era o nome dado ao arqueiro da Guarda Real, responsável pela segurança do Grande Rei.

133. τὸ ἄστυ (*tò ásty*), ou cidadela, era o lugar central da cidade (πόλις/*pólis*); no caso de Atenas, por exemplo, era o local em que estavam a ágora e suas mais importantes construções.

134. Era um costume entre os reis persas; o pai de Xerxes fizera o mesmo, conforme lemos neste relato: "E depois disso, Dario tentou saber o que havia em mente dentre os helenos, se tinham a intenção de guerrear com ele ou de se entregarem a ele. Então, enviou arautos com suas determinações para diferentes povos de diversas partes do território da Hélade, ordenando-lhes que pedissem terra e água para o rei. De fato, ele enviou esses arautos para a Hélade para as cidades litorâneas que lhe pagavam tributos, ordenando-lhes que construíssem naus longas e embarcações para fazer o transporte de cavalos". (Heródoto, *Histórias*, VI, 48), tradução de Maria Aparecida de Oliveira Silva. In: Heródoto. Vemos aqui a indicação de que a dominação persa se dava pelo uso da terra e da água dos subjugados, como Heródoto já demonstrou em seu relato, pela primeira vez, com os citas: "E os citas, porque os agatirsos os proibiram, eles não avançaram mais, enquanto os que vieram da Nêuride trouxeram os persas para dentro do seu território. E como isso aconteceu por muito tempo e não parava, Dario enviou um cavaleiro ao rei dos citas, Idantirso, que lhe disse o seguinte: 'Miserável! Por que foges sempre, quando tu podes fazer uma destas duas propostas a seguir? Pois se acreditas no teu íntimo que és digno de enfrentar o meu poderio militar, tu posiciona-te, para de vagar e combata; mas se reconheces que és inferior, assim tu também interrompa tua corrida, traz como presente para o teu senhor terra e água e vem para a conversa'". (*Histórias*, IV, 125-126). In: Heródoto. *Histórias. Livro IV – Melpômene. Op. cit*. Nesse caso, percebemos que o rei persa não visava sempre à posse efetiva do território, mas o pagamento de tributos, ou a livre passagem pelos territórios em troca de comida e água, ou o envio de provimentos para as suas expedições militares.

135. Consultar o capítulo 133 deste *Livro VII – Polímnia*.

teriam medo naquele momento; ele compreendia o fato em si e por si mesmo, então ele os enviou.

33. E depois disso, preparou-se para marchar em direção a Abido[136]. E, nesse intervalo de tempo, ele construiu uma ponte de barcos no Helesponto da Ásia até a Europa. E existe no Helesponto do Quersoneso[137], entre a cidade de Sesto e a de Mádito[138], um promontório escarpado que adentra o mar em frente de Abido, lá, depois dele, não muito tempo depois, os atenienses, sob o comando do estratego Xantipo[139], filho de Arífron[140], capturaram Aratíctes[141], um homem persa, governador de Sesto, e o pregaram vivo em uma viga[142], porque

---

136. Cidade localizada às margens do Rio Nilo, onde provavelmente teve início o culto a Osíris. Sobre isso, Plutarco nos informa que "os egípcios afortunados e poderosos são enterrados em Abido por buscar as honras de estar em túmulos que estão no mesmo lugar que o corpo de Osíris". (Plutarco. *De Ísis e Osíris,* 358F-359B). In: Plutarco. *De Ísis e Osíris*. Tradução, introdução e notas de Maria Aparecida de Oliveira Silva. São Paulo: s/e, 2022. Eliano nos conta que: "Os habitantes de Busíris, de Abido, a egípcia, e da cidade de Lico abominavam o som da trombeta porque se parece com zurro de um asno. Mas eles também tinham o culto de Serápis e odiavam o asno. Como o persa Ocos sabia disso, matou Ápis, deificou o asno, e quis causar extremos sofrimentos aos egípcios. E então fez justiça ao sagrado boi, não menos que a que pagou Cambises, que foi o primeiro a cometer esse sacrilégio." (*Da natureza dos animais*, 10.28).

137. O Quersoneso é uma colônia da Táurica, fundada no século V a.C. pelos helenos da região da Heracleia Pôntica.

138. Ambas as cidades estavam localizadas às margens do Quersoneso, conforme o relato de Xenofonte, *Helênicas*, IV, 99.3.

139. Filho de Árifron, foi arconte em Atenas e lutou contra os persas na batalha de Mícale, 479 a.C. Sobre essa personagem, Heródoto conta que "tantos foram os acontecimentos em torno da seleção dos pretendentes, e assim os Alcmeônidas foram celebrados ao longo da Hélade. E desse casamento nasceu Clístenes, o que instituiu as tribos e a democracia entre os atenienses, com o nome do seu avô materno, tirano de Sícion; além dele, Mégacles também teve Hipócrates, que teve outro Mégacles e outra Agariste, que tinha o nome de Agariste, a filha de Clístenes, que se casou com Xantipo, filho de Arífron, que enquanto estava grávida, viu um sinal em sonho, parecia-lhe que dava à luz a um leão; e pouco dias depois, ela deu à luz Péricles para Xantipo." (*Histórias*, VI, 131). In: Heródoto. *Histórias. Livro VI – Érato. Op. cit.*

140. Não dispomos de mais informações sobre essa personagem.

141. Esta personagem aparece somente no relato herodotiano.

142. O nome σανίς (*sanís*) era usado para designar um poste ou uma viga onde os condenados eram presos.

era ele que levava mulheres ao santuário de Protesilau[143], em Elaion[144], onde costumava cometer atos ilícitos.

34. Então, os que ele havia ordenado que construíssem as pontes de barcos moveram-se de Abido em direção a esse promontório, os fenícios com cordas de linho branco e os egípcios com cordas de papiro[145]; e eram sete estádios[146] de Abido até em frente dele. E então, quando a passagem de pontes de barcos estava pronta, uma grande tempestade rompeu aquilo tudo e os dispersou.

35. E assim que Xerxes foi informado sobre o ocorrido, mandou fazer atos terríveis contra ele, ordenou que o batessem com trezentas chicotadas e lançar ao mar um par de grilhões. E já ouvi também que, enquanto ele o chicoteava, enviou uns para que marcassem o Helesponto com ferro em brasa[147]. E ordenava aos chicoteadores que lhe dissessem palavras bárbaras e presunçosas: "Ó água amarga, nosso déspota te impõe este castigo, porque cometeste uma injustiça contra ele, enquanto não houve da parte dele nenhum sentimento injusto. E o rei Xerxes te atravessará, quer queira, quer não. Então, com justiça,

---

143. Herói da Tessália, da cidade de Fílace, filho de Íficlo e de Astíoque, descendente de Posídon por parte de mãe. Protesilau foi um dos pretendentes de Helena e participou da Guerra de Troia, onde foi o primeiro heleno a morrer nas mãos dos troianos, morto por Heitor assim que desembarcou, conforme nos conta Homero em *Ilíada*, II, 701. Autores posteriores nos informam que Protesilau também foi cultuado como herói na Ftia, consultar: Píndaro, *Ístmicas*, I, 58 e Pausânias, *Descrição da Hélade*, III, 4.6.

144. Pequena cidade da Tessália.

145. Povos que já haviam sido dominados à época de Dario, como lemos neste registro de Heródoto: "Então, Histieu e os mitileneus fizeram isso. E na própria região de Mileto, era esperado um numeroso exército, frota de naus e infantaria; pois os estrategos dos persas que estavam reunidos e fizeram um único acampamento militar, marcharam contra Mileto, e fizeram pouco caso das outras pequenas cidades. E da frota, os fenícios eram os mais ardorosos, também os cíprios haviam se juntado à expedição militar, porque há pouco haviam sido subjugados, tanto como os cilícios e os egípcios". (*Histórias*, VI, 6). In: Heródoto. *Histórias. Livro VI – Érato. Op. cit.*

146. Cerca de 1.250 metros.

147. Existem várias referências a este ato de punição destinado aos escravos que fugiam ou desertavam, consultar, por exemplo: Aristófanes, *Aves*, 760 e Platão, *Leis*, 873a-d.

nenhum homem sacrifica algo para ti[148], porque és realmente um rio[149] turvo e salobro". E de fato ordenou-lhes que castigassem o mar e cortassem as cabeças[150] dos que estavam encarregados de construir as pontes sobre o Helesponto[151].

---

148. Já no primeiro livro, Heródoto nos mostra que os persas realizavam inúmeros sacrifícios, conforme lemos neste relato: "Sei que os persas praticam os costumes que se seguem, não consideram em seu hábito erigir estátuas, templos e altares, mas sustentam que é uma tolice para quem os fazem, como me parece, porque não acreditam que os deuses tenham uma natureza humana, conforme os helenos. Eles acreditam em Zeus, sobem nos pontos mais altos das montanhas para fazer seus sacrifícios, e chamam de Zeus toda a abóboda celeste. Também sacrificam ao Sol, à Lua, à terra, ao fogo, à água e aos ventos. Então, fazem sacrifícios somente para esses desde o princípio e sabem também realizar sacrifícios a Urânia, o que aprenderam com os assírios e os árabes; mas os assírios a chamam Afrodite Milita, e os árabes, Alilata, enquanto os persas, Mitra". E sobre os rios conta que: "Eles não urinam, nem cospem em um rio, não lavam suas mãos nele nem permitem isso a nenhum outro, mas veneram intensamente os rios". (Heródoto, *Histórias*, I, 131-132 e 138), tradução de Maria Aparecida de Oliveira Silva. In: Heródoto. *Histórias. Livro I – Clio. Op. cit.*

149. Convém notar o tom irônico de Xerxes para com o mar ao chamá-lo de rio.

150. O hábito de cortar a cabeça dos inimigos entre os persas pode ter se sedimentado a partir do reinado de Ciro, quando foi instituído um festival em que se comemorava a decapitação dos Sete Magos que haviam usurpado o trono de Esmérdis, conforme lemos neste relato: "Depois de eles terem matado os magos e de terem cortado suas cabeças, eles abandonaram os seus feridos no mesmo lugar, por causa da sua impotência de fazer a proteção da cidade, enquanto cinco deles seguravam as cabeças dos magos, correndo para fora do palácio, e gritavam e faziam barulho, convocando os outros persas para segui-los na questão e mostrando-lhes as cabeças dos magos; e ao mesmo tempo matavam todo e qualquer mago que aparecia em sua frente. E quando os persas compreenderam o que havia sido feito pelos sete e a fraude dos magos, eles julgaram que seria melhor que também eles fizessem as mesmas coisas, e sacando seus punhais, matavam qualquer mago onde encontravam; e se a noite não tivesse chegado, não teriam deixado nenhum mago para trás. Os persas guardam esse dia mais que os outros dias, também realizam uma grande festa pública nele, que é chamada pelos persas de *Magofonia*; neste dia não era permitido a nenhum mago que aparecesse na luz do sol, mas os magos ficavam em suas próprias casas durante esse dia inteiro". (Heródoto, *Histórias*, III, 79), tradução de Maria Aparecida de Oliveira Silva. In: Heródoto. *Histórias. Livro III – Talia. Op. cit.*

151. Ésquilo também conta este episódio nestes versos: "Meu filho sem saber as cumpriu com nova audácia./ Quem esperou prender o fluxo do sacro Helesponto, como escravo em cadeias, fluente Bósforo de Deus,/ transmutou em passagem, e com peias compactas/ compôs e conseguiu vasta via para vasto exército./ Mortal, supôs não com prudência que superaria/ Posídon e todos os Deuses. Esta doença da mente/ não dominou meu filho? Temo que vasta riqueza custosa/ a minha entre os homens seja presa de quem se apresse./

36. Enquanto uns a quem tinha ordenado essa desgraçada missão executavam suas ordens, outros arquitetos construíram as pontes de barcos. E eles as construíram do seguinte modo: após terem reunido pentecônteros[152] e trirremes, trezentas e sessenta como base para uma ponte próxima do Ponto Euxino[153], e trezentas e quatorze para a outra, que foram postas na transversal do Ponto, conforme a corrente do Helesponto, a fim de estabilizar o cordame. Depois de reuni--las, colocaram âncoras muito grandes nelas, umas na direção do Ponto, e outras do outro lado, por causa dos ventos que sopram do interior, e a outra próximo da região do poente e do Egeu[154], por causa do Zéfiro[155] e do Noto[156]. E deixaram passagens marítimas para a navegação das pentecônteros e das trirremes em três lugares, a fim de que tivesse o Ponto tanto para quando quisesse navegar com barcos leves como para sair do Ponto. E assim que fizeram isso, esticaram as cordas a partir da terra, que eles tensionavam com cabrestantes de madeira, e ainda não utilizaram separadamente ambos os tipos, mas dividiram dois cabos de linho branco e quatro de papiro para cada ponte; a espessura e a beleza deles era a mesma, pelo cálculo, os de linhos eram mais leves; o côvado valia um talen-

---

Convivendo com homens maus, o impetuoso Xerxes/ aprendeu isso [...]" (*Os persas*, 744-754), tradução de Jaa Torrano. In: Ésquilo. *Tragédias*. *Os persas*. Edição bilíngue. Estudo e tradução de Jaa Torrano. São Paulo: Iluminuras/Fapesp, 2009.

152. πεντηκόντερος (*pentēkónteros*) é a forma iônia para a forma ática πεντηκόντορος (*pentēkóntoros*), a pentecôntero era uma nau de cinquenta remos. É interessante lembrar o que Heródoto registra sobre os foceus e o uso dessas naus: "E esses foceus foram os primeiros dentre os helenos a se servirem das navegações à longa distância, eles descobriram o Adriático, a Tirsênia, a Ibéria e o Tartesso; e não navegavam em naus redondas, mas em pentecônteros". (Heródoto, *Histórias*, I, 163), tradução de Maria Aparecida de Oliveira Silva. In: Heródoto. *Histórias. Livro I – Clio. Op. cit.* As naus redondas eram mais pesadas, portanto, realizavam uma navegação lenta, ao contrário da longilínea nau de cinquenta remos, e ambas utilizavam velas para navegar.

153. Ponto Euxino é antigo nome do Mar Negro.

154. Mar Egeu, localizado na bacia do Mar Mediterrâneo.

155. Filho de Eos (personificação da Aurora) e de Astreu, é a personificação do vento do oeste, um vento agradável e suave, considerado o mensageiro da Primavera.

156. Filho de Eos e de Catreu, Noto é a deificação do vento sul, quente e carregado de umidade.

to. Quando a passagem feita com as pontes de barcos foi construída, cortaram troncos de madeira e fizeram em tamanhos iguais da abertura da ponte, feita em harmonia, onde os colocavam sobre o cordame esticado, colocados um ao lado do outro, novamente onde foram construídas as pontes de barcos. E depois que fizeram isso, empilharam a madeira e a colocaram com harmonia, depois colocaram terra sobre a madeira e firmaram a terra, ergueram um tapume de um lado ao outro, a fim de que os animais de carga e os cavalos não tivesse medo quando olhassem o mar embaixo deles.

37. Quando os trabalhos das pontes e os das cercanias do Atos foram concluídos e anunciado que haviam feito os diques em torno das embocaduras dos canais por causa do fluxo marinho, a fim de que não se alagasse as embocaduras da escavação, e esse canal havia sido completamente construído, então, após a passagem do inverno[157], com a primavera, o exército fez seus preparativos e moveu-se de Sárdis marchando em direção a Abido. Quando esse fazia sua movimentação, o Sol deixou o seu lugar do céu e se tornou invisível, mesmo sem nuvens e mais sereno; surgiu a noite no lugar do dia. Enquanto via e tentava compreender isso, Xerxes ficou preocupado e quis que os magos lhe esclarecessem que tipo de manifestação era aquela. E eles lhe responderam que o deus[158] previa o eclipse das cidades gregas, afirmaram que o Sol era aquele que anunciava o futuro dos helenos, enquanto a Lua era o deles. Após ter sido informado disso, Xerxes ficou satisfeito e fez a sua marcha.

38. E quando iniciava a marcha com seu exército, Pítio[159], o lídio, porque temeu a manifestação que veio do céu e estava excitado com os seus presentes[160], foi até Xerxes e lhe disse o seguinte: "Ó déspota, acontece que eu gostaria que fizesses uma vontade minha, a ajuda que por acaso te será algo insignificante, e que será grande para mim". E Xerxes, porque pensava que lhe ajudaria mais com

---

157. Estima-se que no inverno de 481-480 a.C.
158. Deus Apolo, que está relacionado ao Sol.
159. Neto do rei lídio Creso.
160. Consultar o capítulo 20 deste *Livro VII – Polímnia*.

qualquer coisa que com o que ele lhe pediu, e disse-lhe que o ajudaria e então ordenou-lhe a declarar o que ele precisava. E logo que ele ouviu isso, encorajado, disse-lhe o seguinte: "Ó déspota, por acaso tenho cinco filhos e tomaste todos eles ao mesmo tempo para realizar contigo uma expedição militar contra a Hélade. E tu, ó rei, porque cheguei até esta idade, deixa um dos meus filhos do teu exército comigo, o mais velho, a fim de que seja o cuidador de mim e dos meus bens; e leva junto contigo os quatro, e que retornes à terra natal após realizares o que planejas."

39. E Xerxes ficou extremamente irritado e virou-se para ele em resposta com estas palavras: "Homem mau, tu foste ousado, se eu mesmo realizo essa expedição militar contra a Hélade levando meus filhos, irmãos, parentes[161] e amigos, para trazer à memória o teu filho, porque és meu escravo, tu deverias me seguir com tua família e tua mulher? Então, saiba bem que o ânimo dos homens mora nos ouvidos: quem ouviu coisas úteis, o corpo se enche de prazer, e se ouviu coisas contrárias, ele se exalta com elas. Quando fizeste coisas úteis e prometeste outras desse tipo, não pudeste te vangloriar de ter superado um rei em boas ações; e depois, te voltaste para o que é mais vergonhoso, mas não receberás a punição completa; eu reduzirei a tua punição. Pois os laços de hospitalidade protegem a ti e a teus filhos; e um único, o que mais abraças afetuosamente, pagará tua pena com a vida". Assim que ele lhe respondeu isso, imediatamente ordenou-lhes que cumprissem o que fora determinado fazer, que era encontrar o mais velho dos filhos, Pítio, para cortá-lo ao meio, e após cortá-lo em duas partes, que colocassem uma parte à direita do caminho e a outra à esquerda, para o exército desfilar por ele[162].

---

161. Heródoto relata que Cambises levou sua esposa para sua guerra contra o Egito, quando eram ainda recém-casados.

162. Heródoto narra um episódio muito semelhante em seu quarto livro: "Nesse momento, um dos persas, Eobazo, que tinha três filhos e que todos iam para a expedição militar, pediu a Dario que deixasse para trás um deles. E Dario disse-lhe que, como era seu amigo e lhe pedia algo moderado, ele iria deixar todos os seus filhos para trás. Então, Eobazo ficou muito alegre, e com a esperança de que seus filhos ficariam livres da expedição militar, mas Dario ordenou aos seus comandantes que

40. E eles o fizeram; depois disso, o exército desfilou por ele. E os primeiros a serem conduzidos foram as bagagens e os animais de carga, e depois deles, um exército composto de todos os tipos de povos, confusamente misturados, que não se distinguiam uns dos outros. Os que estavam na metade do caminho deixavam um espaço lá atrás, e eles não se misturavam com os que estavam no entorno do rei. De fato, mil cavaleiros selecionados dentre todos os persas vinham à frente; depois deles, mil lanceiros, também eles selecionados dentre todos, que corriam[163] com as pontas das lanças para baixo em direção à terra[164]. Depois deles, dez cavalos sagrados[165] chamados neseus[166], arreados do modo mais belo possível. (E os cavalos são chamados neseus por causa disto: existe uma grande planície da Média cujo nome é Neseu; então, essa planície produz esses grandes cavalos.) E atrás desses dez cavalos está atrelado um carro

---

matassem todos os filhos de Eobazo. E seus filhos tiveram suas gargantas cortadas e foram deixados ali mesmo". (Heródoto, *Histórias*, IV, 84), tradução de Maria Aparecida de Oliveira Silva. In: Heródoto. *Histórias. Livro IV – Melpômene. Op. cit.*

163. Na edição da *Les Belles Lettres* utilizada nesta tradução, Legrand questiona o uso do particípio aoristo nesta passagem, visto que o aoristo denota uma ação pontual, não durativa. A explicação dada é a de que o uso de τρέψαντες (*trépsantes*) particípio aoristo de τρέπω (*trépô*), que significa "voltar", indica a anterioridade da ação, que vinham com elas baixadas em sinal de respeito ou de etiqueta. A nosso ver, além dos lanceiros já virem com as lanças baixadas, indica que eles nunca as erguiam diante do rei, o uso do particípio aoristo demonstra esse aspecto pontual, pois as lanças baixadas uma só vez, não de modo contínuo, como sugeriria um particípio presente, que indicaria a movimentação delas.

164. Os lanceiros da guarda do rei também carregavam espadas curtas, ou τοὺς ἀκινάκας (*toùs akinákas*), que eram conhecidas como punhais persas, conforme lemos neste relato: "'Persas, o rei Dario ordena-vos que não façais a guarda pessoal de Oretes como lanceiros.'. E depois que eles escutaram essas palavras, depuseram suas lanças. E quando Bageu os viu fazendo isso, porque estavam obedecendo a ordem contida na carta, nesse momento, ele encheu-se de coragem e entregou a última daquelas cartas ao escriba, na qual estava escrito o seguinte: 'O rei Dario ordena aos persas de Sárdis que matem Oretes.'. E os lanceiros da guarda pessoal, quando ouviram isso, desembainharam suas espadas curtas e o mataram imediatamente. Assim então as forças vingadoras de Polícrates de Samos perseguiram o persa Oretes". (*Histórias*, III, 128). In: Heródoto. *Histórias. Livro III – Talia. Op. cit.*

165. Eram os cavalos sagrados dedicados a Mitra, o deus maior da Pérsia.

166. Cavalos leves e rápidos, também muito resistentes, conforme o relato de Diodoro Sículo, *Biblioteca histórica*, XVII, 110.

sagrado[167] de Zeus, que oito cavalos brancos puxavam, por sua vez, atrás dos cavalos seguia a pé um condutor de carros[168] com as rédeas; pois nenhum homem sobe naquele trono[169]. E atrás dele, o próprio Xerxes vem sobre um carro com cavalos de Neseu; e ao lado dele caminhava o condutor de carros cujo nome era Patiranfes, filho de Otanes[170], um homem persa.

41. Desse modo, Xerxes marchou para fora de Sárdis, e todas as vezes que decidia, costumava passar do carro para o seu carro coberto[171]. E atrás dele mil lanceiros, os melhores e mais nobres, com as pontas das lanças conforme o costume[172]; depois deles, a cavalo, um outro milhar selecionado dentre os persas; e depois dessa cavalaria, dez mil selecionados dentre o restante dos persas, que era o seu exército terrestre. E dentre eles, mil que tinham romãs de ouro em cima das lanças

---

167. No capítulo 115 do *Livro VIII – Urânia*, (com publicação prevista para o ano de 2024), Heródoto nos informa que o carro era o Ahuramazda e que o rei Xerxes o perde no campo de batalha.

168. ἡνίοχος (*hēníokhos*) era o nome dado ao condutor de carros, que literalmente significa "quem segura as rédeas".

169. Algumas traduções trazem a opção "assento", mas a palavra θρόνος (*thrónos*) também se refere ao trono onde se sentavam deuses e reis, por isso a escolha de traduzir por "trono", uma vez que se refere ao carro dedicado a Zeus.

170. Provavelmente seja o pai de Améstris, esposa de Xerxes, que era um comandante de seu exército, conforme o relato de Heródoto no capítulo 61 deste *Livro VII – Polímnia*.

171. Heródoto nos apresenta duas categorias de carros: o primeiro, chamado ἅρμα (*hárma*), era um carro de guerra aberto, enquanto o segundo, chamado ἁρμάμαξα (*harmámaxa*), era um carro coberto, também usado pelas mulheres. Há várias referências a este último na literatura helena, consultar: Ésquilo, *Persas*, 1000; Aristófanes, *Acarnenses*, 70; Xenofonte, *Anábasis*, I, 2.16 e *Ciropédia*, III, 1.40 e VI, 4.11, entre outros. Plutarco, na *Vida de Artaxerxes*, V, 3, conta um episódio em que marca a necessidade desses carros serem cobertos, conforme lemos neste relato: "Ninguém se sentava à mesa real a não ser sua mãe e sua mulher, respectivamente em assento superior e inferior ao dele; Artaxerxes admitiu também seus jovens irmãos Otanes e Oxatres. Mas o que mais prazer causava aos persas era ver sua mulher Estatira sempre levada em carruagem descoberta e desprovida de cortinas, o que permitia às mulheres do povo cumprimentá-la e aproximar-se. A rainha, por isso mesmo, era muito popular.", tradução de Gilson César Cardoso. In: Plutarco. *Vidas Paralelas. Quinto volume. Artaxerxes*. Introdução e notas de Paulo Matos Peixoto. Tradução de Gilson César Cardoso. São Paulo: Paumape, 1992.

172. Ou seja, com as pontas das lanças voltadas para cima.

em lugar dos sauróteros[173] e cercavam completamente aos demais, e havia nove mil dentre eles com romãs de prata; e os que tinham as romãs de prata também voltavam as pontas de suas lanças para a terra, também maçãs[174], os que seguiam mais perto de Xerxes. Após os dez mil, posicionava-se uma cavalaria de dez mil. E depois dessa cavalaria, deixava-se um espaço de dois estádios[175] e, em seguida, o restante da tropa ia confusamente misturado.

42. E o exército fez o caminho da Lídia até o Rio Caíco[176] e para a terra[177] da Mísia[178], enquanto se moviam do Caíco, tinham o monte Canes[179]

---

173. σαυρωτήρ (*saurōtēr*) era uma ponta de ferro ajustada na parte inferior da lança para fincá-la no chão. É interessante pensar na relação que há com σαύρα (*sáura*) que significa "lagartixa", também está associado ao membro viril, de onde notamos sempre a guerra como um ambiente viril, distante das mulheres, daí o fato de o rei persa levar as mulheres de sua família causar estranheza aos helenos, como vimos no relato de Heródoto no capítulo 39, visto que se não fosse um fato incomum não mereceria registro.

174. Frutos associados ao feminino, principalmente à fertilidade, que lembram o prazer reservado ao rei com suas mulheres, o que nos faz lembrar o Jardim das Hespérides e suas maçãs de ouro. Outro aspecto interessante é a preocupação do rei persa com a sua segurança; como vimos antes, os lanceiros não erguiam suas lanças diante dele e agora os que marchavam próximos a ele não portavam lanças com ponta de ferro.

175. Aproximadamente 350 metros.

176. Localizado ao Norte e desembocava no Golfo de Élea ou Eleia.

177. Há um episódio famoso ocorrido nessa região narrado por Heródoto, que assim se inicia: "E ele passou a viver no palácio de Creso; nessa mesma época, surgiu no monte Olimpo da Mísia, um javali criatura enorme; e depois de ter descido dessa montanha, devastava os campos dos mísios; muitas vezes, quando eles saíam para atacá-lo; não lhe faziam mal nenhum, mas sofriam por causa dele. Por fim, os mensageiros dos mísios foram à corte de Creso e disseram o seguinte: 'Ó rei, um javali, uma criatura gigantesca, que devasta os nossos campos, apareceu em nossa região. Embora tenhamos nos empenhado, não fomos capazes de capturá-lo. Agora, imploramos a ti que envie conosco seu filho, jovens de elite e cães, para que o retiremos de nossa região'". (Heródoto, *Histórias*, I, 36), tradução de Maria Aparecida de Oliveira Silva. In: Heródoto. *Histórias. Livro I – Clio. Op. cit.*

178. Região da Ásia Menor localizada na Anatólia, entre a Bitínia e a Frígia. Havia cinco montes com o nome de Olimpo: um na Mísia, outro na Cilícia, outro na Élide, outro na Arcádia e o mais famoso deles estava situado entre a Macedônia e a Tessália, considerado a morada dos deuses, o lar de Zeus.

179. Monte localizado ao oeste do Rio Caíco, tinha 780 metros de altura, próximo a Lesbos.

Livro VII - Polímnia | 81

ao seu lado esquerdo, através de Atarneu[180] em direção à cidade de Carene[181]; e a partir dela marchou através da planície de Tebas[182], passou ao lado da cidade de Atramiteu e de Antandro, a da Pelásgia[183]. E tomou o Ida[184], na direção da sua mão esquerda, ia para a terra de

---

180. Sobre este território, Heródoto narra o seguinte: "Mas os mitileneus, depois de Mázares ter-lhes enviado mensageiros, estavam preparados para entregar Páctias, de fato, por uma quantia em dinheiro; pois não sei dizer com precisão isso, mas o fato não se concretizou; os cimeus, porque souberam dos acontecimentos ocorridos desde os mitileneus, enviaram-no em um barco para Lesbos e levaram Páctias até Quios. Lá, ele foi arrebatado violentamente do santuário de Atena Poliocos e entregue pelos quios. Os quios entregaram-no em troca de Atárnea, como recompensa. Esse território de Atárnea está localizado na Mísia, diante de Lesbos. Depois de terem recebido Páctias, os persas mantiveram-no em vigilância, querendo entregá-lo para Ciro. Houve, por muito tempo, quando nenhum dos quios esparzia grãos de cevada moídos na cabeça das vítimas para nenhum dos deuses, nem fazia o espalhamento com os vindos desse Atárnea, nem assava bolos de produtos da terra vindos de lá, mantinha tudo que fosse proveniente dessa região longe de todas as coisas consagradas nos templos". (Heródoto, *Histórias*, I, 160), tradução de Maria Aparecida de Oliveira Silva. In: Heródoto. *Histórias. Livro I – Clio. Op. cit.*

181. Cidade localizada ao norte do Golfo de Eleia ou Élea.

182. Cidade localizada ao norte da Península do Peloponeso. Vários mitos advinham dessa cidade, mas o mais famoso está na peça de Sófocles, Édipo Rei, de 427 a.C., que relata os infortúnios de um filho que mata seu pai, casa-se com sua mãe, torna-se rei de Tebas e tem filhos com a rainha, no caso, a sua mãe.

183. Região que compreende o norte da Hélade, a Arcádia e o Peloponeso, que segundo Heródoto: "sendo antigamente os lacedemônios da raça pelásgica e os atenienses da helênica. Esta jamais saiu de sua região, enquanto aquela estava intensamente em contínuo movimento. Pois, no tempo do rei Deucalião, habitava na região ftiota, no tempo de Doro, filho de Heleno, habitava a região dos Montes Olimpo e Ossa, chamada Hestieótide; e saiu da Hestieótide, quando foi forçada pelos cadmeus a emigrar, e foi morar em Pindo, chamado de Macedno; de lá, novamente mudou para Driópide; assim, quando foi para o Peloponeso, a raça foi chamada de dórica. Qual a língua que os pelasgos falavam, não posso dizer com exatidão; se é conveniente formar um juízo para afirmar com as que ainda hoje existem dentre os pelasgos, daqueles que habitam acima dos tirrenos, a cidade de Crotona, um dia foram vizinhos aos que hoje chamamos dórios (e nessa época habitavam a região que hoje chamamos Tessaliótide), e dentre os pelasgos que habitam a Plácia e a Cílace no Helesponto, eles foram viver no mesmo território com os atenienses, e as outras pequenas cidades, que eram pelásgicas, depois mudaram de nome, se por essas for conveniente, deve-se dizer que os pelasgos eram falantes de uma língua bárbara. Se então toda essa raça era pelásgica, o povo ático, sendo pelásgico, juntamente com sua mudança para a Hélade também aprendeu a língua". (Heródoto, *Histórias*, I, 56-57), tradução de Maria Aparecida de Oliveira Silva. In: Heródoto. *Histórias. Livro I – Clio. Op. cit.*

184. Monte situado nas imediações de Atramiteu, citado por Homero na *Ilíada*, XIV, 153-162.

Ílion[185]. E os primeiros acontecimentos foram, enquanto aguardavam ao pé do Ida, trovões e ventanias devastadoras se formaram sobre eles e destruíram uma grande parte do seu contingente nesse lugar.

43. E quando o exército chegou ao Rio Escamandro[186], que foi o primeiro rio desde que eles se moveram de Sárdis e empreenderam esse caminho cuja correnteza se extinguiu, que não foi suficiente para que o exército e os rebanhos bebessem, e quando Xerxes chegou a esse rio, subiu até a Pérgamo[187] de Príamo[188], porque tinha o forte desejo de contemplá-la. E depois de a ter contemplado e de ser informado sobre cada detalhe[189], sacrificou mil bois a Atena[190] Ilíada[191];

---

185. Outro nome dado à cidade de Troia, daí o título da obra homérica ser *Ilíada*.

186. Rio que corria na planície de Troia, também conhecido por Xanto (Ξάνθος, *Xánthos*), que significa o rio "Vermelho"; a intensidade da sua cor era tal que as ovelhas que nele se banhavam ficavam com sua lã avermelhada. Também foi onde a deusa Afrodite mergulhou seus cabelos para que atingissem seu tom dourado. Em Homero, o Rio Escamandro é filho de Zeus e aparece em um episódio enfurecido com número de cadáveres que suas águas haviam recebido e que seus sangues haviam conspurcado suas águas. Então, Escamandro se voltou contra Aquiles formando uma barreira de água ao transbordar e tentar afogar o herói que foi salvo pelo deus Hefesto. Consultar: Homero. *Ilíada*, XXI, 130-166.

187. Pérgamo era a Acrópole de Troia, onde estava localizado o palácio do rei Príamo.

188. Filho de Laomedonte e não se sabe ao certo quem é a sua mãe, rei de Troia, pai de Páris e do herói Heitor, o seu primogênito. Príamo se casou primeiro com Arisbe, depois com Hécuba, com quem teve os seus filhos.

189. Episódio que tem a dualidade típica da narrativa herodotiana, porque podemos ver este acontecimento como um aviso para Xerxes de que a guerra contra os helenos seria infrutífera e, ao mesmo tempo, dá a impressão ao leitor de que o rei persa foi lá para aprender como vencer os gregos. Temos um paralelo temporal muito importante: ao fazer esta visita a Troia, Xerxes pensa que os helenos de seu tempo guerreiam como à época do rei Agamêmnon para que as informações recebidas tivessem algum sentido estratégico; portanto, foi um engano pensar na permanência das estratégias militares helenas, o que também nos revela que os persas seguiam com as mesmas estratégias de guerra. No entanto, há algo que permanece imutável: a proteção dos deuses olímpios, como vimos no livro anterior no episódio de Atos e o abalo sísmico em Delos (VI, 45 e 98-99) e agora com trovões e ventos que nos levam a pensar na intervenção de Zeus em favor dos helenos.

190. Filha de Zeus e Métis, esta foi engolida por Zeus antes de concebê-la, por conta de um oráculo que o alertava sobre o perigo de gerarem juntos um filho, pois seria ele quem destronaria Zeus. Então, Atena foi costurada na cabeça de seu pai, para que findasse sua gestação.

191. Significa "de Ílion" ou "de Troia". Homero, *Ilíada*, VI, 86-102, conta que esta deusa era contrária aos troianos. Nos relatos de Xenofonte, *Helênicas*, I, 1.4 e de Plutarco,

e os magos[192] fizeram libações em honra aos heróis. E depois de terem feito isso, à noite, um medo caiu sobre o acampamento militar. E assim que se fez dia, marchou de lá, deixando à esquerda a cidade de Retio[193], e Ofrínio[194] e Dárdano[195], a que tem fronteira com Abido[196], e à direita os gergites teucros[197].

Porque o deus tarda na vingança, 557, encontramos referências ao culto dessa deusa. Arriano, *Anábasis*, I, 11.6-12, conta que Alexandre, o Grande, quando fazia sua travessia para a Ásia, também realizou sacrifícios em honra à deusa Atena Ilíada e aos heróis Héracles e Aquiles, pois Alexandre via-se como um herói civilizador como os citados.

192. Os magos rivalizavam em poder com o rei, conforme narra Heródoto quando os magos tentaram destronar o rei Cambises: "E quando Cambises, filho de Ciro, passava o seu tempo no Egito e se mostrava fora de si, dois irmãos, homens que eram magos, organizaram uma revolta contra ele, Cambises deixou um deles na Pérsia para ser o seu supervisor dos assuntos palacianos. Portanto, esse revoltoso sabia, que a morte de Esmérdis havia sido ocultada pelo rei, e que eram poucos os persas que sabiam disso, e que a maioria imaginava que ele estivesse vivo. Diante disso, depois de esse mago ter deliberado sobre esses acontecimentos, ele se apossou dos poderes régios da maneira que se segue. Ele tinha um irmão, como eu disse, que estava com ele na revolta, que era muito parecido com a figura de Esmérdis, filho de Ciro e irmão de Cambises, o que o rei havia matado; e, além disso, ele tinha o mesmo nome: Esmérdis. Depois de o mago Patizites ter convencido esse homem de que ele próprio executaria todas as ações necessárias para o seu plano, ele o conduziu até o trono real. Depois de ter feito isso, Patizites enviou arautos para todo o território persa, e também para o Egito, para anunciar ao exército que doravante deveria escutar as ordens de Esmérdis, filho de Ciro, não mais as de Cambises". (*Histórias*, III, 61). In: Heródoto. *Histórias. Livro III – Talia. Op. cit.*

193. Localizada a oeste de Troia, também localizada no litoral do Helesponto.

194. Cidade localizada no litoral do Helesponto.

195. Cidade fundada aos pés do Monte Ida, no Helesponto, pelo herói epônimo Dárdano, cujo nome deu origem ao atual Estreito de Dardanelos, no Mar Negro. Dárdano era filho de Zeus e de Electra, filha de Atlas. O herói provinha da Samotrácia, que a abandonou após ter sido atingida por um dilúvio e ter causado a morte de seu irmão Iásion. Dárdano foi parar no reino de Teucro que lhe ofereceu a filha em casamento e um território onde fundou sua cidade, depois que Teucro morreu, Dárdano herda os territórios de seu reino e o nomeia Dardânia. O herói também fundou a célebre cidade de Troia e reinou na Tróade.

196. Cidade do Helesponto asiático que era homônima de outra localizada no Alto Egito, esta Abido foi fundada pelo faraó Seti I, 1290 a 1279 a.C., era uma das províncias mais importantes do reino, também conhecida por seus cultos ao deus Osíris, configurando-se como o mais popular de todos.

197. Habitantes do povoado de Gérgis, vizinho a Lâmpsaco, na Ásia Menor, conforme registra Xenofonte em *Helênicas*, III, 1.15

44. E assim que estavam em Abido, Xerxes quis olhar todo o seu exército. Também porque haviam feito os preparativos antes sobre uma colina, onde foi construído um assento em mármore branco para ele (e os abidenos a fizeram, porque o rei lhes havia ordenado isso antes), quando sentou-se lá, olhou para baixo na orla e contemplou seu exército terrestre e sua esquadra. Enquanto os contemplava, nasceu-lhe o desejo de assistir a uma competição dentre as naus; e uma vez que ela aconteceu, os fenícios de Sídon[198] a venceram, e ele se alegrou com a competição e o seu exército.

45. Quando viu todo o Helesponto já coberto por suas naus, e todas as suas orlas e suas planícies abidenas repletas de homens abidenos[199], lá Xerxes considerou-se um bem-aventurado[200], mas, depois disso, ele chorou.

46. E depois que Artabano[201], o seu tio paterno, compreendeu-o, o que antes manifestara livremente a sua opinião para que Xerxes não decidisse realizar uma expedição militar contra a Hélade, esse homem, porque percebeu que Xerxes havia chorado, disse-lhe estas palavras: "Ó rei, como são em muito diferentes as atitudes que tomaste agora há pouco das outras de antes; pois consideraste a ti mesmo um bem-aventurado, e estás chorando". E ele respondeu: "Pois veio-me um pensamento que me fez sentir pena de como toda a vida humana é breve, se desses tantos seres, ninguém sobreviverá além de cem anos". E Artabano se virou em direção a ele e lhe disse: "Durante a vida, houve outros acontecimentos mais penosos que esse. Pois, nessa vida tão breve, nenhum homem é por natureza tão feliz, nem dentre esses, nem dentre outros, que não estará muitas vezes inspirado e não preferirá mais uma única vez aqui morrer a viver. Pois os infortúnios

---

198. A cidade de Sídon era um dos mais importantes entrepostos comerciais da Fenícia.

199. Note-se que com este episódio Heródoto demonstra que nem sempre era por estratégia militar ou por qualificação de seu exército que o Império Persa alcançava suas conquistas territoriais, mas que também a quantidade de homens que levava para o campo de batalha era determinante para a vitória dos persas.

200. O verbo μακαρίζω (*makarízō*) alguém que é abençoado ou reconhecido pelos deuses.

201. Consultar o capítulo 10 deste *Livro VII – Polímnia*.

acontecem e as doenças nos perturbam e, ainda que seja breve, parece que esses eventos tornam a vida mais longa[202]. Desse modo, a morte, porque a vida é penosa, vem a ser um lugar de refúgio mais desejável ao homem[203]; e o deus, porque nos deu o gosto doce da duração da vida, revela-se nesse momento como um invejoso[204].

---

202. Esta fala de Artabano nos lembra o episódio em que o rei lídio Creso fala com Ciro, após ter sido vencido pelo rei persa: "Mas o lídio Creso, presente na ocasião, reprovou essa ideia e discursou contrário à opinião estabelecida, afirmando o seguinte: 'Ó rei, disse-lhe antes que, uma vez que Zeus concedeu-me a ti, o que vejo que possas ser uma infelicidade para a tua casa, na medida do que me for possível, eu o desviarei disso. E os sofrimentos desagradáveis que tive se tornaram aprendizados. Se te parece que és um imortal e que comandas um exército de tal natureza, eu não poderia te revelar nenhuma opinião sobre; mas, se compreendes que tu também és um homem e que comandas outras de tais natureza, aquilo primeiro aprende que a roda dos homens é própria dos infortúnios, que, quando ela gira completando o seu círculo, não permite sempre que eles tenham boa sorte'". (Heródoto, *Histórias*, I, 207), tradução de Maria Aparecida de Oliveira Silva. In: Heródoto. *Histórias. Livro I – Clio. Op. cit.*

203. Plutarco fez poucas referências a Heródoto, as mais expressivas estão em seu tratado *Do oráculo da Pítia agora não ser em versos*, 403E, quando afirma que Heródoto, Filócoro e Istro se empenharam em transmitir os oráculos em versos; também temos em *Do exílio*, 604F e *Da malícia de Heródoto*, 862A, quando nos informa que Heródoto foi um dos colonizadores de Túrio; em seu tratado *Se um ancião deve participar da política*, no parágrafo 875B, Plutarco conta que Sófocles compôs um epigrama em que afirma ter dedicado a Heródoto quando ele tinha cinquenta anos; em *Porque não é possível viver prazerosamente conforme Epicuro*, 1093B, Plutarco elogia o estilo agradável de sua escrita, o que também faz em *Da malícia de Heródoto*, 855A, tratado no qual o historiador é tratado como filobárbaro e malicioso. A despeito dos muitos parágrafos criticando a veracidade da obra herodotiana, para a nossa surpresa, Plutarco se refere a Heródoto como sábio ao fazer referência a esse episódio no tratado *Porque não é possível viver prazerosamente conforme Epicuro*, 1106D-F.

204. Heródoto nos remete a esta fala Sólon ao rei lídio: "'Creso, eu sei que a divindade é em tudo invejosa e perturbada, interrogaste-me sobre os assuntos humanos. Pois, na longa vida humana, houve muitas coisas que ninguém quis ver, e ainda, muitas vezes, sofrer. Suponho que o limite da vida humana esteja nos setenta anos. [...] um homem é em tudo vicissitude. [...] Como também um ser humano não é autossuficiente em nada; [...] É preciso examinar o fim de cada coisa, de que modo resultará; pois, para muitos, após conceder um lampejo de felicidade, o deus arruína-os até a raiz'". (Heródoto, *Histórias*, I, 32-33), tradução de Maria Aparecida de Oliveira Silva. In: Heródoto. *Histórias. Livro I – Clio. Op. cit.* Também encontramos este pensamento nesta carta: "Amásis diz o seguinte a respeito de Polícrates: É um prazer ser informado sobre a prosperidade de um homem que é meu anfitrião e amigo, mas os seus grandiosos sucessos não me agradam, porque tenho conhecimento de como a divindade é invejosa'". (*Histórias*, III, 40). In: Heródoto. *Histórias. Livro III – Talia. Op. cit.*

47. E Xerxes virou-se para ele e disse: "Artabano, então sobre a condição humana, que é tal e qual tu a estás definindo, devemos parar por aqui, não devemos nos lembrar dos males enquanto temos coisas favoráveis nas mãos. Mas conta-me isto: se a visão que apareceu para ti não tivesse sido tão clara[205], terias a minha opinião inicial, quando eu era contra que tu realizasses uma expedição militar contra a Hélade, ou a mudarias? Vai, diz-me isso com exatidão". E ele se virou em resposta e lhe disse: "Ó rei, a visão manifesta em sonho, como ambos queremos que se cumpra! E eu ainda estou neste estado de pleno medo, estou fora de mim, estou pensando sobre muitas outras coisas, e além disso, vejo duas que são as mais importantes de todas para ti, embora sejam as tuas maiores inimigas."

48. E diante dessas palavras, Xerxes virou-se em resposta com estas: "Miserável dentre os homens, quais são essas duas que dizes ser as minhas maiores inimigas? Qual das duas tu tens, exército terrestre merece reprovação por sua quantidade, e te parece que o exército helênico mais numeroso que o nosso, ou a nossa esquadra fica atrás da deles, ou essas duas coisas juntas? Pois se te parece que essa é insuficiente para as nossas ações, poderia reunir imediatamente um outro exército."

49. E ele se virou em resposta e disse: "Ó rei, quanto a esse exército, certamente, alguém que tenha conhecimento não poderia censurar a quantidade de tuas naus; que são muitas no total, mas há as duas coisas que te digo que em muito são as suas maiores inimigas. E essas duas coisas são a terra e o mar. Pois não existe um porto do tamanho desse mar em nenhum lugar, como eu imagino, um que ofereça segurança e receba essa tua esquadra caso se erga uma tempestade[206], então será possível a salvação das tuas naus; contudo, um único porto não é o preciso para isso, mas junto a planície inteira, ao longo da qual passarás. Portanto, porque não tens os portos que as receba, compreende que os infortúnios governam os homens, não os homens, os infortúnios. E então, das duas coisas, uma já lhe foi dita, e a outra começo a dizer. De fato, a terra se coloca como tua inimiga por esta razão: se ela

---

205. Consultar o capítulo 17 deste *Livro VII – Polímnia*.
206. Como a descrita no capítulo 34 deste *Livro VII – Polímnia*.

não quer te impor nenhuma adversidade, ela se torna mais tua inimiga na medida em que avanças para mais longe, visto que ages sorrateiramente, sempre adiante; pois os homens não têm nenhum fastio de sucesso. E então, como não existe nada que se oponha a ti, digo que ao surgir mais território em um longo espaço de tempo, haverá o nascimento da fome[207] entre nós. E um homem seria tão melhor, se fosse cauteloso ao deliberar sobre algo e todo pronto para fazer acontecer a coisa deliberada, e que fosse ousado no momento de sua ação".[208]

50. Xerxes vira em resposta com estas palavras: "Artabano, como era de se esperar, tu defines certamente cada uma dessas coisas, mas não tenhas tanto medo nem mesmo reflitas tanto sobre isso. Pois se sempre quiseres refletir sobre cada detalhe de um acontecimento que nos atinge, não farias nada nunca; e é melhor ousar em tudo e sofrer a metade dos terrores, do que se aterrorizar antes e nunca fazer nada. E se contestas tudo o que é dito e não apontas o que é seguro, podes errar em suas reflexões, do mesmo modo, o teu opositor ao ter afirmado o contrário de ti; então, esta é uma situação equivalente. E como é preciso ver o que é seguro, quando se é um homem? Penso

---

[207]. A região que Xerxes atravessa é conhecida por estiagens e pouca produção de grãos, conforme lemos neste relato de Heródoto em que vemos uma explicação para o forte desenvolvimento do comércio no entorno do Helesponto: "No tempo em que Átis, filho de Manes, era rei, houve uma forte escassez de alimentos sobre toda a Lídia; e os lídios, durante todo o tempo, atravessaram isso suportando a situação. Depois disso, porque ela não cessava, procuraram remédios contra ela, e cada um deles imaginava uma coisa diferente. Então, inventaram, nesse momento, os jogos dos cubos, os dos astrálagos e o de bola, e tiveram a ideia de todos os outros jogos, exceto o jogo de damas, pois os lídios não reclamam essa invenção para eles. E, porque os inventaram, agiram desse modo contra a fome: brincavam um dia inteiro a cada dois dias, a fim de que não procurassem por comida, e, no outro dia, interrompiam os jogos e alimentavam-se. Desse modo, atravessaram dezoito anos. Depois, porque o mal não se afastava, mas ainda mais os pressionava, assim o rei deles dividiu todos os lídios em duas partes, decidiu, por meio de um sorteio, qual permaneceria e qual sairia do território, também que o próprio rei comandaria a parte que fosse sorteada para permanecer, e a parte que fosse destinada a abandonar o território caberia ao seu próprio filho, cujo nome era Tirseno. Dentre eles, os que foram sorteados para sair do território, descer para Esmirna e construir barcos mercantes, nos quais colocariam todas as coisas, quantos implementos fossem úteis para navegar pela sua sobrevivência e pela busca de terra". (Heródoto, *Histórias*, I, 94), tradução de Maria Aparecida de Oliveira Silva. In: Heródoto. *Histórias. Livro I – Clio. Op. cit.*

[208]. Máxima encontrada também em Isócrates, *A Demonico*, 34.

que jamais. Assim, aos que querem agir, em geral, os ganhos tornam-se seus amigos, enquanto aos que a tudo contestam e são hesitantes, não querem muito sê-lo. Vês o poderio político-militar dos persas, até que ponto alcançou seu poder. Então, se aqueles reis que nasceram antes de mim utilizassem as mesmas opiniões que tu, ou se, embora não utilizassem tais opiniões, tivessem tido outros conselheiros tais como tu, não poderias vê-lo neste ponto que alcançou; na verdade, eles alcançaram este ponto porque se arriscaram em situações de perigo; pois os grandes feitos requerem a superação de grandes perigos. Assim, porque queremos nos igualar àqueles, nós começamos a marchar na estação mais bela do ano[209], e depois de dominarmos toda a Europa, retornaremos para nossa terra natal, não nos encontraremos com a fome em lugar nenhum, nem sofreremos nenhum outro tipo de desgraça. Pois, por um lado, nós mesmos marcharemos carregando uma grande quantidade de víveres; por outro lado, dos povos por onde avançarmos na terra, deles retiraremos o trigo; porque realizamos uma expedição militar contra lavradores, não contra nômades".

51. Depois disso, Artabano responde: "Ó rei, visto que não te permites temer questão alguma, tu, receba meu conselho; pois é necessário se estender mais no raciocínio sobre essas questões. Ciro, filho de Cambises, subjugou toda a Iônia[210], exceto Atenas[211], e os

---

209. A estação da primavera.

210. Heródoto nos traz este breve registro sobre as principais cidades da Iônia: "E esses não compartilham a mesma língua, mas têm quatro tipos de variações de dialeto. Mileto é a primeira cidade dentre elas assentada para o sul, depois vem Miunte e Priene. Estas estão situadas na Cária e falam o mesmo dialeto entre eles. E as que estão na Lídia são as seguintes: Éfeso, Cólofon, Lêbedo, Teos, Clazômenas e Foceia; essas cidades falam a mesma língua entre elas, em nada concordam com o dialeto das que antes foram relacionadas. E, além disso, as três cidades iônias restantes, dentre as quais, duas situadas em ilhas, Samos e Quios, e uma assentada na planície, Eritreia; quios e eritreus falam o mesmo dialeto, os sâmios são os únicos que falam o seu próprio". (Heródoto, *Histórias*, I, 142), tradução de Maria Aparecida de Oliveira Silva. In: Heródoto. *Histórias. Livro I – Clio. Op. cit.*

211. Heródoto inclui os atenienses entre os iônios, pois os colonizadores "Dentre esses iônios, os milésios estão ao abrigo do medo, porque fizeram um acordo, e para os ilhéus não havia nenhum perigo; pois os fenícios jamais foram servos dos persas nem os próprios persas eram marinheiros. Esses se separaram dos demais iônios por outra coisa senão pela fraqueza de toda a raça helênica nesse momento, em muito a raça iônica era a

persas a tinham como pagadora de tributos. Portanto, aconselho-te que não leves, por meio nenhum, esses homens²¹² contra seus pais; porque, sem eles, nós somos capazes de ser superiores aos inimigos. Pois eles, se nos seguirem, devem se tornar os mais injustos se reduzirem a metrópole²¹³ à escravidão, ou os mais justos se se unissem pela liberdade; se eles forem, então, serão os mais injustos e nós não teremos grande ganho, se forem os mais justos, serão capazes de prejudicar enormemente a tua expedição militar. Portanto, coloca em teu coração também o antigo provérbio que bem afirma: quando se está no início, não se sabe bem todo o seu fim".

52. E, sobre isso, Xerxes vira em resposta: "Artabano, das opiniões que expuseste, nesta é a que mais estás equivocado; se temes que os iônios não mudem de lado, tens uma prova quando eles e os outros realizaram uma expedição militar com Dario contra os citas, quando todo o exército da Pérsia estava nas mãos deles²¹⁴ tanto para ser des-

---

mais fraca e a menos respeitável dos povos; pois, a não ser Atenas, nenhuma outra cidade era respeitável. Os outros iônios e os atenienses fugiam de seu nome, não queriam ser chamados de iônios, mas parece-me que ainda hoje a maioria deles fica envergonhada por esse nome; e essas doze cidades exaltavam esse nome e edificaram um templo para eles mesmos, no qual colocaram o nome Paniônio". (Heródoto, *Histórias*, I, 143), tradução de Maria Aparecida de Oliveira Silva. In: Heródoto. *Histórias. Livro I – Clio. Op. cit.* O nome Πανιώνιον (*Paniōnion*) é composto por Παν (*Pan*) que significa "todo" e por ιώνιον (*iōnion*), por sua vez, "povo iônio" ou "raça iônia", assim o local era dedicado a todo o povo iônio. Essas também compunham a Liga Iônica, composta por doze cidades: Mileto; Mios; Priene (na Cária); Éfeso; Colófon; Lêbedo; Teos; Clazômenas; Éritra; Foceia (na Lídia); e as ilhas de Quios e Samos (no Mar Egeu).

212. O aviso se deve ao domínio dos persas sobre os iônios, conforme lemos neste relato: "Hárpago combateu como seu sucessor no comando militar, porque, quanto à raça, também ele era medo, a quem o rei dos medos, Astíages, ofereceu um banquete em uma mesa ímpia; ele havia ajudado Ciro a conquistar seu reinado. Esse homem, nesse momento, foi indicado por Ciro para ser comandante, quando ele chegou à Iônia, capturou as cidades com seus amontoados de areia; pois, para que fossem enclausurados em muralhas, o lugar foi bloqueado por amontoados de terra contra as muralhas, e logo as destruía". (Heródoto, *Histórias*, I, 162), tradução de Maria Aparecida de Oliveira Silva. In: Heródoto. *Histórias. Livro I – Clio. Op. cit.*

213. μητρόπολις (*mētrópolis*) cujo significado literal é "cidade-mãe", é um substantivo composto de μήτηρ (*mḗtēr*) que significa "mãe" e πόλις (*pólis*), "cidade".

214. Heródoto registra o desdém dos citas para com os iônios, em razão de terem permanecido ao lado do rei Dario, neste relato: "Portanto, desse modo os persas

truído como se manter seguro; e eles nos mostraram justiça e fidelidade²¹⁵, sem nenhuma desgraça²¹⁶. E, fora isso, deixaram para trás seus filhos, mulheres e bens em nosso território, não é preciso ter nenhum medo porque não farão nenhum tipo de rebelião²¹⁷. Desse modo, não

---

escaparam. E os citas que estavam à sua procura, pela segunda vez, erraram o rastro dos persas; por um lado, embora os iônios sejam livres, julgam-nos os piores e os menos viris dentre todos os homens; por outro lado, se considerarem os iônios como escravos, são, eles dizem, os mais amantes dos seus déspotas e os menos dispostos para fugir; então essas são as palavras usadas pelos citas para desprezar os iônios". (Heródoto, *Histórias*, IV, 142), tradução de Maria Aparecida de Oliveira Silva. In: Heródoto. *Histórias. Livro IV – Melpômene, Op. cit.*

215. Heródoto se refere ao episódio em que os iônios construíram a ponte de barcos para a travessia dos persas, dado importante para a estratégia militar do rei Dario, e lá se mantiveram firmes pelo motivo assim relatado pelo historiador: "Quando notaram que os persas ainda não haviam chegado, disseram aos iônios que estavam nas naus: 'Homens iônios, os dias completaram a quantidade que havia para vós e não agis com justiça em ainda permanecer. Mas visto que primeiro ficaram aqui por temor, agora abandonai a passagem o mais rapidamente possível e parti alegres como homens livres, e cientes da sua gratidão aos deuses e aos citas. E com relação ao vosso senhor anterior, nós prepararemos uma situação intensa, de modo que não poderão realizar uma expedição militar contra nenhum homem'. Diante disso os iônios começaram a deliberar. A opinião do ateniense Milcíades, que era estratego e tirano dos quersonésios no Helesponto, sua ideia era que eles obedecessem os citas e libertassem a Iônia; mas o milésio Histieu foi contra a sua ideia, ele disse que agora cada um deles era tirano de uma cidade por causa de Dario, e que se o poderio de Dario fosse destruído nem ele mesmo seria capaz de comandar os milésios". (Heródoto, *Histórias*, IV, 136-137), tradução de Maria Aparecida de Oliveira Silva. In: Heródoto. *Histórias. Livro IV – Melpômene. Op. cit.*

216. ἄχαρι (*ákhari*) também pode ser entendida como ingratidão. A nosso ver, Heródoto faz um trocadilho de ἄχαρι (*ákhari*) do capítulo 50 em que a melhor tradução é "desgraça", quando Artabano afirma que a Pérsia pode sofrer uma "desgraça" e o rei responde que não haverá nenhuma "desgraça" também está se referindo à "ingratidão" da parte dos iônios.

217. Xerxes tenta apagar de Artabano a lembrança da Revolta da Iônia, que Heródoto coloca como efeito do contexto político ateniense, conforme depreendemos deste relato: "Assim os atenienses se livraram dos tiranos. E quantas coisas notáveis dignas de relato que eles realizaram depois de terem se tornado homens livres, ou o que eles sofreram até que o momento em que a Iônia organizou uma revolta contra Dario e que Aristágoras de Mileto chegou a Atenas para pedir-lhes ajuda, falarei sobre esses acontecimentos primeiro". E Heródoto acrescenta que Atenas vivia seu momento mais feliz: "Atenas, que era grande antes, nesse momento tornou-se ainda maior por ter se livrado dos tiranos'". (Heródoto, *Histórias*, V, 65-66), tradução de Maria Aparecida de Oliveira Silva. In: Heródoto. *Histórias. Livro V – Terpsícore. Op. cit.*

temas isso, mas tenha o bem no teu coração, preserva o meu lar e a minha tirania[218]; pois, dentre todos, confio o meu cetro somente a ti."

53. Depois que disse isso, também enviou Artabano para Susos e, em seguida, mandou buscar os mais ilustres dentre os persas; e logo que os presentes chegaram, começou a lhes dizer as seguintes palavras: "Ó persas, eu os reuni para pedir-lhes estas coisas: sede homens corajosos e não envergonhai aos persas que detêm antigas realizações, que foram grandiosas e muito dignas, mas cada um em particular e todos juntos devemos ter boa vontade; pois o que se procura é isso, um bem comum para todos. Por causa disso, exorto-vos a suportar a guerra com vigor; pois, de acordo com o que fui informado, nós realizamos uma expedição militar contra homens corajosos; se nós os vencermos, nenhum outro exército dentre os homens se posicionará contra nós. E, na verdade, devemos fazer a travessia, após fazermos nossas orações em honra aos deuses que protegem a terra da Pérsia."

54. E durante esse dia, eles se prepararam para a travessia. E no dia seguinte, estavam aguardando o nascer do sol[219], e se detiveram porque queriam vê-lo, então queimavam incensos por toda parte sobre

---

218. τυραννίς (*týrannís*) significa "tirania", mas também pode ser entendida como "reino". Percebemos que Heródoto coloca o monarca e o tirano no mesmo plano. Usa o termo μούναρχον (*moúnarkhon*), ou monarca; já neste passo, utiliza o termo τύραννον (*týrannon*), ou seja, "tirano". Tal confusão conceitual já ocorreu no caso em que Heródoto utiliza o termo *týrannos* (τύραννος), habitualmente traduzido por tirano, porque indica uma soberania no exercício do poder. No entanto, notamos que Heródoto se serve também do vocábulo *basileús* (βασιλεύς), que significa rei, para referir-se aos soberanos persas. Por exemplo, no *Livro I*, capítulo 7, ele afirma que Candaules era "tirano dos sardianos", τύραννος Σαρδίων (*týrannos Sardíōn*), já no final desse mesmo capítulo, relata que Candaules foi o último "rei dos Heraclidas", *Herakleidéōn basileús* (Ἡρακλειδέων βασιλεύς).

219. Os persas tinham um deus que personificava o Sol, cujo nome era Zaratustra, que tinha forte influência no imaginário persa. Heródoto registra no episódio da ascensão de Dario ao trono que: "Então, Otanes recebeu essas prerrogativas. E as outras resoluções que deliberaram em comum foram estas: que qualquer um dos sete poderia entrar no palácio real quando quisesse, sem que fossem anunciados por um mensageiro, a não ser quando o rei estivesse deitado com sua mulher, ainda que não fosse permitido ao rei casar-se com outra mulher que não tivesse sua origem dentre aqueles que se revoltaram contra o rei anterior. E a respeito do poder real, eles deliberaram o seguinte: que, dentre os que estavam montados em seus cavalos, aquele de quem o cavalo relinchasse primeiro depois do nascer do sol no subúrbio

as pontes e cobriam o caminho com mirras. E quando o Sol subiu, Xerxes fez uma libação ao mar com uma fíale[220] de ouro e orou ao Sol para que não lhes acontecesse nenhum incidente que o interrompesse de conquistar a Europa antes de chegar a sua fronteira. E depois de ter feito sua oração, atirou sua fíale no Helesponto, também sua cratera de ouro e um punhal curto da Pérsia que eles chamam acinace[221]. Sobre esses objetos lançados ao mar, não posso discernir com exatidão nem se foi uma oferenda ao Sol, se por ter se arrependido de ter açoitado o Helesponto, se os oferecia ao mar por ser contra ele.

55. E logo que ele realizou esses ritos, o exército terrestre e toda a cavalaria atravessaram para o outro lado de uma das pontes, a do lado do Ponto, e os animais de carga e seu aparato de servidores. E primeiro vinham os dez mil persas, todos com coroas na cabeça; e depois deles, o exército misturado por todos os tipos de povos. Durante esse dia, eles fizeram isso; e no dia seguinte, primeiro os cavaleiros e os que levavam suas lanças viradas para baixo; e eles também estavam com coroas nas cabeças. Depois deles, os cavalos sagrados e o carro sagrado, depois o próprio Xerxes, os lanceiros e os mil cavaleiros, depois deles, o restante do exército. E, ao mesmo tempo, as naus ganharam o mar na direção contrária. Eu já ouvi também que o rei foi o último de todos a fazer a travessia.

56. E logo depois que Xerxes fez a travessia para a Europa, observou seu exército fazendo a travessia sob chicotadas. E o seu exército atravessou em sete dias e sete noites, sem descansar em tempo algum. Naquele momento, conta-se, já com a travessia do Helesponto feita,

---

da cidade, esse seria o detentor do poder real". (*Histórias*, III, 84), tradução de Maria Aparecida de Oliveira Silva. In: Heródoto. *Histórias. Livro III – Talia. Op. cit.*

220. A fíale, (φιάλη/*phíalē*), era uma taça que não tinha pé e asas.

221. Somente, neste *Livro VII – Polímnia*, Heródoto explica a origem de ἀκινάκης (*akinákēs*), que é uma espada curta e fina de origem persa, já citada nos capítulos 118 e 128 do *Livro III – Talia*. A ἀκινάκης (*akinákēs*) é um nome de origem persa usado para designar uma espada curta reta, que se assemelha ao que chamamos de punhal. Com esta descrição, percebemos o sincretismo religioso dos citas que cultuam deuses helenos com rituais tipicamente citas e artefatos de outros povos, que certamente foram incorporados em suas práticas quotidianas.

um homem helespontino disse a Xerxes: "Ó Zeus, por que queres operar a ruína da Hélade, sob a aparência de um homem persa e chamado pelo nome de Xerxes no lugar de Zeus, uma disputa de todos os homens? Pois também poderias fazer isso sem eles".

57. E assim que todos fizeram a travessia, quando estavam se movendo em direção ao caminho, eles tiveram a aparição de um grande prodígio[222], ao que Xerxes não deu nenhuma importância[223], embora fosse fácil de adivinhar; pois uma égua havia parido uma lebre[224].

---

222. O acontecimento de um prodígio (τέρας/ *téras*), como sinal divino de uma derrota militar, aparece já no *Livro I – Clio*, neste relato: "Enquanto Creso refletia sobre esses assuntos, todo o entorno da cidade havia sido tomado por serpentes. Quando elas apareciam, os cavalos abandonavam os pastos onde se distribuíam e iam devorá-las. E, no momento em que Creso viu isso, pensou que fosse um prodígio, como de fato o era. E, imediatamente, enviou seus mensageiros para consultar o oráculo dos intérpretes telmesses. Quando os mensageiros enviados para consultar o oráculo chegaram e souberam dos telmesses o que o prodígio queria mostrar, não partiram para anunciá-lo a Creso, pois, antes que eles zarpassem de volta para Sárdis, Creso foi capturado. Todavia, os telmesses compreenderam o seguinte: Creso tinha de esperar que o exército estrangeiro atacasse o seu território, quando esse chegasse, também que subjugasse os autóctones; e eles disseram que a serpente era uma filha da terra, mas que o cavalo era um inimigo e um estrangeiro. Os telmesses responderam isso para Creso, que já havia sido capturado, porque não sabiam dos acontecimentos ocorridos em Sárdis e com o próprio Creso". (Heródoto, *Histórias*, I, 78), tradução de Maria Aparecida de Oliveira Silva. In: Heródoto. *Histórias. Livro I – Clio. Op. cit.*

223. O desdém de Xerxes pode ser porque a região pela qual estava passando com seu exército e esquadra era muito conhecida pelos persas, já na época do rei Dario, conforme lemos neste relato: "E a maioria das descobertas do território da Ásia foi proporcionada por Dario, que queria saber se o Rio Indo deságua no mar, que esse é o segundo dentre os rios que apresenta crocodilos, e enviou outros com barcos nos quais ele confiava que lhe diriam a verdade; além disso, também Cílaca, um homem de Carianda. E eles se deslocaram da cidade de Caspatiro e da terra Páctica e navegaram rio abaixo na direção da aurora e do sol nascente até alcançarem o mar, e pelo mar em direção ao oeste, e em trinta meses navegaram e chegaram nesse território de onde o rei egípcio enviou os fenícios, dos quais falamos antes, para realizar a circunavegação da Líbia. E depois de eles terem concluído a circunavegação, Dario subjugou os indos e começou a utilizar esse mar. Assim também sobre a Ásia, exceto os territórios voltados para o sol nascente, o restante dos territórios apresenta descobertas semelhantes às da Líbia". (Heródoto, *Histórias*, IV, 44), tradução de Maria Aparecida de Oliveira Silva. In: Heródoto. *Histórias. Livro IV – Melpômene. Op. cit.*

224. Outro sinal de derrota militar usado na narrativa herodotiana: no caso de Xerxes, houve este estranho cruzamento de dois animais de espécies distintas. No primeiro livro, Heródoto apresenta esse fato estranho na forma de um oráculo, situação que

Portanto, isso que lhe aconteceu era fácil de Xerxes ter adivinhado, que estava prestes a levar a sua expedição militar contra a Hélade do modo mais arrogante e presunçoso, e voltaria correndo para o mesmo ponto que saiu do seu território para preservar a sua vida. E ele teve outro prodígio que lhe apareceu em Sárdis; pois uma mula havia parido uma mula que tinha os dois tipos de órgãos genitais, uns do macho e outros da fêmea; os que eram do macho ficavam em cima do outro.

58. Porque não deu nenhuma importância a ambos, ele marchou adiante, e ele foi com o seu exército terrestre; e a esquadra o acompanhou de fora do Helesponto navegando ao longo da terra, fazendo uma movimentação para o lado contrário ao do exército terrestre. Pois ela navegava em direção ao poente, a fim de chegar no cabo Sarpedônio[225], neste ponto de sua chegada, recebeu a ordem para aguardar; enquanto o exército atravessava o Quersoneso em direção da aurora e da saída do sol[226], do seu lado direito, tinha o túmulo de Hele[227], filha de Átamas[228], e do seu lado esquerdo, a cidade de Cárdia[229], marchou pelo meio de uma cidade, cujo nome acontecia

---

assim descreve: "E Creso, depois de presentear os delfos, consultou o oráculo pela terceira vez; uma vez que havia recebido uma resposta oracular verdadeira, fazia uso dele sem moderação. Ao consultar o oráculo, perguntou o seguinte: se a sua monarquia seria duradoura. E a Pítia proferiu o seguinte oráculo: '*Mas quando um mulo tornar-se rei dos medos, então, lídio, de pés delicados, pela margem do Hermo coberta de pedrinhas, fuja e não esperes, nem te envergonhes por seres um covarde*'. Com a chegada desses versos, Creso alegrou-se muito mais que com os outros, tendo a expectativa de que um mulo, em vez de um homem, jamais seria rei dos medos, e que nem ele mesmo nem seus sucessores teriam algum dia o seu poder interrompido". (Heródoto, *Histórias*, I, 55-56), tradução de Maria Aparecida de Oliveira Silva. In: Heródoto. *Histórias. Livro I – Clio. Op. cit.*

225. Promontório localizado em Corício na Cilícia.

226. Isto é, na direção nordeste.

227. Filha de Átamas e Néfele. Enquanto Hele fugia com Frixo, na altura da Cólquida, ela caiu no mar, por isso, seu nome deu origem ao nome do Helesponto, ou seja, o "Mar de Hele".

228. Filho de Éolo e neto de Heleno, rei de Queroneia ou de Tebas.

229. Cidade localizada no Quersoneso da Trácia.

de ser Ágora[230]. De lá, contornou o Golfo chamado Meles[231] e ao longo do Rio Meles, que, nesse momento, a corrente de água havia abandonado o rio e não foi suficiente para a sede do exército[232], após ter feito a travessia desse rio, do qual também esse golfo recebe o nome, e foi em direção ao poente, passando ao lado da cidade de Eno[233], da Eólia[234], e o lago Estentóris[235], e chegou até o Dorisco[236].

---

230. Cidade localizada entre Cárdia e Páctia. Notamos aqui a intenção de Heródoto de contrapor a expressão διὰ μέσης (*dià mésēs*) que significa "pelo meio" e ἐς μέσον (*es méson*) ("para o meio" ou "em público"), uma vez que a Ágora era a praça principal de uma cidade helena, com construções públicas, templos e comércios, na qual eram realizadas assembleias e debates entre os cidadãos, considerado um espaço de manifestação da cidadania. Heródoto parece retomar este debate, iniciado no terceiro livro, conforme lemos neste relato: "Posso dizer que não existe melhor forma de governo que a de um único homem no poder, se ele for o melhor; porque se serve de um pensamento dessa natureza, poderia governar irrepreensivelmente o povo, e se manteria no maior silêncio as deliberações sobre os inimigos. Mas, na oligarquia, porque muitos têm virtude e a praticam **em público**, costumam gerar fortes inimizades pessoais; pois cada um quer ser o chefe e vencer com suas propostas, com o que se alcança grandes inimizades uns com os outros, de onde se originam as dissensões, e das dissensões origina-se o derramamento de sangue, do derramamento de sangue resulta no governo de um homem só; e nessas circunstâncias mostra-se o quanto essa é a melhor forma de governo. E, por sua vez, quando o povo está governando, é impossível que não se torne de má qualidade; assim, depois de ter se tornado um governo de má qualidade, aqueles que são maus não se tornam inimigos nas coisas públicas, mas criam amizades poderosas". (*Histórias*, III, 82), tradução de Maria Aparecida de Oliveira Silva. In: Heródoto. *Histórias. Livro III – Talia. Op. cit.* (grifo nosso).

231. Localizado entre o Quersoneso e a Trácia, recebe o mesmo nome do rio que desemboca nele.

232. Consultar o dito no capítulo 21 deste *Livro VII – Polímnia*.

233. Cidade localizada às margens do Mar Egeu, no golfo homônimo, sobre sua geografia, consultar: Plínio, *História natural*, IV, 11.18.

234. Heródoto nomeia as principais cidades da Eólia no primeiro livro de suas *Histórias*, e então registra: "as eólias são as seguintes: Cime, a chamada Friconida, Larissa, Néon Teicon, Temno, Cila, Nótion, Egiressa, Pitane, Egeia, Mirina e Grineia. Essas são as onze cidades antigas dos eólios; pois uma única foi separada delas pelos iônios, Esmirna; pois essas eram doze no continente. E esses eólios estabeleceram suas colônias em uma região melhor que a dos iônios, mas o clima não era semelhante". (*Histórias*, I, 149-150). In: Heródoto. *Histórias. Livro I – Clio. Op. cit.*

235. Pântano localizado ao Nordeste do Rio Meles.

236. Praça forte localizada no litoral da Trácia, na embocadura do Rio Hebro.

59. E o Dorisco é tanto uma praia da Trácia²³⁷ como uma extensa planície, através da qual corre um caudaloso rio, o Hebro²³⁸; nessa planície, estava construída uma fortaleza real²³⁹ (de fato, essa é chamada Dorisco), e a guarnição dos persas foi estabelecida nesse lugar por Dario, desde aquele tempo, quando realizou uma expedição militar contra os citas²⁴⁰. Portanto, Xerxes pensou que o território era

---

237. A Trácia já havia sido dominada por Dario, sobre isso, temos este registro: "E depois de Dario ter presenteado Mândrocles, ele fez sua travessia para a Europa, mas antes ordenou aos iônios que navegassem para o Ponto até o Rio Istro, e assim que chegassem ao Istro, esperassem por ele lá, enquanto se juntavam para formar uma ponte que ligasse as duas margens; pois, nesse momento, iônios, eólios e helespontinos conduziam a frota. E o exército náutico navegou atravessando as Ciâneas e depois navegou direto para o Istro, quando navegou subindo o rio durante dois dias, do mar até o estreito do rio, a partir do qual se dividem as embocaduras do Istro, o exército náutico se juntou formando uma ponte, ligando as duas margens do rio. E Dario, assim que atravessou o Bósforo pela ponte de barcos, marchou através da Trácia, e chegou às nascentes do Rio Téaro, onde fez de seu acampamento militar por três dias". (Heródoto, *Histórias*, IV, 89), tradução de Maria Aparecida de Oliveira Silva. In: Heródoto. *Histórias. Livro IV – Melpômene, Op. cit.*

238. Rio mais importante da Trácia que desemboca no Mar Egeu.

239. Essas fortalezas reais marcavam os locais em que os reis se hospedavam, que eram protegidos por guardas e havia hospedagens reais ao longo de seu caminho; sobre estas, Heródoto conta: "E existem pousadas reais e as mais belas hospedarias por toda a sua extensão, e por passar por uma região habitada, o caminho é completo e seguro. Certamente, existem vinte pousadas que se estendem através da Lídia e da Frígia [...] vem a Capadócia e nessa travessia até as fronteiras da Cilícia existem vinte e oito pousadas [...] atravessando o caminho pela Cilícia existem três pousadas [...] na Armênia, existem quinze pousadas com lugares para hospedagem [...] na terra dos matienos, onde existem trinta e quatro pousadas [...] Desse território muda-se para o da Císsia, onde existem onze pousadas [...] O total dessas pousadas são cento e onze. Portanto, essa é também a quantidade de hospedarias das pousadas para quem sobe de Sárdis para Susos". (Heródoto, *Histórias*, V, 52), tradução de Maria Aparecida de Oliveira Silva. In: Heródoto. *Histórias. Livro V – Terpsícore. Op. cit.*

240. Heródoto nos conta a motivação do rei persa para dominar os citas: "E depois da captura da Babilônia, ocorreu uma marcha do próprio Dario contra os citas. Quando a Ásia florescia com seus homens e reunia grandiosas riquezas, Dario desejou que os citas pagassem sua pena, porque antes eles cometeram a ofensa de invadir a Média e vencer em batalha os seus oponentes. Pois os citas comandaram na parte alta da Ásia, como também já foi dito antes por mim, durante vinte e oito anos. Pois eles invadiram a Ásia em perseguição aos cimérios, e colocaram fim ao poder dos medos; estes, antes dos citas chegarem, comandavam a Ásia". (Heródoto, *Histórias*, IV, 1), tradução de Maria Aparecida de Oliveira Silva. In: Heródoto. *Histórias. Livro IV – Melpômene. Op. cit.*

conveniente para fazer seu planejamento e realizar a contagem do seu exército; e ele fez isso. Então, os navarcos[241], ordenados por Xerxes, conduziram todas as naus que chegaram ao Dorisco para o litoral próximo da fortaleza real de Dorisco, onde ficam Sale, uma cidade construída na Samotrácia[242], e Zona, e no final dessa praia, o famoso promontório Serreo[243]; e esse antigo território pertencia aos cícones[244]. E essa praia foi onde eles aportaram suas naus, arrastaram-na para a praia, pararam para descansar e beber água. E durante esse tempo em que ele ficou no Dorisco, fez a contagem do seu exército.

60. Quanto ao número exato que cada um deles exibia, eu não tenho como dizer com certeza (pois, de modo algum, isso não é dito entre os homens), mas o número total do exército terrestre parecia ser de um milhão e setecentos mil[245]. E eles fizeram a contagem do modo que se segue. Quando dez mil homens estavam reunidos em um único ponto do território e posicionados do modo mais agrupado possível neste lugar, traçavam um círculo em volta deles; e depois de traçado, retiravam os dez mil, os que estavam no círculo e que eles cercaram com um muro feito de pedras, que ergueram na altura do

---

241. ναύαρχος (*naúarkhos*) era o comandante da frota.

242. Ilha situada ao norte do Mar Egeu, situada entre as ilhas de Imbros e de Tasos. Hoje nós conhecemos o nome da ilha Samotrácia por meio da famosa estátua de Nice de Samotrácia, ou a Vitória de Samotrácia, que se encontra exposta no Museu do Louvre em Paris.

243. Local em que as Bacantes despedaçaram Orfeu. No quarto livro das *Geórgicas*, versos 453 e seguintes, o poeta Virgílio nos conta que, na descida ao ínfero, para salvar sua esposa Eurídice, Orfeu desceu com sua lira e encantou os deuses e os monstros do lugar, então Hades e Perséfone lhe devolvem sua jovem esposa morta por uma picada de serpente em uma praia da Trácia. Os deuses o advertem para que não olhe para trás, mas Orfeu duvida dos deuses e olha para sua amada, que imediatamente se desfaz. Conforme seu mito, Orfeu é despedaçado pelas mulheres trácias, que se revoltam com a castidade do poeta, que repudia qualquer aproximação delas.

244. Habitavam em diversas regiões costeiras do Helesponto, na costa da Trácia, conforme os versos de Homero em *Ilíada*, II, 846 e *Odisseia*, IX, 39-66.

245. A despeito do exagero de Heródoto quanto ao número de soldados da infantaria persa, notamos a tendência do historiador a demonstrar que a exibição de um exército numeroso alimentava o orgulho do rei persa, visto que seu exército era composto por povos que o Império Persa havia dominado.

umbigo de um homem; e após fazerem isso, introduziam outros na construção circular, até que todos fossem contados desse modo. E eles faziam a contagem com os povos rigorosamente posicionados.

61. E os que estavam participando da expedição militar eram os que se seguem. Os persas que estavam equipados da seguinte maneira: em cima de suas cabeças, tinham gorros maleáveis, que eram chamados tiaras[246], e sobre o corpo, quitões guarnecidos com mangas[247] e multicoloridos, couraças com lâminas de ferro cuja aparência é parecida com escamas de peixe, e anaxírides[248] sobre as pernas, em lugar dos escudos de bronze, gerros[249]; e embaixo deles, havia aljavas penduradas[250]; portavam lanças curtas, grandes arcos, e flechas de cálamo[251], além

---

246. τιάρα (*tiára*), ou tiara, é nome dado pelos persas a um adorno que utilizavam na cabeça, que se assemelhava a um gorro. Os persas comuns utilizavam os gorros de tecido comum que os deixavam com a ponta caindo, o que Heródoto chama πίλους ἀπαγέας (*pílous apagéas*) ou "gorros maleáveis", somente os reis usavam o gorro firme, com a ponta para o alto. A τιάρα (*tiára*), ou tiara, também era um elemento que demonstrava a riqueza de quem a portava, pois recebia uma série de adornos que distinguiam seus utentes. Sobre essas e outras informações, consultar Xenofonte, *Anábasis*, II, 5.23 e Arriano, *Anábasis*, III, 25.3.

247. Interessante notar a diferença cultural, entre os helenos, os homens usavam o quitão (κιθών ou χιτών/*kithón* ou *khithón*) sem mangas, somente as mulheres as usavam.

248. ἀναξυρίδες (*anaxyrídes*), ou anaxírides, significa literalmente "calça comprida ampla", costumeiramente usada pelos orientais.

249. γέρρον (*gérron*), ou gerro, é um escudo persa confeccionado em vime.

250. Os citas também tinham o costume de usar aljavas (φαρετρεών/*pharetreón*), como lemos neste relato: "os helenos dizem que os citas fazem isso, mas isso não são os citas que o fazem, mas sim os massagetas. Pois um homem massageta que deseja uma mulher, coloca-a suspensa na sua carroça com sua aljava e tem relações sexuais com ela, sem qualquer punição". (*Histórias*, I, 216), tradução de Maria Aparecida de Oliveira Silva. In: Heródoto. *Histórias. Livro I – Clio. Op. cit.*

251. Heródoto registra que os indos tinham o hábito de fabricar couraças com o cálamo: "aqueles que habitam nos territórios pantanosos do rio e alimentam-se de peixe cru, que pescam nas embarcações de caniços que eles constroem; e cada embarcação é construída com uma única junta do cálamo. Então, esses indos trajam um tipo de vestimenta feita de uma espécie de junco; logo depois de terem feito a colheita dessa espécie de junco originária do rio, eles a cortam; a partir de então, eles a entrelaçam à maneira de uma coberta que eles vestem como se fosse uma couraça". (*Histórias*, III, 98), tradução de Maria Aparecida de Oliveira Silva. In: Heródoto. *Histórias. Livro III – Talia. Op. cit.* Já os mesopotâmios utilizavam o cálamo em

LIVRO VII - POLÍMNIA | 99

de punhais pendurados ao lado da coxa direita e na altura da cintura. E tinham Otanes como arconte, pai de Améstris, a mulher de Xerxes. E antigamente eram chamados cefenes[252] pelos helenos, todavia, eram chamados entre eles mesmos e os moradores dos arredores arteus[253]; e quando Perseu[254], filho de Dânae[255] e de Zeus, foi até a corte de Cefeu[256], filho de Belo[257], e se casou com a filha dele, Andrômeda[258], com quem gerou um filho e colocou o nome Persa,

---

construções: "Ao mesmo tempo em que cavavam o fosso, faziam tijolos com a terra que era retirada da escavação e, quando formatavam os tijolos suficientes, cozinhavam-nos nos fornos; depois disso, como argamassa, utilizavam betume quente e intercalavam alicerces de trinta tijolos com treliças de cálamos; primeiro, construíram as beiradas da muralha, em seguida, a própria muralha do mesmo modo. Acima da muralha, construíram casas de um único compartimento ao lado das suas extremidades, voltadas umas para as outras; deixando um espaço no meio das casas, uma pista para a circulação de uma quadriga". (*Histórias*, I, 179), tradução de Maria Aparecida de Oliveira Silva. In: Heródoto. *Histórias. Livro I – Clio. Op. cit.*

252. Nome derivado de κηφήν (*kēphḗn*) que significa "zangão" ou "que explora o trabalho alheiro".

253. Derivado de *artam*, nome de origem persa que significa "nobre".

254. Perseu é um herói argivo, filho de Zeus e de Dânae. Há muitas narrativas que envolvem o herói com demonstrações de sua força e poder. A mais famosa delas foi a de sua luta contra a Górgona, mais conhecida como Medusa, de quem deveria trazer a cabeça para o rei Polidectes para salvar sua mãe, Dânae. As Górgones eram três irmãs: Esteno, Euríale e Medusa. Esta última foi a escolhida, porque somente ela era mortal, com o poder de petrificar aquele que a olhasse nos olhos.

255. Filha de Acrísio, rei de Argos, e de Eurídice, filha de Lacedêmon e de Esparto. Havia a profecia de que o filho de Dânae seria o assassino de seu pai, Acrísio, o que fez com que o rei a isolasse, mas Zeus se apaixonou por ela e a engravidou. Quando Acrísio soube do ocorrido, logo que o menino nasceu, ele foi trancado junto com a mãe em um cofre para que perecessem. No entanto, Zeus os protegeu e os enviou para a ilha de Serifos, onde Dânae e seu filho, Perseu, foram acolhidos por Díctis, irmão do tirano Polidectes, que se apaixonou pela jovem. Para afastar o filho da mãe, Polidectes enviou Perseu para buscar a cabeça de Medusa, com a qual ele mesmo foi transformado em pedra, quando do retorno do herói Perseu. Para mais detalhes, consultar Apolodoro, *Biblioteca*, II, 4, 2.

256. Filho de Belo, pai de Andrômeda, marido de Cassiopeia. Rei dos cefenes, habitantes da Etiópia.

257. Filho da ninfa Líbia e de Posídon, reinou sobre a Etiópia.

258. Filha de Cefeu, rei da Etiópia, e de Cassiopeia, que desafiou as Nereidas por se julgar mais bela que as divindades, e estas solicitaram ao seu pai Posídon que tramasse

e ele o deixou lá; pois Cefeu por acaso não tinha um filho do gênero masculino; de fato, desde então, os persas o adotaram como nome.

62. Enquanto os medos realizavam sua expedição militar armados com esse mesmo equipamento; pois esse equipamento era de origem meda[259], e não persa. E os medos tinham Tigranes como arconte, um homem aquemênida. E antigamente eram chamados ários[260] por todos, mas quando Medeia[261], a cólquida[262], foi de Atenas para a região desses ários, eles também mudaram o nome; e os próprios medos contam isso sobre seu nome[263]. E os císsios[264] participavam da expedição

---

uma vingança contra Cassiopeia. Desse modo, o deus enviou um monstro para arrasar a terra dos cefenos e impôs a condição de que sua filha Andrômeda fosse sacrificada para expiar sua impiedade para com as divindades. E Cefeu cumpriu o estipulado pelo deus, mas a morte de sua filha foi impedida pelo herói Perseu, porque foi tomado de amor por Andrômeda.

259. Sobre os trajes persas, Heródoto registra o seguinte: "Quanto aos costumes estrangeiros, os persas são os que mais os seguem dentre os homens. Pois também usam vestimentas dos medos, considerando-as mais belas que as suas, colocam couraças egípcias para ir às guerras". (*Histórias*, I, 135), tradução de Maria Aparecida de Oliveira Silva. In: Heródoto. *Histórias. Livro I – Clio. Op. cit.*

260. Nome dado aos habitantes da região oriental da Pérsia, que eram vizinhos das altas montanhas da Pérsia, que chamavam Ariana.

261. Filha de Idia e do rei Eetes da Cólquida, também há a versão de que é filha de Hécate, patrona das feiticeiras. Medeia era ainda sobrinha da feiticeira Circe. A filha do rei apaixonou-se pelo heleno Jasão e com ele viveu intensas aventuras e amarguras que nos são narradas na peça de Eurípides intitulada *Medeia*.

262. Natural da Cólquida, cidade localizada às margens do Mar Negro, na região do Cáucaso, de colonização ciméria e cita.

263. No entanto, esse ponto de vista é encontrado em diversos autores helenos, consultar: Hesíodo, *Teogonia*, 1000; Píndaro, *Píticas*, I, 78; Pausânias, *Descrição da Hélade*, II, 3.8 e Apolodoro, *Biblioteca*, I, 9.28.

264. Habitantes da Císsia, região montanhosa situada entre Susos e Ecbátanos, localizada ao sul do Império Persa, segundo Heródoto (III, 92), essa região integrava a oitava província do reino persa. O pagamento de tributos era a principal fonte de fundos para as expedições militares dos reis persas, conforme lemos neste relato: "pois aproximadamente cento e vinte mil medimnos de trigo dos persas eram pagos aos persas que habitavam na Muralha Branca da cidade de Mênfis e aos seus mercenários; essa era a sexta província. E ainda os satagidas, os gardários, os dádicas e os aparitas estavam dispostos no mesmo lugar, e pagavam o tributo de cento e setenta talentos; e essa era a sétima província. De Susos e ainda do restante do território da Císsia, Dario recebia o

militar, em geral, armados com o mesmo equipamento dos persas, mas no lugar dos gorros maleáveis estavam as mitras[265]. E Anafes[266], filho de Otanes[267], comandava os císsios. E os hircânios[268] estavam equipados do mesmo modo que os persas, e tinham Megapano[269] como comandante, o que mais tarde foi governador da Babilônia[270].

63. E os assírios[271] que participavam da expedição militar tinham capacetes de bronze em suas cabeças, trançados de um modo bárbaro que não é fácil de descrever; e escudos, lanças e punhais bem

---

tributo de trezentos talentos; e essa era a oitava província." (*Histórias*, III, 91), tradução de Maria Aparecida de Oliveira Silva. In: Heródoto. *Histórias. Livro III – Talia. Op. cit.*

265. Espécie de turbante oriental.

266. Não dispomos de mais informações sobre essa personagem.

267. Este é o segundo filho de Otanes que se apresenta para o combate, o outro é Patiranfes, consultar capítulo 40 deste *Livro VII – Polímnia*.

268. Heródoto assim apresenta os hircânios: "E existe uma planície na Ásia que é cercada por uma cadeia de montanhas por todos os lados, e nessa cadeia de montanhas existem cinco precipícios; e essa planície foi outrora dos corásmios, porque já estavam habitando nessas montanhas os próprios corásmios, os hircânios, os partos, os sarangas e os tamaneus; mas isso foi depois que os persas obtiveram o poder, que é exclusivo do seu rei". (*Histórias*, III, 117) E estes povos compunham a décima primeira província, como registra assim: "E os cáspios, os pausulanos, pantímatos e os daritos, reunidos em um mesmo grupo, pagavam o tributo no valor de duzentos talentos; e essa era a décima primeira província". (*Histórias*, III, 92), tradução de Maria Aparecida de Oliveira Silva. In: Heródoto. *Histórias. Livro III – Talia. Op. cit.*

269. Não dispomos de mais informações sobre essa personagem.

270. Cidade da antiga Mesopotâmia, célebre cidade do Império Acadiano. Heródoto tece o seguinte relato sobre a Babilônia: "Na região da Assíria, existem outras muitas e grandes cidades, mas a mais famosa e poderosa era a Babilônia, onde instituíram o poder real após Nínive ter sido destruída, assim era essa cidade. Situada na extensa planície, tendo o tamanho de frente de cada lado de cento e vinte estádios, formando um quadrado; esses estádios, todos juntos, perfaziam quatrocentos e oitenta de perímetro para a cidade. Então, o extenso tamanho, que é próprio da cidade da Babilônia, foi ornamentado como nenhuma outra cidade dentre as que nós mesmos vimos". (*Histórias*, I, 178), tradução de Maria Aparecida de Oliveira Silva, In: Heródoto. *Histórias. Livro I – Clio. Op. cit.*

271. Habitantes da Assíria, região situada ao norte da Mesopotâmia, em torno do Rio Tigre.

parecidos com os que os egípcios[272] têm, além de grossos bastões de madeira guarnecidos de nós com ferro e couraças de linho[273]. E eles eram chamados sírios pelos helenos, e eram chamados assírios pelos bárbaros. [E entre eles, estavam os caldeus[274]][275]. E Otaspes, filho de Artaquea comandava-os.

64. E os bactrianos[276] que participavam da expedição militar tinham sobre suas cabeças algo mais próximo que os medos usavam, e arcos de cálamo, conforme o costume local, e lanças curtas. E os sacas[277], que são os citas, tinham sobre suas cabeças uns barretes posicionados retos e firmes até a ponta, trajavam as anaxírides, portavam arcos

---

272. Heródoto descreve o equipamento que portavam os egípcios no capítulo 89 deste *Livro VII – Polímnia*.

273. Quando Cambises dominou o Egito, enviou uma dessas couraças a um templo, o que revela a singularidade do trabalho, algo que era valorizado entre os egípcios e os povos vizinhos, conforme lemos a seguir: "E Amásis ainda dedicou oferendas sagradas na Hélade, ele enviou para Cirene uma estátua de Atena toda revestida de ouro e uma imagem pintada que representava a si mesmo, além disso, duas estátuas sagradas de pedra e uma couraça de linho digna de ser vista para o templo de Atena em Lindo". (*Histórias*, II, 182), tradução de Maria Aparecida de Oliveira Silva. In: Heródoto. *Histórias. Livro II – Euterpe. Op. cit.*

274. Sobre os caldeus que habitavam a Babilônia, Heródoto nos conta que: "Em cada um dos lados da cidade, foi construída uma fortificação no seu centro, em um estava o palácio real, cercado por um muro grande e fortificado; no outro, estava um templo de Zeus Belo, [...] No meio do templo, foi construída uma torre sólida com um estádio de comprimento e outro de largura; e sobre esta torre ergueu-se outra torre, também mais outra em cima, até atingir o número de oito torres [...] Na última torres, há um grande templo; [...] ninguém dentre os seres humanos permanecia lá durante noite alguma, exceto que uma única mulher dos habitantes locais, a que o deus escolhia dentre todas, como dizem os caldeus, que eram sacerdotes desse deus". (*Histórias*, I, 181), tradução de Maria Aparecida de Oliveira Silva. In: Heródoto. *Histórias. Livro I – Clio. Op. cit.*

275. O trecho entre colchetes é considerado uma interpolação.

276. Povo que habita a região conhecida como Báctria, localizada na Ásia Central. Sobre eles, Heródoto conta que: "E dos bactrianos [...] até o território dos aiglos, o tributo que Dario recebia era no valor de trezentos talentos; e essa era a décima segunda província". (*Histórias*, III, 92), tradução de Maria Aparecida de Oliveira Silva. In: Heródoto. *Histórias. Livro III – Talia. Op. cit.*

277. Povo que habitava na Báctria e também compunham o povo cita. Heródoto conta que: "E os sacas e os cáspios pagavam a quantia de duzentos e cinquenta talentos; e essa era a décima quinta província". (*Histórias*, III, 93), tradução de Maria Aparecida de Oliveira Silva. In: Heródoto. *Histórias. Livro III – Talia. Op. cit.*

típicos da região e punhais, e além disso, uns machados, os sagáris²⁷⁸. E embora eles fossem citas amírgios²⁷⁹, eles os chamavam sacas; pois os persas chamavam sacas todos os citas. E Histaspes, o filho de Dario e de Atossa, filha de Ciro, comandava os bactrianos e os sacas.

65. E os indos²⁸⁰ estavam trajados com vestimentas confeccionadas com fios de algodão, portavam tanto arcos de cálamo como flechas de cálamo; e em cima delas estava a ponta de ferro²⁸¹; e os indos

---

278. σαγάρις (*sagáris*) no iônio ou σάγαρις (*ságaris*) no ático significa "machado de dois gumes", como traduzi no *Livro I – Clio*, conforme lemos neste trecho sobre os masságetas também o utilizarem (*Histórias*, I, 181), as Amazonas e os citas, cuja origem deste último Heródoto narra assim: "E como alguns citas contam, o seu é o mais novo dentre todos os povos, e esse se originou do modo que se segue. Um homem nasceu primeiro nessa terra que era deserta, cujo nome era Targitau; e contam que os pais desse Targitau, para mim não dizem coisas confiáveis, mas eles as dizem, era Zeus e uma filha do Rio Borístenes. Então, de tal linhagem nasceu Targitau; desse nasceram três filhos, Lipoxes, Arpoxes e o mais novo, Colaxes. Na época em que os três irmãos reinaram, do céu vieram uns objetos de ouro: um arado, um jugo, uma sagáris e uma taça, que caíram no território da raça cita, e dentre eles quem os viu primeiro foi o irmão mais velho, que foi se aproximando por querer pegar o ouro, mas o ouro se inflamou, e ele se afastou. Depois de tê-lo abandonado, o segundo irmão se aproximou, e o ouro novamente fez o mesmo. Então os dois se afastaram porque o ouro se inflamou, e, em terceiro lugar, quando o irmão mais novo aproximou-se do ouro, o fogo se esvaiu, e ele o levou consigo; e os irmãos mais velhos compreenderam os acontecimentos e entregaram todo o reino para o mais novo". (Heródoto, *Histórias*, IV, 5), tradução de Maria Aparecida de Oliveira Silva. In: Heródoto. *Histórias. Livro IV – Melpômene. Op. cit.*

279. Nome derivado de Amorgos, rei dos sacas.

280. Sobre os indos, Heródoto nos conta que: "E com relação a toda essa grande quantidade de ouro, do qual os indos pagavam o tributo que mencionei ao rei, eles obtiveram-no do modo que se segue. A areia é a característica própria do território índico voltado para o sol nascente; pois dentre os povos que nós conhecemos, também dentre os quais se conta alguma coisa exata, os indos foram os primeiros dentre os homens existentes na Ásia que habitaram os territórios que vão da aurora até o sol nascente; pois o território dos indos em direção à aurora é um deserto por causa da sua areia. E existem muitos povos indos e que não falam a mesma língua entre si, mas existem uns que são nômades, enquanto outros não o são". (*Histórias*, III, 98), tradução de Maria Aparecida de Oliveira Silva. In: Heródoto. *Histórias. Livro III – Talia. Op. cit.*

281. É interessante notar que as flechas de cálamo também conferiam leveza e aumentavam sua velocidade, além de poupar energia do lanceiro com um projétil mais leve, o que nos mostra que o elemento mortal desse instrumento de guerra é a ponta de ferro. Embora a intenção de Heródoto possa ser exibir o parco uso do ferro e do bronze no exército persa e no de seus aliados.

estavam equipados assim, e participavam da expedição militar junto com Farnazatres, filho de Artabates[282], por quem eram comandados.

66. E os ários estavam equipados com arcos medos, e o restante estava exatamente conforme os báctrios. E Sisamnes, filho de Hidarnes[283], comandava-os. E os partos, os corásmios, os sogdos, os gandários e os dádicas[284] que portavam esse mesmo equipamento que os bactrianos que participavam dessa expedição militar. E os comandavam estes: os partos e os corásmios, Artabazo[285], filho de Fárnaces[286]; os sogdos, Azanes, filho de Arteu, e os gandários e os dádicas, Artífio[287], filho de Artabano[288].

67. E os cáspios[289] que participavam da expedição militar estavam trajados com manto de pele de cabra[290], portavam arcos de câlamo feitos conforme o costume local e acinaces[291]. E eles estavam equipados desse modo e submetidos ao comandante Ariomardo, irmão

---

282. Personagens citadas apenas por Heródoto.

283. Não dispomos de mais informações sobre essas personagens.

284. Povos que habitavam nas regiões próximas ao Mar Cáspio.

285. Sátrapa da Frígia, no Helesponto. O general persa se destaca nos dois livros seguintes, que pretendemos publicar em breve.

286. Não dispomos de mais informações sobre essas personagens.

287. Essas personagens são citadas apenas por Heródoto.

288. Nascido na Hircânia, região dominada pelo Império Aquemênida, e de origem nobre, Artabano serviu como estratego e conselheiro político do rei Dario I. Sobre esta personagem, Aristóteles conta: "Artapanes atacou Xerxes por temer a acusação sobre Dario, porque o enforcou sem que Xerxes lhe houvesse ordenado, mas pensando obter o perdão de Xerxes, que o esqueceu ao ser convidado para um banquete". (1311b35-40). In: Aristóteles. *Política*. Tradução, introdução e notas de Maria Aparecida de Oliveira Silva. São Paulo: Edipro, 2019. Note-se que Aristóteles grafa Ἀρταπάνης (*Artapánes*) em vez de Ἀρτάβανος (*Artábanos*) como Heródoto.

289. Habitantes da região do Mar Cáspio, que Heródoto registra como um povo que integra a décima segunda província, conforme lemos neste registro: "E os cáspios, os pausulanos, pantímatos e os daritos, reunidos em um mesmo grupo, pagavam o tributo no valor de duzentos talentos; e essa era a décima primeira província". (*Histórias*, III, 92), tradução de Maria Aparecida de Oliveira Silva. In: Heródoto. *Histórias. Livro III – Talia. Op. cit.*

290. σίσυρνα (*sísyrna*) é um manto que também desempenha a função de leito à noite.

291. Ver nota do capítulo 54.

de Artífio²⁹². E os sarangas²⁹³ se distinguiam porque vestiam trajes tingidos, tinham sandálias que se estendiam até os joelhos e arcos e lanças de origem meda; e Ferendates, filho de Megabizo, comandava os sarangas. E os páctios²⁹⁴ estavam vestindo mantos de pele de cabra, portavam arcos feitos conforme o costume local e punhais; estavam submetidos a Artaintes, filho de Itamitres²⁹⁵.

68. E os útios, micos e paricânios²⁹⁶ estavam equipados do mesmo modo que os páctios; e os que os comandavam eram estes: dos útios e micos, era Arsamenes, filho de Dario, e dos paricânios, era Siromítres, filho de Eobazo²⁹⁷.

69. E os árabes²⁹⁸ estavam com zeiras²⁹⁹ e envoltos com cintos, portavam arcos grandes estendidos para trás, voltados para o lado direito.

---

292. Estas são as únicas informações que temos sobre essas personagens. Não confundir com Ariomardo, filho de Dario, consultar capítulo 78 deste *Livro VII – Polímnia*.

293. Sobre os sarangas, Heródoto escreve: "E dos sagártios, sarangeus, tamanaios, útios, micônios e os que habitavam nessas ilhas do Mar Eritreu, nas quais eram chamados de os emigrados, o rei estabeleceu-os nessas ilhas, desses todos Dario recebia o tributo no valor de seiscentos talentos; e essa era a décima quarta província". (*Histórias*, III, 93), tradução de Maria Aparecida de Oliveira Silva. In: Heródoto. *Histórias. Livro III – Talia. Op. cit.*

294. Habitantes da Páctia, região entre o Mar Cáspio e o Ponto Euxino. Heródoto conta que: "E da Páctia, dos armênios e dos povos que habitavam próximos do Ponto Euxino, recebia trezentos talentos; e essa era a décima terceira província". (*Histórias*, III, 93), tradução de Maria Aparecida de Oliveira Silva. In: Heródoto. *Histórias. Livro III – Talia. Op. cit.*

295. Não dispomos de mais informações sobre essas personagens.

296. Povos habitantes do Golfo Pérsico, sobre eles Heródoto afirma: "E os paricânios e os etíopes da Ásia pagavam quatrocentos talentos; e essa era a décima sétima província". (*Histórias*, III, 94), tradução de Maria Aparecida de Oliveira Silva. In: Heródoto. *Histórias. Livro III – Talia. Op. cit.*

297. Personagens citadas apenas por Heródoto.

298. Heródoto registra a importância dos árabes para o Império Aquemênida no *Livro III – Talia*, como por exemplo, que: "Então Dario, filho de Histaspes, foi declarado como rei, e todos os que habitavam na Ásia, à exceção dos árabes, eram seus súditos, porque Ciro os havia subjugado e depois, novamente, Cambises. E os árabes jamais foram súditos na condição de escravos dos persas, mas tornaram-se aliados por laços de hospitalidade; pois contra a vontade dos árabes os persas não poderiam ter invadido o Egito" e que: "os árabes enviavam mil talentos de incenso a cada ano. E além do tributo, esses povos enviavam esses presentes ao rei". (*Histórias*, III, 88 e 97), tradução de Maria Aparecida de Oliveira Silva. In: Heródoto. *Histórias. Livro III – Talia. Op. cit.*

299. ζειρά (*zeirá*) manto amplo e alongado até a altura dos pés, usado por árabes e trácios.

E os etíopes[300] vestiam peles de pantera e de leão, portavam arcos grandes feitos de folhas de palmeiras trançadas, de não menos de quatro côvados[301]; e neles havia pequenas flechas de cálamo, no lugar do ferro e havia em cima delas uma pedra polida e pontuda, com ela também gravavam inscrições em seus sinetes; além disso, portavam lanças, e havia em cima delas um chifre de gazela polido e pontudo, à maneira de uma ponta de lança; e também portavam bastões grossos com pregos. E revestiam a metade do corpo deles de cal, e a outra metade de vermelhão, quando iam para uma batalha. E dos árabes e dos etíopes que habitavam do outro lado do Egito, Ársames, filho de Dario e Artistone[302], filha de Ciro, a que Dario mais desejou dentre as mulheres, fez para ela uma estátua de ouro trabalhada no martelo.

70. Então, Ársames comandava os etíopes e os árabes do outro lado do Egito, e os etíopes do lado do sol nascente, (pois eram dois de seus povos que participavam da expedição militar) estavam dispostos juntos com os indos, que não se distinguiam em nada uns com os outros em aparência, somente pela língua e os cabelos; pois os que estão do lado do sol nascente eram de cabelos lisos, enquanto os outros provenientes da Líbia[303] têm os cabelos mais crespos dentre todos os homens. E esses etíopes provenientes da Ásia estavam equipados quase do mesmo modo que a maioria dos indos, mas tinham capacetes feitos com peles escalpeladas de testas de cavalos sobre suas cabeças, junto com as orelhas e as crinas; e a crina era usada no

---

300. Habitavam a região da Gedrosia, banhada pelo Oceano Índico, cuja unidade administrativa estava situada em Pura, a sua capital.

301. Cerca de 1,75 metro.

302. Não dispomos de mais informações sobre essas personagens.

303. Na realidade, Heródoto se refere à África, mas não havia essa divisão à sua época, conforme lemos neste relato: "E até o território da Índia, a Ásia está habitada; e deste ponto desse deserto até já na direção da aurora, ninguém pode dizer nada sobre qual é o seu tipo. Desse tipo e dessa extensão é a Ásia. E a Líbia está em outra península; depois do Egito, a Líbia já é o próximo território. Então essa península na parte egípcia é estreita; pois a partir deste mar até o Mar Eritreu são cem mil braças, e essas mesmas seriam mil estádios; e a partir desse estreito, a península é muito plana, a que é chamada Líbia. Portanto, fico admirado com os que delimitaram e dividiram a terra em Líbia, Ásia e Europa". (Heródoto, *Histórias*, IV, 40-42), tradução de Maria Aparecida de Oliveira Silva. In: Heródoto. *Histórias. Livro IV – Melpômene. Op. cit.*

lugar do penacho, e tinham as orelhas dos cavalos fixadas eretas; e em vez de escudos, usavam peles de grou[304].

71. E os líbios iam trajados com uma vestimenta de couro e usavam dardos com as pontas afiadas no fogo; e Massages, filho de Oarizo[305].

72. E os paflagônios[306] que participavam da expedição militar tinham capacetes trançados[307] sobre suas cabeças, e pequenos escudos e lanças não muito compridas, além de dardos e punhais, calçavam botas de cano alto em seus pés, feitos conforme os costumes locais, que se estendiam até o meio da perna. E os lígios[308], matienos[309], mariandinos e sírios[310] que participavam da expedição militar portavam o mesmo equipamento que os paflagônios; e esses sírios são chamados pelos persas de capadócios. Então, de um lado, Doto, filho de Megasidro[311], comandava os paflagônios e matienos, e de outro, Góbrias, filho de Dario e de Aristone.

73. E os frígios[312] tinham seus equipamentos mais semelhantes ao originário da Paflagônia, alteravam pouca coisa. E os frígios, como

---

304. O uso de pele de pássaros entre os habitantes da Ásia já foi registrado neste episódio: "E ao longo do mar, em direção ao poente, habitam os macas, que cortam os cabelos como se fossem penachos, mas deixam seus cabelos crescerem no meio de suas cabeças, e de um lado e de outro, cortam seus cabelos na altura da raiz; e para a guerra, trazem peles de avestruz como armas de defesa". (Heródoto, *Histórias*, IV, 175), tradução de Maria Aparecida de Oliveira Silva. In: Heródoto. *Histórias. Livro IV – Melpômene. Op. cit.*

305. Não dispomos de mais informações sobre essas personagens.

306. Habitantes da Paflagônia, antiga região do Mar Negro em que estavam situadas a Anatólia, a Bitínia, o Ponto e a Frígia.

307. Informação também encontrada em Xenofonte, *Anábase*, V, 4.13.

308. Habitavam Massília, atual cidade de Marselha, e os lígios hoje são conhecidos como lígures.

309. Povos que habitavam os territórios localizados a sudoeste do Mar Cáspio.

310. Povos que ocupavam as regiões norte e noroeste da Anatólia.

311. Não dispomos de mais informações sobre essas personagens.

312. Sobre os povos citados, Heródoto nos conta que: "E dos helespontinos que estavam do lado direito quando se navegava entrando pelo estreito, e dos frígios, trácios da Ásia, paflagônios, mariandinos e sírios recebia um tributo que era no valor

dizem os macedônios, foram chamados brígios[313] durante o tempo em que os europeus estavam lá, eram vizinhos dos macedônios, e depois que mudaram para a Ásia, ao mesmo tempo em que estavam nesse território também mudaram seu nome para frígios. E os armênios estavam equipados do mesmo modo que os frígios, que eram colonos dos frígios. Artocmes, que era casado com a filha de Dario, comandava todos esses dois juntos.

74. E os lídios portavam armas mais semelhantes às dos helenos[314]. E antigamente, os lídios eram chamados meiones, tinham esse epô-

---

de trezentos e sessenta talentos; e essa era a terceira província". (*Histórias*, III, 90), tradução de Maria Aparecida de Oliveira Silva. In: Heródoto. *Histórias. Livro III – Talia. Op. cit.*

313. Havia dois povos brígios, os da Macedônia e os da Trácia, estes últimos protagonizaram o seguinte episódio: "De fato, enquanto a frota marítima assim agiu, enquanto a infantaria de Mardônio estava fazendo seu acampamento militar, à noite, os trácios brígios colocaram-nos em suas mãos; e os brigios mataram muitos deles, e feriram o próprio Mardônio. Mas nem mesmo eles escaparam da escravidão dos persas; pois Mardônio não partiu desse território antes de fazer com que eles se tornassem seus súditos. Todavia, depois deles terem sido subjugados, ele conduziu o seu exército de volta, porque havia sofrido um desastre com o exército diante dos brigios e grandemente com sua frota em torno do Atos. Então, essa expedição lutou de modo vergonhoso e retornou em direção à Ásia". (*Histórias*, VI, 45). In: Heródoto. *Histórias. Livro VI – Érato. Op. cit.*

314. Isto é, estavam armados como os hoplitas helenos. Os hoplitas surgem por volta do século VIII a.C. em um momento de expansão territorial helena no qual os helenos iniciam a fundação de suas primeiras colônias e o domínio de territórios vizinhos. Um movimento que abrange as grandes cidades helenas, em particular, Atenas, Esparta e Corinto, mas será a cidade lacedêmônia que atingirá maior notoriedade no uso dessa nova formação militar. Inicialmente, os hoplitas compunham um braço do exército formado apenas por cidadãos fortemente armados, que utilizavam elmos, escudos, couraças, grevas ou cnêmides, lanças e espadas, constituindo as chamadas falanges. A eficiência do combate hoplítico consistia na compactação das suas falanges formadas por oito fileiras desenhando um retângulo. Dentre elas, somente as cinco primeiras atuavam diretamente no combate e as demais formavam um corpo reserva. Durante esse combate, os soldados utilizavam seus escudos para proteger o lado esquerdo de seus companheiros enquanto guerreavam com suas lanças pelo lado direito, o que não permitia a passagem nem o avanço do inimigo, forçando-o a recuar diante dessa muralha humana. Plutarco registra que o combate hoplítico era grandioso e assustador, pois não havia espaço para a passagem dos inimigos entre as falanges, que marchavam ao som cadenciado das flautas (*Vida de Licurgo*, XXII, 4). A partir desse relato plutarquiano e dos fragmentos 10 W, 11 W e 12 W de Tirteu, pode-se imaginar que

nimo por causa de Lídio, filho de Átis[315], e depois mudaram seu nome. E os mísios tinham capacetes feitos conforme os costumes locais sobre suas cabeças, escudos pequenos e utilizavam lanças com as pontas afiadas no fogo. E eles eram colonos dos lídios, por serem provenientes da região do monte Olimpo[316], eram chamados olimpianos. E Artafernes, filho de Artafernes, comandava os lídios e os mísios, ele que desembarcou em Maratona junto com Dátis.

75. E os trácios que participavam da expedição militar tinham peles de raposa sobre suas cabeças, quitões sobre seus corpos, e trajavam zeiras[317] coloridas, e usavam botas feitas de pele de corça dos pés até

---

os inimigos eram massacrados com violência por esses blocos ordenados de soldados fortemente armados e treinados, pois, mesmo havendo baixas nas fileiras dianteiras, os mortos eram rapidamente substituídos pelos hoplitas posicionados atrás, manobra que mantinha sua unidade e sua capacidade de avançar no território inimigo, mesmo com a morte contínua de seus soldados. Outro aspecto importante dessa nova formação militar é a introdução de soldados oriundos das classes mais populares, uma vez que havia a necessidade de um número maior de homens para a composição das falanges. A aristocracia guerreira representada pelos cavaleiros era obrigada a dividir o campo de batalha com cidadãos do campo, ao mesmo tempo em que viam o crescimento dessa participação na proteção da cidade e na conquista de novos territórios.

315. Sobre Átis, temos este relato de Heródoto: "No tempo em que Átis, filho de Manes, era rei, houve uma forte escassez de alimentos sobre toda a Lídia; e os lídios, durante todo o tempo, atravessaram isso suportando a situação. Depois disso, porque ela não cessava, procuraram remédios contra ela, e cada um deles imaginava uma coisa diferente. Então, inventaram, nesse momento, os jogos dos cubos, os dos astrálagos e o de bola, e tiveram a ideia de todos os outros jogos, exceto o jogo de damas, pois os lídios não reclamam essa invenção para eles. E, porque os inventaram, agiram desse modo contra a fome: brincavam um dia inteiro a cada dois dias, a fim de que não procurassem por comida, e, no outro dia, interrompiam os jogos e alimentavam-se. Desse modo, atravessaram dezoito anos. Depois, porque o mal não se afastava, mas ainda mais os pressionava, assim o rei deles dividiu todos os lídios em duas partes, decidiu, por meio de um sorteio, qual permaneceria e qual sairia do território". (*Histórias*, I, 94), tradução de Maria Aparecida de Oliveira Silva. In: Heródoto. *Histórias. Livro I – Clio. Op. cit.*

316. Região da Ásia Menor, localizada na Anatólia, entre a Bitínia e a Frígia. Havia cinco montes com o nome de Olimpo, um na Mísia, outro na Cilícia, outro na Élide, outro na Arcádia e o mais famoso deles estava situado entre a Macedônia e a Tessália, considerado a morada dos deuses, o lar de Zeus.

317. ζειρά (*zeirá*), ou zeira, é um manto comprido usado pelos árabes e trácios.

as pernas, além de dardos, peltas[318] e punhais pequenos. E depois que eles atravessaram a Ásia, chamaram-se bitínios, e antes se chamavam, como eles mesmos dizem, estrimônios, por que habitavam às margens do Estrímon[319]; e eles contam que foram expulsos de seus lugares costumeiros pelos teucros e os mísios. E Bassaces[320], filho de Artabano, comandava os trácios da Ásia.

76. E os pisidas portavam escudos pequenos feitos com couro de boi, cada um deles tinha dois dardos trabalhados à moda dos lícios e capacetes de bronze sobre suas cabeças; e colocavam orelhas e chifres de boi em bronze aos seus capacetes e colocavam penachos em cima; e enfaixavam suas pernas com faixas vermelhas. Entre esses homens existe um oráculo de Ares[321].

77. E os meiones cabeleus, chamados lasônios[322], portavam o mesmo equipamento que os cilícios, a que eu, quando estiver na vez dos cilícios em meu relato, nesse momento, o revelarei. E os mílios[323] portavam lanças curtas e vestimentas presas com fivelas; e alguns deles

---

318. πέλτη (*péltē*) é um escudo pequeno, redondo, bastante leve, usado pela infantaria ligeira, que eram forrados com peles de cabra ou ovelha.

319. Rio localizado na Trácia que desemboca no Mar Egeu. Estrímon também é o nome do deus do rio homônimo, pai de Reso, herói trácio que combateu na Guerra de Troia e foi morto por Odisseu e Diomedes, consultar: Homero, *Ilíada*, X, 434-563.

320. Não dispomos de mais informações sobre essa personagem.

321. Filho de Zeus e de Hera, pertence à segunda geração dos deuses olímpicos, considerado o deus da guerra, do combate. Sobre a origem de Ares, consultar Hesíodo, *Teogonia*, 921-922

322. Povos que habitavam a Anatólia.

323. Sobre os mílios, Heródoto registra o seguinte: "Quando Sarpédon e Minos, os filhos de Europa, disputavam o reino em Creta, porque Minos venceu sua facção, ele baniu de sua pátria o próprio Sarpédon e os seus partidários; e os que foram expulsos partiram para o território de Milíada, na Ásia; onde hoje os lícios habitam, antigamente era a Milía, e os mílios nessa época se chamavam sôlimos". (*Histórias*, I, 173), tradução de Maria Aparecida de Oliveira Silva. In: Heródoto. *Histórias. Livro I – Clio. Op. cit.* Igualmente, Estrabão relata que os mílios ocupavam o território montanhoso da Lícia, consultar: Estrabão, *Geografia*, XIII, 4.17.

portavam arcos lícios e tinham capacetes feitos de peles curtidas sobre suas cabeças. E Badres, filho de Histanes[324], comandava esses todos.

78. E os moscos tinham capacetes de madeira sobre suas cabeças, e portavam escudos e lanças curtas; mas colocavam pontas longas sobre elas. E ao tinaremos, macrones e mossinecos que participavam da expedição militar estavam esquipados do mesmo modo que os moscos[325]. Os arcontes designados para eles foram estes: Ariomardo, filho de Dario e Pármis, filha de Esmérdis, filho de Ciro, para os moscos e tibaremos, e aos macrones e mossinecos, Querasmis, que governava Sesto, que ficava no Helesponto.

79. Os mares[326] tinham capacetes trançados feitos conforme os costumes do local e escudos pequenos de peles e uns dardos. E os colcos[327] tinham capacetes de madeira sobre suas cabeças, e portavam escudos pequenos de couro de boi não curtido e lanças curtas, além disso, facas. E Teáspis[328], filho de Farandaces, e os alaródios e os saspeiros que

---

324. Não dispomos de mais informações sobre essas personagens.

325. Todos esses povos habitavam no litoral do Mar Negro.

326. Sobre os povos citados, temos este registro de Heródoto: "Para moscos, tibaremos, macrones, mossinecos e mares, Dario pedia a quantia de trezentos talentos; e essa era a décima nona província". (*Histórias*, III, 94), tradução de Maria Aparecida de Oliveira Silva. In: Heródoto. *Histórias. Livro III – Talia. Op. cit.*

327. Heródoto assim descreve os colcos: "Pois parece que os colcos são egípcios. Digo isso porque eu mesmo compreendi isso primeiro ou porque ouvi isso de outros; quando tive isso no meu pensamento, perguntei a ambos os povos, e os colcos recordaram mais dos egípcios do que os egípcios dos colcos; e os egípcios disseram que consideravam que os colcos eram os homens do exército de Sesóstris. E eu mesmo comparei as seguintes coisas: também porque eles têm suas peles negras, cabelos crespos (e isso não leva a lugar nenhum; pois são semelhantes aos outros povos), mas há o seguinte, que é o mais importante, porque somente os colcos, os egípcios e os etíopes dentre todos os homens são os que praticam, desde a sua origem, a circuncisão das suas partes pudendas". (*Histórias*, II, 104). É interessante perceber que as características físicas dos colcos em nada interferem nos costumes, que isso não é importante na avaliação de Heródoto. In: Heródoto. *Histórias. Livro II – Euterpe. Op. cit.*

328. Sobre Teáspis, há este relato de Heródoto: "Então a Líbia foi conhecida primeiro desse modo, e depois disso, os carquedônios são os que contam que é assim, depois que Sataspes, filho de Teaspis, um aquemênida, não circunavegou a Síria, apesar de ter sido enviado a esse lugar para isso, porém, por ter temido a longa duração da navegação e sua solidão, retornou, não cumpriu a ordem que a sua mãe colocou como uma missão. Pois

participavam da expedição militar estavam armados do mesmo modo que os colcos. Masístio, filho de Siromítres[329], comandava-os.

80. E os povos originários das ilhas que acompanhavam o exército desde o Eritreu[330], eram das ilhas nas quais os chamados emigrados[331] o rei os fez habitar[332]; trajavam vestimentas e portavam armas mais semelhantes aos de origem meda. E Bageu, filho de Mardonces, comandava esses ilhéus, o que atuou como estratego em Mícale e morreu em batalha no ano seguinte.

81. E esses povos marchavam pela planície e estavam dispostos no exército terrestre. Portanto, esses mesmos que já foram mencionados comandavam esse exército, eles também ordenaram suas fileiras, foram os que fizeram sua contagem deles e indicavam os quiliarcas

---

havia violentado a virgem filha de Zópiro". (*Histórias*, IV, 43). In: Heródoto. *Histórias. Livro IV – Melpômene. Op. cit.*

329. Personagens citadas apenas por Heródoto, consultar o índice onomástico para suas ocorrências.

330. Mar que banhava a região da Eritreia, famosa por seus recursos minerais; o Mar Eritreu, hoje, recebe o nome de Mar Vermelho.

331. Heródoto escreve em grego: τοὺς ἀνασπάστους καλεομένους (*toùs anaspástous kaleoménous*), que optamos por traduzir como "os que eram chamados emigrados", mas também pode ser entendido como "os que eram chamados de deportados", conforme o significado de adjetivo ἀνασπαστός (*anaspastós*) que significa "levado para o interior", "arrastado", "deportado" ou, quando no plural acompanhado do artigo como οἱ ἀνασπαστοί (*hoi anaspastoí*), pode ser traduzido como "os emigrados". As traduções em geral optam por traduzir como "relegados", "desterrados" ou outros termos dentro desse campo semântico. No entanto, Heródoto afirma logo a seguir que κατοικίζει βασιλεύς (*katoikízei basileús*), que "o rei estabeleceu-os" nessas ilhas – convém ressaltar que o verbo está conjugado no presente, que o lemos como um presente histórico. O verbo κατοικίζω significa "conduzir", "estabelecer", "instalar", "depositar" e até mesmo "reconduzir à pátria" ou "repatriar", não expulsar ou deportar, por isso optamos por traduzir como "emigrados".

332. No terceiro livro, Heródoto conta que: "E dos sagártios, sarangeus, tamanaios, útios, micônios e os que habitavam nessas ilhas do Mar Eritreu, nas quais eram chamados de os emigrados, o rei estabeleceu-os nessas ilhas, desses todos Dario recebia o tributo no valor de seiscentos talentos; e essa era a décima quarta província". (*Histórias*, III, 93), tradução de Maria Aparecida de Oliveira Silva. In: Heródoto. *Histórias. Livro III – Talia. Op. cit.*

e os miriarcas; e os miriarcas ainda indicavam os hecatontarcas e os decarcas[333]. E ainda existiam outros chefes de contingentes e de povos.

82. De fato, esses eram os mesmos arcontes que eu já mencionei. E atuavam como estrategos todo esse contingente do exército terrestre Mardônio, filho de Góbrias, e Tritantecmes, filho de Artabano, que colocou a opinião de que não se realizasse a expedição militar contra a Hélade, também Esmerdomenes, filho de Otanes, ambos eram filhos de seus próprios irmãos, e que se tornaram primos de Xerxes, e Masistes, filho de Dario e de Atossa, e Gergis, filho de Ariazo, e Megabizo, filho de Zópiro.

83. Esses foram os estrategos de todo o exército terrestre, com exceção dos Dez Mil. E Hidarnes, filho de Hidarnes[334], era o estratego desses dez mil que eram escolhidos dentre os persas. E esses persas eram chamados de Imortais por isto: se um deles faltasse ao número total, ou vencido pela morte ou por uma doença, outro homem era escolhido, e de maneira alguma eles ficavam com mais nem com menos de dez mil. E dentre todos, os persas se apresentavam do modo mais embelezado possível e eles mesmos eram os mais corajosos. E tinham o equipamento tal eu já havia mencionado[335], e se distinguiam dentre todos porque portavam uma excessiva quantidade

---

333. Os quiliarcas (χιλιάρχαι/*khiliárkhai*) comandavam mil homens, os miriarcas (μυριάρχαι/*myriárkhai*), dez mil homens, os hecatontarcas (ἑκατοντάρχαι/*hekatontárkhai*), cem homens e os decarcas (δεκάρχαι/*dekárkhai*), dez homens.

334. Hidarnes participou da Revolta dos Sete contra o mago Esmérdis que resultou na ascensão de Dario ao trono persa, conforme lemos neste relato: "E Otanes recebeu Aspatines e Góbrias, que eram homens importantes dentre os persas e os mais merecedores de sua confiança contou-lhes toda a questão. E eles mesmos ainda suspeitavam do modo como Esmérdis tinha morrido, e receberam as palavras que Otanes proferira. E pareceu-lhes que seria bom se cada um deles se associasse a um homem persa, no qual confiasse mais. Portanto, Otanes trouxe Intafernes, Góbrias trouxe Megabizo e Aspatines trouxe Hidarnes. Quando eles se tornaram seis, chegou em Susos Dario, filho de Histaspes, vindo da Pérsia; pois o seu pai era, de fato, o governador dos persas. Portanto, quando ele chegou, os seis persas julgaram que seria bom se eles se associassem a Dario". (*Histórias*, III, 70), tradução de Maria Aparecida de Oliveira Silva. In: Heródoto. *Histórias. Livro III – Talia. Op. cit.*

335. Consultar o capítulo 61 deste *Livro VII – Polímnia*.

de ornamentos de ouro[336]. E conduziam carros nos quais havia concubinas e um grande aparato de servidores, que também era bem equipada. E os alimentos que eles tinham, que ficavam à parte dos demais soldados, camelos e animais de carga os carregavam.

84. E esses povos andam a cavalo; porém não eram todos que provinham a cavalaria, mas somente os que se seguem. Primeiro os persas, que estavam equipados do mesmo modo que o exército terrestre, exceto alguns deles, que tinham capacetes de bronze e feitos de ferro trabalhado sobre suas cabeças.

85. E existem alguns homens que são nômades, chamados sagárcios[337], um povo de origem persa e que usava sua língua, e tinham um equipamento era meio originário da Pérsia e a outra metade páctica[338]; eles estavam fornecendo um número de oito mil homens à cavalaria, e não costumam usar armas nem de bronze nem de ferro, a não ser punhais, mas utilizam cordas trançadas a partir de tiras de couro; e se fiando

---

336. Heródoto nos oferece uma explicação para tanto ouro entre os persas: "quando Dario terminou de instituir as satrapias e de estabelecer seus respectivos governadores, ordenou a cada um dos seus povos que lhe pagassem tributos, dispondo os habitantes dos territórios mais próximos para junto dos seus povos, e reunindo os que habitavam próximos aos povos, colocando-os para habitarem uns com os outros. E ainda ordenou os governantes e o recebimento anual dos tributos da maneira que se segue. Para aqueles que faziam os seus pagamentos em prata, ele pedia que fizessem seus pagamentos conforme a medida do talento babilônico; enquanto àqueles que pagavam seus tributos em ouro, pediu que eles o fizessem conforme o talento euboico; e o talento babilônico equivale a setenta minas euboicas. Pois, na época em que Ciro governava e novamente na de Cambises, não existia nenhum imposto instituído a respeito disso, mas pagava-se com presentes". (*Histórias*, III, 89), tradução de Maria Aparecida de Oliveira Silva. In: Heródoto. *Histórias. Livro III – Talia. Op. cit.*

337. Povo que integrou a frente que lutou ao lado de Dario, de acordo com este relato: "E Ciro reuniu os deles e os persuadiu a fazer uma revolução contra os medos; e estes são os seguintes, e todos os outros persas eram dependentes deles: os pasárgadas, os maráfios, os máspios; dentre os quais os pasárgadas são os melhores, e entre eles também os aquemênidas eram clãs, de onde os reis da Pérsia eram originários. E os outros persas são os seguintes: pantialeus, derusieus, germanos; esses todos eram lavradores, mas os demais eram nômades, os daos, mardos, drópicos e sagárcios. [...] onde hoje os lícios habitam, antigamente era a Milía, e os mílios nessa época se chamavam sôlimos". (*Histórias*, I, 125 e 173), tradução de Maria Aparecida de Oliveira Silva. In: Heródoto. *Histórias. Livro I – Clio. Op. cit.*

338. Originária da Páctia, localizada no Mar Cáspio.

nelas, vão para a guerra. E a luta desses homens com elas ocorre deste modo: "quando encontram com seus inimigos, lançam cordas com laços nas pontas; e o que encontrasse, quer fosse um cavalo ou um homem, arrastava para si; e eles os enroscavam nessa armadilha de caça e os matavam". Então, essa era a forma de lutar deles, e estavam submetidos às ordens dos persas.

86. E os medos portavam o mesmo equipamento que usavam no exército terrestre; e do mesmo modo, os císsios. E os indos usavam o mesmo equipamento também no exército terrestre, montavam cavalos de corrida e levavam carros; e atrelavam cavalos e asnos selvagens aos seus carros. E os báctrios estavam equipados do mesmo modo que estavam no exército terrestre; e igualmente, os cáspios. E os líbios, também eles estavam equipados conforme os que estavam no exército terrestre; e todos eles conduziam carros. E exatamente assim, os cáspios e os paricânios se equipavam igualmente também no exército terrestre. E os árabes também portavam o mesmo equipamento no exército terrestre, e todos montavam camelos que não ficavam atrás dos cavalos em velocidade[339].

87. Somente esses povos serviam como cavaleiros; e o contingente dessa cavalaria era de oito mil, com exceção dos camelos e carros. Então, os demais cavaleiros foram ordenados em esquadrões, e os árabes estavam posicionados nos últimos; pois, como os cavalos não suportam a presença dos camelos, estavam posicionados por último, a fim de que não tivessem medo da cavalaria[340].

---

339. A fama da velocidade dos cavalos árabes vem desde os tempos mais remotos, por isso esse comentário herodotiano nos causa estranheza, visto que afirma o contrário sobre a velocidade de um camelo e a de um cavalo. Comparemos com o que relata Heródoto sobre os cavalos dos indos: "Então, os indos organizam-se para ir em busca dessa areia no deserto, cada um deles tem três camelos atrelados em si mesmo, que conduz por meio de uma corda, arrasta um camelo macho de cada lado e uma fêmea no meio; então, ele mesmo monta no camelo fêmea, que ele separou dos filhotes, os mais novos possível, e foi adaptado para que fosse atrelada e montada; pois seus camelos fêmeas não são menos rápidos que os cavalos; e além disso, são capazes de transportar muito mais cargas". (*Histórias*, III, 102), tradução de Maria Aparecida de Oliveira Silva. In: Heródoto. *Histórias. Livro III – Talia. Op. cit*.

340. Heródoto explica o motivo durante seu relato sobre a história da conquista da Lídia obtida por Ciro em batalha contra o rei lídio Creso, a que ele relata assim:

88. E os seus hiparcos[341] eram Harmamitres e Titeu[342], filhos de Dátis. E o terceiro com quem eles compartilhavam o comando era Farnuques, que havia sido deixado em Sárdis porque estava doente pois, quando eles o moviam de Sárdis, sobreveio-lhes um infortúnio indesejável; pois, enquanto estava cavalgando, um cão correu por baixo das patas do seu cavalo, e como não o vira antes, o cavalo se assustou e se levantou ereto e derrubou Farnuques; por conta de ter caído, ele vomitou sangue e a doença avançou para a tuberculose. E com relação ao cavalo, imediatamente os escravos domésticos fizeram o que ele lhes ordenou: levaram-no até o lugar exato no qual havia derrubado o seu déspota e cortaram as suas pernas na altura dos joelhos. Então foi assim que Farnuques foi afastado do seu comando.

"Nessa época, não havia na Ásia um povo mais corajoso nem mais forte que o lídio. E a batalha deles costumava ser sobre cavalos, com longas lanças, e eles mesmos eram bons cavaleiros. Eles convergiram para essa planície ampla e sem árvores, que ficava em frente à cidade de Sárdis (por outros rios correm por ela, além do Hilo, os quais desembocam em um maior, chamado Hermo, que corre da montanha dedicada à mãe Dindimene para o mar, nas imediações da cidade da Foceia), onde Ciro, quando viu que os lídios estavam se posicionando para a batalha, tremeu diante da cavalaria e, aconselhado por Hárpago, um cidadão medo, agiu do seguinte modo: os carregadores de víveres e de equipamentos com camelos que acompanhavam seu exército, todos esses foram reunidos, e as cargas foram retiradas das costas desses homens, então os fez montar vestidos com um traje de cavaleiro e ainda foram equipados, posicionados com o restante do exército e colocados à frente da cavalaria de Creso; também ordenou que a infantaria acompanhasse os camelos e posicionou toda a cavalaria atrás da infantaria. Quando todos estavam alinhados, mandou que eles não poupassem o restante dos lídios, que matassem qualquer um que aparecesse no caminho, mas que não matassem o próprio Creso, ainda que ele se defendesse para não ser capturado. E ele ordenou isso. E posicionou os camelos em frente à cavalaria pelos seguintes motivos: porque um cavalo teme um camelo, não suporta nem a sua imagem, quando o vê, nem seu odor, quando sente o cheiro. Então, ele foi astucioso por causa disso mesmo, a fim de que a cavalaria fosse inútil para Creso, o lídio apegava-se à sua para destacar-se no combate. Mas, quando se encontraram na batalha, lá, quando rapidamente os cavalos sentiram o cheiro dos camelos e os viram, eles recuaram, mas Creso teve sua esperança arruinada. Entretanto, os lídios certamente não foram covardes naquele momento, mas, quando perceberam o que estava acontecendo, saltaram dos cavalos e atacaram os persas a pé". (*Histórias*, I, 79-80), tradução de Maria Aparecida de Oliveira Silva. In: Heródoto. *Histórias. Livro I – Clio. Op. cit.*

341. Ἵππαρχος (*hípparkhos*), ou hiparca, era o comandante da cavalaria.

342. Não dispomos de mais informações sobre esses filhos do sátrapa Dátis.

89. E o número de trirremes alcançou dois mil duzentos e sete, e os povos que as estavam fornecendo são os que seguem. Os fenícios junto com os sírios[343] da Palestina[344] estavam fornecendo trezentas, e eles estavam equipados deste modo: tinham capacetes sobre suas cabeças que eram feitos de modo bastante semelhante a um helênico[345], e usavam couraças de linho; portavam escudos que não tinham bordas, também dardos. E esses fenícios[346] habitavam antigamente, como eles

---

343. Integravam a quinta província do Império Persa, como lemos neste relato: "Da cidade de Posideia, a que Anfíloco, filho de Anfiarau, fundara entre as fronteiras dos cilícios e dos sírios, ele também governava esse território até o Egito, à exceção da parte do território dos árabes (pois essa era isenta de tributos), e Dario recebia deles o tributo no valor de trezentos e cinquenta talentos; e estava nessa província toda a Fenícia, a Síria chamada Palestina e Cipro; e essa era a quinta província". (*Histórias*, III, 91), tradução de Maria Aparecida de Oliveira Silva. In: Heródoto. *Histórias. Livro III – Talia. Op. cit.*

344. Heródoto conta que esta região era dominada antes pelos citas: "onde os medos se encontraram com os citas, e foram vencidos na batalha, e perderam o seu poder, e os citas dominaram toda a Ásia. De lá, eles avançaram contra o Egito. E quando eles estavam em um ponto da Síria que era a Palestina, Psamético, rei do Egito, depois de ter se apresentado diante deles com presentes e súplicas para que não marchassem adiante, ele retornou. Depois de eles terem retornado, voltaram para a cidade de Ascalão, na Síria; a maior parte dos citas passou por eles sem feri-los, alguns poucos deles ficaram para trás e saquearam o templo de Afrodite Urânia. E esse templo era, como eu descobri por ter sido informado, o mais antigo de todos os templos, que era o dessa deusa; pois também o templo de Cipro se originou dele, como os próprios cíprios contam, e os fenícios são os fundadores do templo de Citera, eles eram provenientes dessa região da Síria". (*Histórias*, I, 104-105), tradução de Maria Aparecida de Oliveira Silva. In: Heródoto. *Histórias. Livro I – Clio. Op. cit.*

345. Capacetes coríntios que cobriam quase a totalidade do rosto, exceto os olhos e a região da boca, mas alguns deixavam apenas os olhos aparecendo.

346. Heródoto descreve uma região que tem muitos hábitos em comum, conforme estamos vendo em suas descrições das vestimentas e das armas do exército e da frota dos povos que compõem a força militar dos persas. No segundo livro, podemos ver claramente esta confluência cultural neste relato: "E eu mesmo comparei as seguintes coisas: também porque eles têm suas peles negras, cabelos crespos (e isso não leva a lugar nenhum; pois são semelhantes aos outros povos), mas há o seguinte, que é o mais importante, porque somente os colcos, os egípcios e os etíopes dentre todos os homens são os que praticam, desde a sua origem, a circuncisão das suas partes pudendas. E ainda os fenícios e os sírios, os que são da Palestina, também estes concordam que aprenderam esse costume com os egípcios, e os sírios, dos que habitam o território em torno do Rio Termodonte e Partênio, também os macrônios, que são os vizinhos desses povos, dizem que, recentemente, aprenderam esse costume com os colcos". (*Histórias*, II, 104). In: Heródoto. *Histórias. Livro II – Euterpe. Op. cit.*

próprios dizem, às margens do Mar Eritreu, de lá passaram para a Síria e foram habitar junto ao mar; e desse território da Síria até o do Egito todo ele é chamado Palestina[347]. E os egípcios estavam fornecendo duzentas naus; e eles tinham gorros de tecidos em malha[348] em suas cabeças, portavam escudos côncavos que tinham bordas grandes, lanças para combate no mar e machados longos de batalha em naus; e um grande número deles eram portadores de couraças e portavam facas compridas; então, eles estavam equipados dessa maneira.

90. E os cíprios estavam fornecendo cento e cinquenta naus e estavam equipados deste modo: os seus reis colocavam mitras em volta das cabeças, enquanto os demais usavam citaris[349], e o restante estavam do mesmo modo dos helenos; dentre eles, estavam estes povos: uns provenientes de Salamina[350] e de Atenas[351], outros vindos da Arcádia[352], outros oriundos de Citnos[353], outros da Fenícia[354] e outros da Etiópia[355], conforme os próprios cíprios contam.

---

347. Território que Heródoto assim descreve: "e em direção ao golfo Arábico, até a época em que Dario levou para o território um canal vindo do Nilo; então, até a Fenícia, a partir do território dos persas, existe uma extensão ampla de terra, enquanto a partir da Fenícia ao longo deste mar, essa península segue ao longo da Síria Palestina e do Egito, onde ela termina". (Heródoto, *Histórias*, IV, 39), tradução de Maria Aparecida de Oliveira Silva. In: Heródoto. *Histórias. Livro IV – Melpômene. Op. cit.*

348. Heródoto grafa κράνεα χηλευτά (*kránea khēleutá*), literalmente, "capacetes em tecidos de malha."

349. Em sua escrita iônia, Heródoto grafa κιτάρις (*kitáris*), ou seja, citaris; no entanto, na escrita ática encontramos κίδαρις (*kídaris*), o que nos permite chamar cídaris o turbante ou diadema dos reis.

350. Cidade localizada no litoral de Cipro, antigo entreposto comercial micênico.

351. Principal cidade da Península Ática.

352. Região da Península do Peloponeso.

353. Uma das ilhas que integra o complexo de ilhas conhecido por Cíclades – que recebia esse nome por sua distribuição no mar formarem um círculo –, localizada no Mar Egeu.

354. Região da Ásia, localizada próxima à ilha de Chipre, cuja atividade principal era o comércio, três de suas cidades se destacavam nessa atividade: Tiro, Sídon e Biblos.

355. Região situada no norte da África, no chamado Chifre da África.

91. E os cilícios estavam fornecendo cem naus; eles, por sua vez, tinham capacetes feitos à moda local em suas cabeças, e portavam escudos pequenos feitos de couro de boi não curtido no lugar de escudos, e trajavam quitões de lã; e cada um deles portava dois dardos e um punhal curto, que eram feitos muito parecidos às facas egípcias; e esses antigos eram chamados hipaqueus[356], que tinham o seu nome de Cílix, filho de Agenor, um homem fenício. E os panfílios[357] estavam fornecendo trinta naus e estavam equipados com armas helênicas. E esses panfílios[358] eram descendentes daqueles que se dispersaram e saíram de Tróia junto com Anfíloco[359] e Calcas[360].

92. E os lícios[361] estavam fornecendo cinquenta naus, eram portadores de couraças e grevas, também portavam arcos feitos de corniso, flechas

---

356. Ὑπαχαιοί (*Hypakhaioi*), literalmente, "os aqueus de baixo", isto é, "os aqueus do Sul".

357. Povos situados a sul e sudeste do território da Anatólia, na região da Panfília. Sobre a província que os panfílios integravam, Heródoto escreve: "Então, dos iônios, os magnésios da Ásia, os eólios, os cários, os lícios, os mileus e os panfílios (pois eles tinham um único imposto e esse era de quatrocentos talentos), Dario recebia quarenta talentos de prata; de fato, essa era a primeira província que havia sido estabelecida". (*Histórias*, III, 90), tradução de Maria Aparecida de Oliveira Silva. In: Heródoto. *Histórias. Livro III – Talia. Op. cit.*

358. Estes estavam sob o domínio dos lídios, conforme este relato herodotiano: "Com o passar do tempo, também subjugou quase todos os povos que habitavam a parte interna do Rio Hális; exceto cilícios e lícios, Creso mantém todos os outros sob o seu próprio domínio, subjugados; e eles são os seguintes: lídios, frígios, mísios, mariandinos, cálibes, paflagônios, trácios (os tinos e os bitínios), cários, iônios, dórios, eólios e panfílios; então, esses foram subjugados e anexados aos lídios por Creso". (*Histórias*, I, 28-29). In: Heródoto. *Histórias. Livro I – Clio. Op. cit.*

359. Famoso por ser filho de Anfiarau, adivinho argivo que participou da caçada ao javali calidônio e da expedição dos Argonautas. No entanto, o adivinho se tornou mais célebre por sua participação na malsucedida expedição dos Setes contra Tebas, para a qual foi enviado após um ardil de sua esposa, e dela não mais retornou, tendo sua morte vingada por seus filhos. Sobre o episódio em que sua mulher o convence a participar da expedição, ver: Diodoro Sículo, *Biblioteca Histórica*, IV, 65.4-66.1. Há uma tragédia de Ésquilo em que o poeta conta a história dessa malfadada expedição em sua peça intitulada *Sete contra Tebas*.

360. Célebre adivinho, nascido em Micenas ou Mégara, tinha pleno domínio na interpretação do voo das aves, dom que lhe fora concedido pelo deus Apolo. Calcas protagoniza episódios importantes da *Ilíada*, de Homero.

361. Também integravam as províncias persas, como lemos neste relato: "Então, dos iônios, os magnésios da Ásia, os eólios, os cários, os lícios, os mileus e os panfílios

de cálamo sem penas e dardos, carregavam peles de cabra sobre os seus ombros e estavam com gorros de feltro com penas rodeando suas cabeças; e portavam punhais e cimitarras[362]; e os lícios eram chamados térmilas[363], porque tinham sua origem em Creta[364], e tinham seu nome vindo de Lico[365], filho de Pandíon[366], um homem ateniense[367].

(pois eles tinham um único imposto e esse era de quatrocentos talentos), Dario recebia quarenta talentos de prata; de fato, essa era a primeira província que havia sido estabelecida". (*Histórias*, III, 90), tradução de Maria Aparecida de Oliveira Silva. In: Heródoto. *Histórias. Livro III – Talia. Op. cit.*

362. O δρέπανον (*drépanon*) era uma foice para os helenos, vemos que Heródoto se refere a muitos elementos da cultura bárbara como se tivessem denominação helena, mas para os cários o δρέπανον (*drépanon*) era a cimitarra, que os lícios também utilizavam. A cimitarra é uma arma de guerra, uma espada de lâmina curva que tem a base mais larga e a ponta afinada, com o gume no seu lado convexo, semelhante à usada pelos piratas.

363. Sobre a origem cretense dos lícios, Heródoto escreve: "E os lícios originaram-se da antiga Creta (pois os bárbaros habitaram toda a antiga Creta). Quando Sarpédon e Minos, os filhos de Europa, disputaram o reino em Creta, porque Minos venceu sua facção, ele baniu de sua pátria o próprio Sarpédon e os seus partidários; e os que foram expulsos partiram para o território de Milíada, na Ásia; onde hoje os lícios habitam, essa antigamente era a Milía, e os mílios nessa época se chamavam sólimos. Enquanto o próprio Sarpédon governou, os lícios eram chamados pelo nome que haviam trazido consigo e ainda hoje são chamados pelos seus vizinhos: térmilas. E quando Lico, filho de Pandíon, foi expulso de Atenas também por seu irmão Egeu, foi para o território dos térmilas para junto de Sarpédon, assim, então, conforme o nome de Lico, com o passar do tempo, foram chamados de lícios. E eles se servem de uns costumes cretenses e de outros cários". (*Histórias*, I, 173). In: Heródoto. *Histórias. Livro I – Clio. Op. cit.*

364. Maior ilha grega, localizada no Mar Egeu.

365. Nascido em Mégara, filho de Pandíon II, rei de Atenas e de Mégara. Possuía dons divinatórios, tornou-se um sacerdote famoso e criador do culto a Apolo Lício, também era célebre por ser profundo conhecedor dos mistérios das Grandes Deusas. Aristóteles fundou a sua escola peripatética (355 a.C.) e a nomeou Liceu em homenagem a Lico.

366. Segundo rei de Atenas, filho de Cécrops e de Metiadusa. Atribui-se a introdução da festa das ânforas em seu reinado, na festa ateniense das Antestérias, o que revela um forte comércio em sua época, visto que as ânforas eram utilizadas para o transporte dos produtos comercializados na bacia mediterrânica. Após ter sido expulso de Atenas por seus primos, filhos de seu irmão Metíon, refugiou-se em Mégara, onde desposou Pília, a filha do rei Pílades, e mais tarde herdou o trono da cidade. Pandíon teve com Pília: Egeu, Palas, Niso e Lico.

367. Embora os lícios tenham costume parecido com o dos cários, Heródoto faz a seguinte ressalva: "Mas há uma única coisa a qual estão acostumados, que lhes é

93. E os dórios da Ásia estavam fornecendo trinta naus, portavam armas helênicas e eram provenientes do Peloponeso[368]. E os cários estavam fornecendo setenta naus, e vinham do mesmo modo que os helenos estavam equipados, portavam cimitarras e punhais; nos primeiros capítulos dos meus livros[369], eu já havia dito como eles eram chamados.

94. E os iônios estavam fornecendo cem naus e estavam equipados como os helenos; durante o tempo em que os iônios habitaram no Peloponeso, a que agora é chamada Acaia, antes de Dânao[370] e Xuto[371] chegarem no Peloponeso, e conforme os helenos con-

---

peculiar, e com a qual não estão de acordo com nenhuma outra dentre os homens, que é a seguinte: chamam a si mesmos pelos sobrenomes de suas mães, não pelos dos pais. Se algum outro vizinho lhe perguntar quem ele é, expõe detalhadamente sua origem por parte de mãe e enumera a partir da sua mãe as outras mães. E se uma mulher cidadã desposa um escravo, os seus filhos são considerados livres por nascimento; e um homem cidadão, ainda que sendo o primeiro dentre eles, toma em casamento uma mulher estrangeira ou uma concubina, os filhos nascem sem os direitos dos cidadãos". (*Histórias*, I, 173). In: Heródoto. *Histórias. Livro I – Clio. Op. cit.*

368. Península da Hélade, cuja principal cidade era Esparta.

369. Heródoto não nomeia seus livros, a divisão que conhecemos hoje é resultado dos estudos filológicos realizados pelos alexandrinos na conhecida *Crônica de Lindos*, IIc, 38. Dispomos também deste relato do historiador Diodoro Sículo (século I a.C.): "Então, a guerra que teve o seu termo foi chamada de Médica, e teve a duração de dois anos. Heródoto começou seu relato por um tempo anterior ao da Guerra de Tróia, escreveu em nove livros uma história quase universal e termina sua obra na batalha de Mícale, que foram helenos contra os persas no cerco de Sesto". (Diodoro Sículo, *Biblioteca histórica*, XI, 37.6.1-5). Diodoro Sículo trata da primeira Guerra Persa, ocorrida entre os anos de 480 a 479 a.C.

370. O mito de Dânao relata que ele teve cinquenta filhas, conhecidas por Danaides. Sobre elas há o mito de que Dânao, depois de ter fugido da sua terra natal com suas filhas, para que não fossem mortos por seu irmão e seus filhos, tramou sua vingança contra eles da forma que segue. O seu irmão Egito também tinha cinquenta filhos; fingindo uma reaproximação, Dânao ofereceu suas cinquenta filhas aos seus sobrinhos para que selassem a paz e a união do Egito com Argos. Na noite dos casamentos, Dânao presenteou cada uma de suas filhas com um punhal, que usaram para matar seus maridos na lua de mel, exceto Hipermnestra que havia se apaixonado por Linceu, porque ele demonstrara amor e respeito por ela.

371. Filho de Heleno, pai de Aqueu e Íon, ambos deram origem aos nomes dos povos aqueus e iônios.

tam[372], eles eram chamados pelasgos egialeus[373] e eram iônios de Íon[374], filho de Xuto.

95. E os ilhéus[375] estavam fornecendo dezessete naus e estavam armados como os helenos; e esse povo era pelásgico[376] e mais tarde foi chamado de iônico, conforme o povo conta, os Dodecápolis[377], que eram

---

372. Essa história também é contada por Pausânias em *Descrição da Hélade*, VII, 1-3.

373. Sobre os egialeus, Heródoto conta: "Os siciônios utilizaram tais nomes das tribos, tanto à época do comando de Clístenes e mesmo depois de sua morte, ainda os utilizaram por mais sessenta anos; todavia, mais tarde, depois de eles terem uma discussão, mudaram para Hileus, Panfilos e Dimanatas; e acrescentaram uma quarta a elas, que lhe deram um nome por causa de Egialeu, filho de Adrasto, por isso era chamada de Egialeus". (Heródoto, *Histórias*, V, 68), tradução de Maria Aparecida de Oliveira Silva. In: Heródoto. *Histórias. Livro V – Terpsícore. Op. cit.* Egialeu foi o primeiro fundador da cidade de Sícion, localizada na região do Peloponeso.

374. Filho de Xuto e de Creusa, descendia de Deucalião por parte de pai e de Erecteu por parte de mãe. O herói fundou a cidade de Hélice, nome dado em homenagem à sua esposa, e nomeou seus habitantes de iônios. Íon morreu exercendo o comando do exército ateniense na Ática após atender um pedido de socorro de Atenas, que estava em guerra contra os habitantes de Elêusis.

375. Habitantes das ilhas do Mar Egeu, que, segundo Plutarco, aliaram-se ao rei persa: "e todos os ilhéus vieram para lhes dar o que pediam. E, de fato, os demais ilhéus ofereceram terra e água para Dario, e além deles, também os eginetas. E depois de eles fazerem isso, os atenienses imediatamente se sentiram pressionados, porque pensavam que os eginetas pensavam em atacá-los, que eles realizariam uma expedição militar junto com o Persa, e ficaram alegres com o pretexto que tinham, e foram e voltaram várias vezes a Esparta e acusaram os eginetas das coisas que foram feitas na condição de traidores da Hélade". (*Histórias*, VI, 49). In: Heródoto. *Histórias. Livro VI – Érato. Op. cit.*

376. Sobre os pelasgos, Heródoto registra: "Qual a língua que os pelasgos falavam, não posso dizer com exatidão; se é conveniente formar um juízo para afirmar com as que ainda hoje existem dentre os pelasgos, daqueles que habitam acima dos tirrenos, a cidade de Crotona, um dia foram vizinhos aos que hoje chamamos dórios (e nessa época habitavam a região que hoje chamamos Tessaliótide), e dentre os pelasgos que habitam a Plácia e a Cílace no Helesponto, eles foram viver no mesmo território com os atenienses, e as outras pequenas cidades, que eram pelásgicas, depois mudaram de nome, se por essas for conveniente, deve-se dizer que os pelasgos eram falantes de uma língua bárbara. Se então toda essa raça era pelásgica, o povo ático, sendo pelásgico, juntamente com sua mudança para a Hélade também aprendeu a língua". (*Histórias*, I, 57). In: Heródoto. *Histórias. Livro I – Clio. Op. cit.*

377. Habitantes das doze cidades que Heródoto assim descreve: "E esses iônios, que são do Paniônio, haviam fundado a cidade de todos os homens no ponto mais belo do céu e das estações que conhecemos; pois não é a região do alto, nem de baixo, nem a mesma que está abaixo na Iônia, nem as para a aurora nem para o ocaso, pois umas

provenientes de Atenas. E os eólios estavam fornecendo sessenta naus e equipados como os helenos, os que antigamente eram chamados pelasgos, conforme o relato dos helenos. E os helespontinos, exceto os abidenos (pois foi ordenado aos abidenos pelo rei que permanecessem no território para que fossem os guardiões das pontes) e o restante deles que eram originários do Ponto participavam da expedição militar com eles e estavam fornecendo cem naus, e estavam equipados como os helenos; e esses iônios e dórios eram colonos.

96. E persas, medos e sacas estavam embarcados em todas as naus. Dentre eles, os que forneceram as naus que navegaram melhor foram os fenícios, mas os fenícios sidônios. Como todos os que estavam alinhados no exército terrestre, à frente de cada um deles estavam arcontes de suas localidades, dos quais eu não tenho feito menção no relato dessa investigação, porque não tenho essa necessidade. Pois os arcontes de cada um desses povos não eram dignos de menção, e em cada um dos povos, tantas fossem suas cidades, assim seriam seus arcontes em quantidade. E eles não seguiam como estrategos, mas exatamente como os demais escravos que participavam da expedição militar, uma vez que os estrategos que detinham o poder total e os arcontes de cada um dos povos; todos dentre eles eram persas, já foram mencionados por mim.

97. Do exército náutico, os que atuavam como estrategos eram estes: Ariabignes, filho de Dario, Prexapes, filho de Aspatínio, Megabizo, filho de Megabates, e Aquêmenes, filho de Dario; da frota da flor da Iônia[378]

---

são atormentadas pelo frio e outras pela umidade, e umas pelo calor e pela estiagem. E esses não compartilham a mesma língua, mas têm quatro tipos de variações de dialeto. Mileto é a primeira cidade dentre elas assentada para o sul, depois vem Miunte e Priene. Estas estão situadas na Cária e falam o mesmo dialeto entre eles. E as que estão na Lídia são as seguintes: Éfeso, Cólofon, Lêbedo, Teos, Clazômenas e Foceia; essas cidades falam a mesma língua entre elas, em nada concordam com o dialeto das que antes foram relacionadas. E, além disso, as três cidades iônias restantes, dentre as quais, duas estão situadas em ilhas, Samos e Quios, e uma assentada na planície, Eritreia; quios e eritreus falam o mesmo dialeto, os sâmios são os únicos que falam o seu próprio". (*Histórias*, I, 142). In: Heródoto. *Histórias. Livro I – Clio. Op. cit.*

378. Esta expressão *Iádos* ('Ιάδος), isto é, "flor da Iônia" aparece pela primeira vez no *Livro I – Clio*, capítulo 92, quando Heródoto compara a mulher iônia à cária. Nesse contraste entre a mulher da Cária, uma referência simples, e uma mais poética para a mulher que nasceu na Iônia, tratando-a como "flor da iônia", ('Ιάδος/*Iádos*); é

e da Cária era Ariabignes, filho de Dario e da filha[379] de Góbrias; dos egípcios, era Aquêmenes, que era irmão de Xerxes da parte da mãe e do pai, e do restante da frota, eram dois que atuavam como estrategos. E as triconteros, pentecônteros, cércuros[380] e as embarcações leves para o transporte de cavalos somavam um total que atingiu um número que pareceu três mil.

98. E dentre os que estavam zarpando, depois dos estrategos, os mais renomados eram estes: o sidônio Tetramnesto, filho de Aniso, o tírio Matem, filho de Eiromo, o arádio Merbalo, filho de Agbalo, o cilício Siênesis, filho de Oromedonte, o lício Cibernis, filho de Cóssicas, os cíprios Gorgo, filho de Quérsis, e Timônax, filho de Timágoras, os cários Histieu[381], filho de Timnes, e Pigres, filho de Hiseldomo[382] e Damasitimo[383], filho de Candaules[384].

---

interessante perceber que, apesar de Heródoto demonstrar alguma simpatia por povos que os helenos chamavam bárbaros, o nosso autor destina um tratamento especial para os helenos, principalmente os oriundos da Iônia, região da qual ele também era proveniente. Como vimos, embora ele tenha – ou não – grafado que é de Túrio, sabemos que ele nasceu em Halicarnasso, na Ásia Menor.

379. A primeira esposa do rei Dario.

380. κέρκουροι (*kérkouroi*), ou cércuros, segundo o relato de Plínio, *História Natural*, VII, 56, eram embarcações provenientes de Cipro, que tinham como característica principal a velocidade de navegação.

381. Tirano de Mileto, século VI a.C., embora seja conhecido por ter sido o líder da revolta dos iônios contra os persas, antes fora tirano de Mileto com a intercessão do rei Dario, conforme lemos: "E depois de Dario ter atravessado o mais rápido possível o Helesponto, chegou a Sárdis e lembrou-se do serviço útil que lhe prestou o milésio Histieu, também do conselho do mitileneu Coes, e após mandar buscá-los para vir à sua presença em Sárdis, estava lhes concedendo o que fosse de sua escolha. E então, Histieu, porque era tirano de Mileto, não tinha necessidade ainda de ser tirano de nenhuma outra, e pediu-lhe Mircino, o território dos edonos, porque queria construir uma cidade nela. E, de fato, isso foi o escolhido por ele, enquanto Coes, porque não era capaz de ser tirano de um povo, pediu-lhe para ser o tirano de Mitilene". (*Histórias*, V, 11). In: Heródoto. *Histórias. Livro V – Terpsícore. Op. cit.*

382. Não dispomos de informações relevantes sobre os demais citados, a não ser que são reis das cidades de Tiro, Sídon e Arado, localizadas no litoral da Fenícia.

383. Tirano de Calinda, cidade da Cária.

384. Heródoto conta: "E a hegemonia, que era dos Heráclidas, assim chegou à descendência de Creso, os chamados Mérmnadas. Candaules, que os helenos chamavam de

99. Então, não tenho feito menção dos demais taxiarcas[385], porque não tenho essa necessidade, mas Artemísia[386], por quem eu tenho muita admiração, embora tenha realizado uma expedição militar contra a Hélade, quem, após a morte de seu marido, tomou para si a tirania, mesmo com um filho jovem, e participava da expedição militar por coragem e espírito viril, porque ela não tinha nenhuma necessidade disso. De fato, ela se chamava Artemísia, era filha de Lígdamis[387], e sua linhagem era proveniente de Halicarnasso[388] por parte de pai, mas da parte de sua mãe vinha de Creta. E ela governava os halicarnássios, os coos[389], nisírios[390] e calímnios[391], também estava fornecendo cinco

---

Mirsilo, era rei dos sardianos, descendente de Alceu, filho de Héracles. Ágron, filho de Nino, filho de Belo, filho de Alceu, foi o primeiro rei dos Heraclidas, e Candaules, filho de Mirso, o último. O primeiro, Ágron, e os que reinaram nessa região eram descendentes de Lido, filho de Átis. Graças a ele, todo esse povo é chamado de lídio, antes era chamado de meônios. Da parte desses, os Heraclidas são descendentes, nascidos de uma escrava de Iárdano e de Héracles, e receberam o poder por causa de um oráculo, governando por vinte e duas gerações de homens, por quinhentos e cinco anos, com o filho sucedendo o pai no poder até Candaules, filho de Mirso". (*Histórias*, I, 7). In: Heródoto. *Histórias. Livro I – Clio. Op. cit.*

385. ταξίαρχος (*taxíarkhos*), ou taxiarca, era o comandante de uma esquadra.

386. Filha de Lígdamis, sátrapa de Halicarnasso, cidade natal de Heródoto. Artemísia era rainha de Halicarnasso e participou da Batalha de Salamina em 480 a.C., exerceu a função de taxiarca e lutou ao lado dos persas, destacando-se por sua inteligência e habilidade estratégica.

387. Tirano de Naxos, século VI a.C., Lígdamis foi aliado de Pisístrato no seu retorno como tirano de Atenas em 546 a.C. Também auxiliou Polícrates a manter sua tirania em Samos, em 530 a.C.

388. Cidade localizada na Ásia Menor, colonizada pelos gregos de origem dórica. Heródoto nos conta que: "Então o principal, o mais renomado e o mais consultado santuário deles era o chamado Helênion, e as cidades que realizaram suas construções em comum são as seguintes: dentre as que eram iônias, Quios, Teos, Foceia e Clazômenas; dentre as dóricas, estão Rodes, Cnido, Halicarnasso e Fasélis, enquanto dentre as eólicas, a única é a cidade de Mitilene. E esse santuário é dessas cidades; também são essas cidades as que fornecem os dirigentes do seu local de comércio marítimo". (*Histórias*, II, 178). In: Heródoto. *Histórias. Livro II – Euterpe. Op. cit.*

389. Habitantes da ilha de Cós, localizada no Mar Egeu.

390. Habitantes da ilha de Nisiro, também localizada no Mar Egeu.

391. Habitantes de Calímnia, uma ilhota do Mar Egeu.

naus. E da esquadra inteira, depois das dos sidônios, ela estava fornecendo as naus mais valorizadas, e dentre todos os aliados de guerra, ela foi quem apresentou ao rei os melhores conselhos. E dentre as cidades que ela governava, como eu expliquei, todo o povo parecia ser de origem dória, enquanto os halicarnássios eram trezênios[392], e os demais eram epidáurios[393].

100. A frota marítima já foi mencionada o bastante. E Xerxes, logo após o exército ter sido contado, ele teve o desejo de contemplar suas tropas marchando através delas. E depois disso, ele o fez, e as atravessou em cima de seu carro e buscava obter informações junto a cada um dos povos, enquanto os seus escribas[394] as registravam, até que alcançasse das primeiras as últimas tropas da cavalaria e do exército terrestre. E quando ele havia feito isso, após as naus serem arrastadas para o mar, lá Xerxes passou de seu carro para uma nau sidônia, sentou-se embaixo de uma cobertura de ouro e começou a navegar ao lado das proas das naus, tentando obter informações sobre cada uma delas e as registrando do mesmo modo como foi com o exército. E os navarcos conduziram suas naus para o mar aberto, fizeram sua ancoragem a uma distância de quatro pletros[395] da praia com formação em linha; todos voltaram as proas das naus em dire-

---

392. Habitantes da cidade de Trezena, localizada na península do Peloponeso, conhecida por ser a terra natal do herói Teseu.

393. Habitantes da cidade de Epidauro, localizada na península da Argólida.

394. Esses escribas do rei eram, na verdade, observadores das ações dos sátrapas, um modo do rei persa estar sempre informado sobre o acontecia nas satrapias, mais um dos seus instrumentos de controle. O reino persa se mostrava altamente afeito à escrita, com a presença de diversos escribas, conforme lemos neste relato: "Após ter sido sorteado, Bageo fez o seguinte: depois de ter escrito muitas cartas que tratavam de muitos assuntos, lacrou-as com o sinete de Dario, depois partiu com elas para Sárdis. Ao chegar, Bageo foi à presença de Oretes com as cartas, depois de ter retirado o lacre de cada uma delas, entregou ao escriba do rei para que as lesse (todos os governadores têm os seus escribas reais); colocando à prova os lanceiros da guarda pessoal de Oretes, Bageo entregou-lhe as cartas, se eles admitiam uma revolta contra Oretes. Observando que eles reverenciavam muito as cartas e ainda mais as palavras grafadas nelas". (*Histórias*, III, 128), tradução de Maria Aparecida de Oliveira Silva. In: Heródoto. *Histórias. Livro III – Talia. Op. cit.*

395. Cerca de 120 metros.

ção à terra e estavam completamente armados como se fossem logo para a guerra. E enquanto navegava entre as proas e a praia, ele as contemplava.

101. Assim que navegou em meio a elas, ele desembarcou da nau, mandou chamar Demarato[396], filho de Áriston, que participava da expedição militar com ele contra a Hélade, e após chamá-lo, disse-lhe o seguinte: "Demarato, agora posso te perguntar com prazer o que eu desejo. Tu és um heleno, conforme eu me informo contigo e com os outros helenos com os quais eu me encontrei para conversas, que és de uma cidade que não é a menor nem a mais fraca. Portanto, agora te digo o que segue, se os helenos ousarão erguer seus braços e farão guerra contra mim. Pois, como eu penso, se todos os helenos e o restante dos homens que habitam na região em direção ao poente não se reunissem, não seriam capazes de combater, nem de virem contra mim, nem mesmo resistirem, se não forem em grande número. Todavia, quero saber algo da sua parte, o que dizes a respeito disso". E lhe perguntou isso, e ele em resposta disse: "Rei, será que devo ser verdadeiro contigo ou te ser agradável?" E ele ordenou-lhe que deveria ser verdadeiro e disse que em nada lhe seria menos agradável que antes[397].

---

396. Heródoto assim apresenta o rei espartano: "pela terceira vez, Áriston desposou uma mulher, depois de ter devolvido a segunda. E em pouco tempo, não se completaram dez meses, essa mulher deu à luz esse Demarato. E um dos seus servos, quando ele estava sentado em uma reunião dos éforos, anunciou-lhe que seu filho havia nascido. E ele sabia o tempo em que desposou sua mulher e contou os meses nos dedos e disse em alto brado: 'Não poderia ser meu!'. E após ouvirem isso, os éforos, todavia, não deram nenhuma importância ao fato. E o menino cresceu e Áriston mudou de ideia sobre o que havia dito sobre ele; pois considerou de verdade que Demarato era seu filho. E colocou-lhe o nome dele Demarato por causa disto: antes desses fatos, os cidadãos espartanos, todos eles, fizeram uma prece para lhe nascesse um filho, porque era o homem mais bem prestigiado dentre todos os reis nascidos em Esparta; por isso, foi-lhe colocado o nome de Demarato". (*Histórias*, VI, 63). In: Heródoto. *Histórias. Livro VI – Érato. Op. cit.*

397. Este episódio revela a falta de liberdade de expressão entre os persas, por conta da desigualdade entre eles, visto que Heródoto tem em mente o conceito de ἰσονομία (*isonomía*) que nasceu primeiro no contexto médico, com o significado de "equilíbrio". Alcméon de Crotona, início do século V a.C., um médico e filósofo pré-socrático, que em um dos seus fragmentos compilados por Aécio (*Livro V*, 30.1), afirma que "a saúde consistia num estado de equilíbrio (ἰσονομία/*isonomía*) dos elementos do corpo". Tal conceito foi amplamente discutido pela filosofia sob a

102. Logo que Demarato[398] ouviu essas palavras, disse-lhe o seguinte: "Rei, visto que me ordenas ser completamente verdadeiro, para que mais tarde o que eu disse não seja considerado por ti como algo enganoso, a pobreza sempre foi algo habitual na Hélade, mas a sua coragem é adquirida, obtida por meio da sabedoria e de uma legislação forte; a Hélade se defende de sua pobreza e do despotismo[399]. Então, louvo todos os helenos que habitam nos territórios dóricos, e começo dizendo que minhas palavras não serão sobre todos eles, mas somente sobre os lacedemônios[400]; primeiro, que não há como eles aceitarem as tuas ordens, porque levam a escravidão para a

---

perspectiva do equilíbrio da privação e da necessidade. No campo político, o termo ἰσονομία (*isonomía*) traz o significado de igualdade de direitos civis e políticos, que alimenta o conceito de democracia, especialmente em Atenas. Embora Heródoto não utilize o termo democracia, ele afirma que a ἰσονομία (*isonomía*) é típica de um "Πλῆθος δὲ ἄρχον" (*Plêthos dè árkhon*), que traduzimos por "governo do povo", o que nos remete à noção de democracia.

398. Embora fosse um membro da realeza dos espartanos, Heródoto conta que houve uma grande disputa de poder em Esparta, cuja vitória foi obtida por Cleômenes, conforme lemos neste relato: "Desse modo, então, pela terceira vez, Aríston desposou uma mulher, depois de ter devolvido a segunda. E em pouco tempo, não se completaram dez meses, essa mulher deu à luz esse Demarato. E um dos seus servos, quando ele estava sentado em uma reunião dos éforos, anunciou-lhe que seu filho havia nascido. E ele sabia o tempo em que desposou sua mulher e contou os meses nos dedos e disse em alto brado: 'Não poderia ser meu!'. E após ouvirem isso, os éforos, todavia, não deram nenhuma importância ao fato. E o menino cresceu e Aríston mudou de ideia sobre o que havia dito sobre ele; pois considerou de verdade que Demarato era seu filho. E colocou-lhe o nome de Demarato por causa disto: antes desses fatos, os cidadãos espartanos, todos eles, fizeram uma prece para lhe nascesse um filho, porque era o homem mais bem prestigiado dentre todos os reis nascidos em Esparta; por isso, foi-lhe colocado o nome de Demarato. E avançado um tempo, Aríston morreu, e Demarato obteve a realeza. Mas era preciso, como parece, que esses acontecimentos se tornassem notórios para destituir Demarato da realeza, porque foi fortemente caluniado por Cleômenes, primeiro porque Demarato retirou seu exército de Eléusis, e além disso, Cleômenes atravessou então o território dos eginetas contra os partidários dos medos". (*Histórias*, VI, 63-64). In: Heródoto. *Histórias. Livro VI – Érato. Op. cit.*

399. Heródoto se refere à relação de senhor e escravo estabelecida entre os persas e os povos conquistados por eles. Para mais detalhes, consultar a nota sobre "déspota" no capítulo 5 deste *Livro VII – Polímnia*.

400. Os lacedemônios também eram conhecidos como espartanos, uma vez que os lacedemônios incluíam os espartanos, periecos e hilotas, além das subclasses de cidadãos existentes em Esparta.

Hélade, e além disso, que eles virão contra ti em batalha, ainda que todos os demais helenos levem em consideração as tuas propostas. E com relação ao número, não queira saber quantos são, porque são capazes de fazer isso; pois, se acontecer de serem mil a realizar a expedição militar contra ti, esses te combaterão, quer estejam em menor número que esses mil, quer em maior."

103. Após ter ouvido essas palavras, sorriu e disse: "Demarato[401], que assunto é este que deixaste escapar por tua boca, que mil homens lutarão contra este exército? Vai, diz-me! Tu mesmo afirmas que te tornaste rei desses homens; portanto, tu estarias disposto muito imediatamente a combater contra dez homens? Todavia, se todo o conjunto de cidadãos que vós tendes é assim como tu explicas, certamente, convém a ti, como rei deles, dispor-te para batalhar contra o dobro[402], isso conforme as vossas leis. Pois se cada um daqueles é

---

401. A confiança do rei persa vem do fato de Demarato ser um rei espartano, com muita experiência de guerra e conhecimento da cultura de povo, mas que foi destituído por dissensões internas, conforme depreendemos deste relato: "E avançado um tempo, Aríston morreu, e Demarato obteve a realeza. Mas era preciso, como parece, que esses acontecimentos se tornassem notórios para destituir Demarato da realeza, porque foi fortemente caluniado por Cleômenes, primeiro porque Demarato retirou seu exército de Elêusis, e além disso, Cleômenes atravessou então o território dos eginetas contra os partidários dos medos. Então, Cleômenes começou a fazer com que ele pagasse a sua pena e fez um acordo com Leotíquides, filho de Menares, filho de Ágis, que era da mesma família de Demarato, e nos termos de que, se ele fosse instituído rei no lugar de Demarato, que ele seguisse contra os eginetas. E Demarato tinha Leotíquides como seu inimigo". (*Histórias*, VI, 64-65). In: Heródoto. *Histórias. Livro VI – Érato. Op. cit.*

402. Uma referência aos privilégios dados aos reis espartanos que Heródoto descreve, como lemos a seguir: "E os cidadãos espartanos concederam privilégios aos reis que foram estas: dois sacerdócios, o de Zeus Lacedêmon e o de Zeus Urânio, e que podiam levar a guerra para o território que quisessem, e sem que nenhum dos cidadãos espartanos pudesse lhes impedir, e se não fosse assim, quem o fizesse, carregaria uma maldição; e quando realizavam expedições militares, os reis eram os primeiros a avançar e os últimos a partir; e cem homens selecionados faziam a sua guarda pessoal no exército, e se seriam dos rebanhos nas expedições fora de seu território, tantos quantos animais quisessem, e recebem as peles e os lombos de todas as vítimas que sacrificam. Esses são os privilégios em tempo de guerra; os outros, em tempo de paz, são lhes concedidos da maneira que se segue. Quando um sacrifício é feito às custas da cidade, os reis são os primeiros a sentar no banquete e começam a servir a partir deles primeiro, e é servido para cada um deles em todas as refeições duas vezes mais que

equivalente a dez homens do meu exército, certamente, desejo que sejas equivalente a vinte; e desse modo, estaria correta a história que tu contaste. E se eles são de tal natureza e tão grandiosos quanto tu e os que dentre os helenos vão e vem até mim para conversar, vós vos vangloriais tanto, vê bem para que essa história que tu contaste não seja um alarde em vão. Pois bem, devo ver tudo que é provável nisso. Como mil, ou dez mil, ou cinquenta mil homens se disporão para batalhar contra tamanho exército, ainda que todos sejam homens livres[403] por igual e não governados por um único homem? Visto que somos mais de vinte mil na relação de um para um, se aqueles forem cinco mil. Pois se eles fossem governados por um só homem, conforme o nosso costume, porque tinham medo dele, também se tornassem mais valentes que sua própria natureza e marchassem forçados por um chicote, em menor número, estariam indo contra um número maior; mas se impelem a si mesmos à liberdade, não fariam nenhuma dessas coisas. E eu mesmo penso que, mesmo se forem equivalentes em número, dificilmente os helenos combateriam os persas somente; mas somente junto a nós é que existe o que tu dizes,

---

os demais convivas". (*Histórias*, V, 56-57). In: Heródoto. *Histórias. Livro VI – Érato. Op. cit.* Heródoto segue com sua descrição sobre os privilégios dos reis espartanos até o capítulo 60 do referido livro.

403. Heródoto enfatiza aqui um conceito corrente no pensamento helênico que é a definição de ἐλεύθερος (*eleútheros*), ou homem livre, extensamente discutido por Aristóteles em sua *Política*, de onde retiramos este relato: "existe um tipo de educação que deve ser dada aos filhos, não porque seja algo útil nem algo necessário, mas porque é digna de um homem livre e bela, isso é claro; [...] E agora, por esse tanto, nós temos de nos por a caminho, porque também dentre os antigos temos um testemunho dos ensinamentos tradicionais; pois a música torna isso evidente. [...] também é evidente que se deve educar as crianças não somente pela sua utilidade, como por exemplo a leitura e a escrita, mas também por causa dos muitos conhecimentos que é possível por meio deles gerar outros conhecimentos; e igualmente também devem aprender o desenho, a fim de que não cometam erros em suas compras particulares, mas para que não sejam enganados na compra e venda de mercadorias, e mais porque o desenho faz com que seja possível contemplar as belezas dos corpos. [...] E visto que é claro que se deve educar antes pelos costumes que pela razão, e o corpo antes do pensamento, é evidente que, a partir disso, deve-se ser dado à ginástica e aos exercícios físicos. Pois delas, uma faz com que haja uma certa disposição do corpo, enquanto a outra executa as atividades". (Aristóteles, *Política*, 1338a30-1338b7). In: Aristóteles. *Política*. Tradução, introdução e notas de Maria Aparecida de Oliveira Silva. São Paulo: Edipro, 2019.

todavia, isso não é muito frequente, mas esporádico. Pois estão dentre os meus lanceiros persas os que desejarão combater contra três helenos por igual; porque tu és inexperiente, dizes muitas tolices".

104. Diante dessas palavras, Demarato diz: "Ó rei, desde o princípio eu sabia que, se dissesse a verdade, não te diria palavras amigáveis; mas visto que tu me forçaste a dizer as mais verdadeiras palavras, disse o apropriado sobre os cidadãos espartanos[404]. Todavia, como eu faço, os valorizo com afeição nesta situação presente, especialmente tu sabes bem, eles tiraram o meu posto de honra e privilégios herdados dos meus ancestrais, transformaram-me em um sem cidade e exilado, mas teu pai me recebeu e concedeu-me recursos para viver e uma casa. Portanto, não é razoável que um homem sensato despreze a manifestada benevolência, mas sim que lhe tenha mais afeição. E eu não garanto que seja capaz de combater contra dez homens, nem contra dois, e eu nem mesmo travaria voluntariamente um combate singular; e se isso fosse necessário, ou fosse impelido ao combate para algo grande, combateria com mais prazer com um único dentre todos esses homens, cada um que dentre os helenos dissesse que vale por três. Como também os lacedemônios, de modo algum, não são inferiores dentre os homens quando combatem um contra um, e quando estão reunidos são os melhores dentre todos os homens. Pois, embora sejam homens livres, não são livres em tudo; pois eles têm um déspota que é a lei, que em muito a temem, ainda mais que os teus a ti; então, certamente, eles farão o que tu ordenares, e ordenas o mesmo sempre, que é não fugir da batalha diante de nenhum contingente de homens, mas permanecer na fileira para vencer ou morrer[405]. E se pareço que estou te dizendo essas palavras

---

404. Σπαρτιάτης (*Spartiátēs*), traduzido comumente como "esparciata", e o nome dado exclusivamente ao indivíduo que é cidadão espartano, distinguido por ter nascido em Esparta e ser filho de pai e mãe cidadãos espartanos. Em nossa tradução, optamos por traduzir *spartiátēs* (Σπαρτιάτης) sempre por "cidadão espartano" em lugar de "esparciata".

405. A fama de guerreiros singulares pode ser entendida quando os lacedemônios abandonaram as armas na batalha de Pilos em 425 a.C., e Tucídides teceu o seguinte relato: "De todos os eventos desta guerra este foi o mais inesperado para os helenos. Com efeito, ninguém poderia imaginar que os lacedemônios jamais fossem

para ser frívolo, mas desejo me calar quanto ao resto; e na realidade, falarei porque tu me forças a isso. Todavia, que isso aconteça conforme a tua maneira de pensar, rei".

105. Então, ele disse essas palavras em resposta, e Xerxes voltou-se para ele com um sorriso e não fez nenhuma demonstração de cólera, mas o mandou embora com gentileza. Depois de Xerxes ter trocado essas palavras com ele, nomeou nessa Dorisco para o cargo de governador Mascames, filho de Megadostes[406], que foi colocado como substituto por Dario, e cavalgando à frente do exército através da Trácia até a Hélade.

106. E lá deixou para trás o homem, que era o tal Mascames, o único para quem Xerxes enviava presentes porque era o mais corajoso de todos os que ele, ou Dario, nomeou como governadores, e ele costumava enviá-los todo ano; e Artaxerxes[407] e Xerxes continuaram a fazer isso com os descendentes de Mascames. Pois foram nomeados governadores da Trácia e de toda a região do Helesponto ainda antes dessa expedição. Portanto, esses todos que vieram da Trácia e do Helesponto, com exceção do de Dorisco, porque tinham sido expulsos pelos helenos antes dessa expedição militar; mas o de Dorisco, Mascames, jamais foram capazes de expulsá-lo, embora muitos tenham tentado. Por isso, presentes lhes são sempre enviados pelos reis da Pérsia.

107. Nenhum dos que foram expulsos pelos helenos, o rei Xerxes considerou que fosse um homem nobre, a não ser um, Boges de

---

compelidos pela fome ou por qualquer outra necessidade a entregar as armas; pensava-se que eles as conservariam até a morte, lutando enquanto pudessem, e ninguém podia acreditar que os que se renderam fossem tão bravos quanto os que morreram". (*História da guerra do Peloponeso*, IV, 40), tradução de Mário da Gama Kury. In: Tucídides. *História da guerra do Peloponeso*. Tradução, introdução e notas de Mário da Gama Kury. Brasília: Editora da Universidade de Brasília, 1982.

406. Heródoto é a nossa única fonte informação sobre essas personagens.

407. Sobre Artaxerxes, dispomos do relato de Xenofonte que, em sua obra *Anábase*, narra a guerra travada entre Ciro e seu irmão Artaxerxes pelo reinado da Pérsia; em que o exército de Ciro formou-se depois da contratação de dez mil mercenários helenos que lutaram com ele na guerra para destituir seu irmão Artaxerxes do trono persa, conflito datado de 401 a 399 a.C., quando Ciro é morto na batalha travada na Babilônia.

Éion⁴⁰⁸. E não parava de elogiá-lo e honrava, sobretudo, os filhos que sobreviveram na Pérsia, visto que também Boges tornou-se digno de grandioso louvor; ele, quando foi cercado pelos atenienses e Címon, filho de Milcíades⁴⁰⁹, e ele teve a possibilidade de partir por meio de uma trégua e retornar para a Ásia, e ele não quis, para que o rei não pensasse que ele estava tentando sobreviver por covardia; ao contrário, ele resistiu até o último momento. E como não havia ainda víveres no lugar fortificado, erigiu uma grande pira e degolou seus filhos, sua esposa, suas concubinas e seus escravos domésticos, e em seguida, lançou-os no fogo; depois disso, todo o ouro e prata⁴¹⁰ da cidade alta⁴¹¹ lançou do alto da muralha no Estrímon; assim que

---

408. Situada às margens do Rio Estrímon, que foi invadida em 476/475 a.C.

409. Sobre essas personagens, Heródoto conta que: "Excetuando a cidade de Cárdia, os fenícios colocaram sob seu domínio as outras do Quersoneso. E, até esse momento, Milcíades, filho de Címon, filho de Esteságoras, exercia a tirania sobre eles, que Milcíades, filho de Cípselo, havia conquistado antes esse poder [...] E por aquela época, Pisístrato detinha todo o poder, mas também Milcíades, filho de Cípselo, exercia grande influência entre os atenienses, porque era de uma família que criava tiros de quatro cavalos para uma quadriga, que desde a origem descendia de Éaco e de Egina, e de origem recente dos atenienses, Fileu, filho de Ájax, foi o primeiro dessa família que se tornou ateniense". (*Histórias*, VI, 33-35). In: Heródoto. *Histórias. Livro VI – Érato. Op. cit.*

410. Sobre a riqueza mineral da região, Heródoto nos conta: "E eles tinham essa entrada de riquezas vinda do continente e proveniente das minas. Certamente, vinda das minas de ouro de Escápcia Hile, que produzia ao todo oitenta talentos, e as que estavam situadas em Tasos produziam menos que essas, e com frequência, de modo que, assim, não havia tributos sobre as colheitas porque o total que os tásios obtinham do continente e das minas era de duzentos talentos por ano quando não lhes vinha mais, trezentos. E também eu mesmo vi essas minas, e o quanto em muito as mais admiráveis delas eram as que os fenícios haviam descoberto, os que colonizaram essa ilha com Tasos, a que agora recebe o nome de Tasos por causa desse fenício. E essas minas dos fenícios estão em Tasos entre o território chamado dos eniritas e dos cenitas, que está de frente para a Samotrácia, uma grande montanha que reviraram em suas buscas. E os tásios, em obediência ao rei, derrubaram sua muralha e levaram todas as suas naus para Abdera". (*Histórias*, VI, 46-47). In: Heródoto. *Histórias. Livro VI – Érato. Op. cit.*

411. A ἄστυ (*ásty*), ou a cidade alta, que estava situada na parte mais alta de uma cidade, também era cercada por muralhas que tinham portas como passagens para as outras partes da cidade e saídas para territórios estrangeiros, o que também possibilitava as trocas comerciais.

fez isso, ele se lançou no fogo. Desse modo, ele ainda é justamente louvado e até este momento pelos persas.

108. E Xerxes começou sua marcha a partir de Dorisco até a Hélade, e obrigava os que sempre apareciam em seu caminho a realizar a expedição militar junto com ele; pois, como já foi demonstrado, todo território até a Tessália também era tributado pelo rei, e Megabizo[412] o havia subjugado e, mais tarde, Mardônio[413]. Enquanto marchava de Dorisco, primeiro passou ao lado das cidades fortificadas da Samotrácia, dentre elas, a última cidade que está edificada em direção ao poente, uma cujo nome é Mesêmbria[414]. E a outra, os tásios tinham a posse dela, a cidade de Estrime[415], e atravessando pelo meio delas corre o Rio Liso, que nesse momento a água que ele oferecia não foi suficiente para o exército de Xerxes,

---

412. Episódio que Heródoto assim narra: "E Dario passou pela Trácia e chegou ao Sesto, na região do Quersoneso; de lá ele atravessou com suas naus em direção à Ásia, e deixou Megabizo, um homem persa, como estratego na Europa, a quem outrora Dario concedeu uma menção honrosa ao emitir a sua opinião sobre ele entre os persas: Dario se precipitava para comer romãs; quando ele rapidamente abriu a primeira das suas romãs, o seu irmão Artabano lhe perguntou o que ele desejaria ter em tanta quantidade quanto os grãos que nasciam em uma romã; e Dario respondeu-lhe que desejaria ter uma quantidade maior de Megabizo que a Hélade subjugada. De fato, ele o honrou entre os persas ao dizer isso, e nesse momento ele o deixou como seu estratego, com oitenta mil homens do seu exército". (Heródoto, *Histórias*, IV, 143), tradução de Maria Aparecida de Oliveira Silva. In: Heródoto. *Histórias. Livro IV – Melpômene. Op. cit.*

413. Heródoto nos conta o desfecho da batalha do seguinte modo: "De fato, enquanto a frota marítima assim agiu, enquanto a infantaria de Mardônio estava fazendo do seu acampamento militar, à noite, os trácios brigos colocaram-nos em suas mãos; e os brigos mataram muitos deles, e feriram o próprio Mardônio. Mas nem mesmo eles escaparam da escravidão dos persas; pois Mardônio não partiu desse território antes de fazer com que eles se tornassem seus súditos. Todavia, depois de eles terem sido subjugados, ele conduziu o seu exército de volta, porque havia sofrido um desastre com o exército diante dos brigos e grandemente com sua frota em torno do Atos. Então, essa expedição lutou de modo vergonhoso e retornou em direção à Ásia". (*Histórias*, VI, 45). In: Heródoto. *Histórias. Livro VI – Érato. Op. cit.*

414. Cidade situada nas costas do Mar Negro, na região que hoje denominamos Bulgária.

415. Homero se refere a Estrime como uma cidade especializada em vinhos, consultar: Homero, *Odisseia*, IX, 196-219

mas secou. E esse território era chamado antigamente Galaica, e agora, Briântica[416]; todavia, existe o mais justo dos relatos no qual ela também pertence aos cícones.

109. Depois de ter atravessado a corrente completamente esgotada do Rio Liso, passou ao lado das seguintes cidades de origem helena: Maroneia, Diceia e Abdera[417]. E então, passou ao lado delas e de seus lagos que recebiam estes nomes: entre Maroneia e Estrime, estava situado o Ismaris, no território de Diceia, o Bístonis, a água de dois rios desemboca nele, que são o Travo e Cômpsato[418]; no território de Abdera, porque não existia nenhum lago nele, Xerxes não passou ao lado de nenhum que fosse famoso, mas ao lado do Rio Nesto[419] que corre em direção ao mar. E depois desses territórios, enquanto seguia adiante, passou ao lado das cidades dos tásios situadas no continente; em uma dentre elas existia um lago que tinha a extensão de trinta estádios[420], mais ou menos, de perímetro, piscoso e cuja água era muito salobre; os animais de carga foram os únicos que beberam de sua água; e ele recebia o nome de Pístiro.

110. Então, ele passou ao lado dessas cidades localizadas no litoral e de origem helena, situadas do lado de sua mão esquerda, quando fez a conversão; e os povos trácios pelos quais fez seu caminho através de seu território foram estes: os petos, os cicones, os bístones, os sapeus, os derseus, os edonos e os satras. E alguns deles que habitavam junto ao mar, nessas ilhas, estavam seguindo-o; e outros deles que habitavam no interior da região foram deixados para trás por mim, à exceção dos satras, todos os outros, porque foram forçados a ficar no exército terrestre, o estavam seguindo.

---

416. Não há referência à Galaica. Sobre a Briântica, existem os relatos de Tito Lívio, *História de Roma*, XXXVIII, 40-41 e Plínio, *História Natural*, IV, 41.

417. Cidade localizada no litoral da Trácia.

418. Todos situados na Trácia.

419. Um dos maiores rios da Trácia.

420. Por volta de 5,5 quilômetros.

111. E os satras jamais se tornaram submissos a nenhum dos homens que nós conhecemos, mas continuavam até a minha época sendo os únicos dentre os trácios que eram livres; pois habitavam nas altas montanhas, que era coberta com bosques em toda parte e neve, também eram os mais habilidosos nos assuntos militares. Eles são os que conservavam um oráculo de Dioniso[421]; e esse oráculo estava situado nos mais altos cumes das montanhas; dentre os satras, eram os bessos que eram os intérpretes do deus do santuário, os oráculos são proferidos por uma sacerdotisa, do mesmo modo que é em Delfos[422], e não havia nada complexo demais.

112. E depois de ter passado ao longo do território mencionado, em seguida deles, passou ao longo das muralhas dos piérios, dentre elas, uma cujo nome é Fagres e a outra, Pérgamo[423]. De fato, por esse território, ele fez o caminho ao lado dessas muralhas, do lado da sua mão direita estava o monte Pangeu[424], quando fez a conversão, porque era grande e alto, no qual existiam minas de ouro e prata que os piérios, os odomantes e, especialmente, os satras exploravam.

---

421. Filho de Zeus e Sêmele, deus da vinha, do vinho e do delírio místico. Um episódio marca o nascimento de Dioniso: sua mãe pede a Zeus que lhe apareça com todo o seu esplendor. Zeus atende seu pedido; no entanto o fulgor divino foi tamanho que Sêmele transformou-se em cinzas. Antes disso, como estava grávida de seis meses, Zeus rapidamente retirou-lhe o filho e o costurou em sua coxa. Quando Dioniso nasceu, para escapar da fúria de sua esposa Hera, Zeus entrega seu filho ao deus Hermes para que fosse levado para longe dela, então o deus o entrega à filha de Cadmo e Harmonia, Ino, e ao seu marido Atamante, rei da Beócia.

422. Cidade em que está situado o Santuário heleno localizado aos pés do Monte Parnaso, considerado o umbigo do mundo, que abrigava o santuário de Apolo, famoso por seus oráculos. Os antigos habitantes da Hélade (mas não somente, pois tempo notícias de que persas e lídios, por exemplo), consultavam o seu famoso oráculo e o cultuavam. Como agradecimento aos vates proferidos pela sacerdotisa pítia, por intermédio de quem o deus Apolo proferia seu oráculo, os povos tinham o hábito de erigir monumentos suntuosos, que ainda podem ser vistos no sítio arqueológico da cidade de Delfos, os quais chamavam de θησαυρός (*thēsaurós*), ou seja, "tesouro". Local em que eles depositavam suas oferendas ao deus, como vasos, crateras, cinturões, estátuas etc., em geral confeccionados em material nobre, como ouro e prata.

423. Localizada na região de Piéria.

424. Monte da Trácia com 1.872 metros de altura.

113. Depois de ter atravessado o território⁴²⁵ dos peônios⁴²⁶, dos doberos e peoplas, que habitavam na direção do vento Bóreas⁴²⁷, na região em torno do Pangeu, seguiu indo na direção do poente, até o ponto em que chegou ao Rio Estrímon e a cidade de Éion, sobre a qual, ainda estando vivo, Boges governava, foi sobre este mesmo que compus um relato antes destes⁴²⁸. E essa terra é a região em torno do monte Pangeu que é chamada Fílis, que se estende, uma parte em direção ao poente até o Rio Agites que se lança no Estrímon, a outra parte se estende em direção ao Sul até o Estrímon, neste lugar, os magos ofereceram sacrifícios para obter auspícios favoráveis com a degola de alguns cavalos brancos.

114. E após ter realizado suas magias para o rio e praticado muitas outras além dessas, nos Nove Caminhos⁴²⁹ que são dos edonos, marcharam por suas pontes e encontraram o Estrímon com as pontes de barcos construídas. E depois de terem sido informados de que esse

---

425. Os primeiros registros sobre os pêonios aparecem em Homero Canto II, verso 848 e Canto XVI, versos 287-290, da *Ilíada*, de onde tiramos a informação de que os peônios são provenientes de Âmidon e aliados dos troianos. Tucídides conta que os peônios foram impelidos a abandonar a Peônia por força do exército macedônio que invadiu as margens do Rio Áxios, do interior até Pela, a sua principal cidade (*História da Guerra do Peloponeso*, II, 99). Destes relatos podemos inferir que os peônios eram de origem trácia ou ilíria, e foram divididos pelos macedônios no século V a.C., quando uma parte foi habitar na Macedônia.

426. Παιών (*Paión*), no dialeto iônio, ou Peón, significa "médico dos deuses", e os peônios são considerados os descendentes de Peón, isto é, os médicos. Depois do período arcaico, Peón está associado a Apolo passando a ser o seu epíteto, por essa razão, recebe o nome de Apolo Peón, o deus curador. Convém anotar que os peônios cultuavam mais o deus Dioniso, o que parece estranho à primeira vista, mas lembremos que há no Santuário de Delfos templos de Apolo e de Dioniso, que Plutarco no século I e II d.C., será um sacerdote que renderá culto a ambos. A religiosidade aparece então como um diálogo da razão representada por Apolo com o êxtase divino de Dioniso.

427. Personificação do vento norte, filho de Eos (personificação da Aurora) e de Astreu, sendo seus irmãos os ventos Zéfiro (vento oeste), Noto (vento sul) e Euro (vento leste); consultar: Hesíodo, *Teogonia*, 378-382.

428. Consultar capítulo 107 deste *Livro VII – Polímnia*.

429. Local em que Histieu fundou Mircino (século VI a.C.), consultar capítulos 23 e 24 do *Livro V – Melpômene*. Neste lugar, os atenienses também fundaram Anfípolis em 437 a.C.

território se chamava Nove Caminhos, nesse lugar, enterraram vivos um tanto de jovens e virgens dos homens que habitavam no local. O ato de enterrar seres vivos é um costume dos persas[430], uma vez que também Améstris, mulher de Xerxes que, segundo estou informado, ela própria foi enterrada embaixo da terra, quis agradecer ao deus chamado subterrâneo por ter envelhecido[431] com o sacrifício de sete pares de jovens, que eram provenientes de homens notáveis, que foram enterrados.

115. Quando o exército estava marchando a partir do Estrímon, ali, na direção do sol poente, havia uma praia na qual estava construída Argilo[432], uma cidade helena, então passou ao lado dela; e essa e a região situada mais acima dela chamam-se Bisálcia[433]. E de lá, porque tinha do lado da sua mão esquerda o golfo de Posídon[434], ele

---

430. Este é o segundo episódio em que os persas sacrificam seres humanos, o primeiro foi este: "Portanto, depois de ter se lembrado desses acontecimentos, em cólera, Cambises disse para Préxapes: '– Então, tu, aprenda por ti próprio se os persas dizem a verdade, ou se eles perderam a razão quando falaram isso. Pois, se o teu filho está de pé em frente aos pórticos, eu por acaso flechá-lo, atingindo-o no meio do seu coração, os persas mostrarão que estão falando sem razão; mas se eu errar, os persas mostrarão que estão dizendo a verdade e que eu não sou sensato'. Depois de ter dito isso, Cambises estirou o seu arco e atirou uma flecha em direção ao menino; quando o menino caiu no chão, ele ordenou que o menino fosse aberto e que o seu ferimento fosse examinado; como a flecha havia entrado no seu coração, ele disse ao pai do menino, sorrindo e excessivamente satisfeito, que: '– Préxapes, que eu não sou louco e que os persas não me desprezam, isto já ficou evidente! Agora, diz-me, já viste alguém dentre todos os homens tão preciso no alvo quando atira a sua flecha?'. Préxapes, olhando para o homem que não estava em sã consciência e temendo por si mesmo, disse: '– Soberano, eu penso que nem o próprio deus poderia atirar assim tão bem'. Naquele momento, Cambises fez isso; em outra ocasião, ele ordenou que doze persas entre os mais importantes fossem capturados, sem nenhum motivo digno, e que fossem enterrados ainda vivos até a cabeça". (*Histórias*, III, 35), tradução de Maria Aparecida de Oliveira Silva. In: Heródoto. *Histórias. Livro III – Talia. Op. cit.* Também encontramos dois relatos semelhantes em Ctésias, *Histórias Persas*, 41 e 55.

431. Isto é, por sua longevidade.

432. Localizada às margens do golfo de Estrímon.

433. Também situada no golfo de Estrímon, consultar: Tucídides, *História da Guerra do Peloponeso*, II, 99.

434. Deus dos mares, filho de Crono e Reia. Como deus do mar, tem o poder de controlar as ondas, as tempestades, as marés, os rios e os lagos, e ainda criar fontes, tudo com o toque de seu tridente.

foi através da planície chamada Sileu, passando ao lado de Estagira, uma cidade helena, e chegou até Acanto[435], ao mesmo tempo, levava com ele cada um dos povos que habitavam a região em torno do monte Pangeu, do mesmo modo, são também as que antes enumerei, e os que habitavam junto ao mar participavam da expedição militar junto com eles nas naus, enquanto os outros do continente os seguiam no exército terrestre. E esse caminho que o rei Xerxes cavalgou com o seu exército os trácios não o araram nem semearam, e demonstram imensa veneração por esse lugar até a minha época.

116. Então, quando chegou a Acanto, Xerxes anunciou sua hospitalidade aos acântios, deu-lhes de presente uma vestimenta meda[436] e louvou-os, ao ver a boa vontade deles para a guerra e ouvir isso também sobre a escavação do canal.

117. Quando Xerxes estava em Acanto, houve um acontecimento, o seu encarregado de construir o canal morreu acometido por uma doença, ele era Artaquea, um homem que era honrado por Xerxes e da linhagem Aquemênida[437], ele era o maior em estatura dentre

---

435. Duas cidades que compunham as Cíclades, consultar: Tucídides, *História da Guerra do Peloponeso*, IV, 84-88 e 103.

436. A suntuosidade das vestimentas dos medos intimidava seus adversários, conforme podemos depreender deste episódio narrado por Heródoto: "E como eles já estavam alinhados e os presságios lhes eram belos, nesse momento, os atenienses avançaram, foram em corrida contra os bárbaros; o espaço entre as duas forças militares não era menor que oito estádios de distância. E os persas, quando viram que eles avançavam em corrida, prepararam-se para esperar o ataque deles, como se um estado de loucura ou de completa destruição caísse sobre os atenienses, porque viram que eles eram poucos, e que eles atacavam em corrida, sem que tivessem um cavalo nem arqueiros. Então, os bárbaros suspeitavam disso; e os atenienses em seguida foram destemidos e se encontraram em batalha contra os bárbaros, e os combateram de modo digno de relato. Pois foram os primeiros dentre todos os helenos que nós conhecemos que utilizaram a corrida contra os inimigos, e os primeiros que se mantiveram firmes ao ver as vestimentas dos medos e os homens que trajavam essas vestimentas; e até aquele dia, o medo tomava os helenos quando ouviam o nome dos medos". (*Histórias*, VI, 112). In: Heródoto. *Histórias. Livro VI – Érato. Op. cit.*

437. Quando Heródoto faz a apresentação dos persas no *Livro I*, Capítulo 125, ele afirma que: "os aquemênidas eram clãs, de onde os reis da Pérsia eram originários". Por isso, Cambises acentua a participação dos Aquemênidas pela maior afinidade ou comprometimento que eles têm com o rei. Consultar: *Histórias. Livro I – Clio. Op. cit.*

os persas[438] (pois lhe faltavam quatro dedos para cinco côvados reais) e era o que falava mais alto dentre os homens; de modo que ele ficou muito infeliz e determinou que recebesse as mais belas honras e fosse enterrado; e todo o exército realizou a construção de um túmulo. E os acântios realizam sacrifícios em honra desse Artaquea por causa de um oráculo em que o trata como herói, chamando pelo seu nome. Então, o rei Xerxes ficou muito infeliz porque Artaquea havia morrido.

118. E os que dentre os helenos recebiam sua expedição militar e ofereciam banquetes a Xerxes até que se consumisse tudo, alcançasse tamanha escassez, de modo que eles eram forçados a sair de suas casas; certamente, como entre os tásios, depois de terem recebido a expedição militar de Xerxes e de ter lhe oferecido banquetes, em nome de suas cidades do continente, Antípatro, filho de Orgeu, um homem de boa reputação dentre os cidadãos da cidade alta[439], igual ou mais que ele, demonstrou que teve como despesa de banquete a quantia de quatrocentos talentos de prata[440].

119. E porque de um modo muito semelhante nessas outras cidades, os encarregados de recebê-lo comprovaram esse relato. Pois, muito tempo antes, recebiam ordens para organizar o banquete e consideravam isso muito importante, e acontecia mais ou menos do modo que segue. Por um lado, quando eram rapidamente informados pelos arautos que lhes anunciaram as ordens por toda a parte, os cidadãos repartiam os cereais os entre si e todos passavam seguidos meses fazendo farinha de trigo e de cevada; por outro lado, procuravam adquirir por qualquer preço as mais belas reses e as alimentavam para sua engorda, e davam alimentos às aves terrestres e aquáticas em currais e tanques, para a acolhida do exército; e por

---

438. Media cerca de 2,40 metros de altura.

439. A ἄστυ (*ásty*), ou a cidade alta, estava situada na parte mais alta de uma cidade, também era cercada por muralhas que tinham portas como passagens para as outras partes da cidade e saídas para territórios estrangeiros, o que também possibilitava as trocas comerciais.

440. Em torno de 10.350 quilos de prata.

outro lado, também faziam crateras e tacinhas de ouro e prata e todos os outros utensílios que vão sobre uma mesa; esses utensílios estavam destinados para o rei e os que faziam o banquete em companhia dele, e as ordens para o restante do exército eram somente de fornecer a forragem. Quando a expedição militar chegava, uma tenda já estava pronta e, neste local, o próprio Xerxes fazia seu pouso à noite, enquanto o restante da expedição militar ficava exposta ao ar livre. Quando vinha a hora do banquete, aqueles que os recebiam ficavam fatigados, porque eles se fartavam para passar a noite ali, e no dia seguinte, eles levantavam a tenda e pegavam todas as mobílias, e assim partiam cavalgando, não deixavam nada para trás, ao contrário, levavam tudo.

120. Bem nesse momento, quando Megacreonte, um homem de Abdera, apresentou-se e proferiu um belo discurso, no qual aconselhou a todos os abderitas que fossem eles e suas mulheres aos seus templos e que se sentassem como suplicantes dos deuses, implorassem por sua intercessão e que afastassem deles a metade do restante dos males que estariam por vir, e a respeito dos acontecimentos passados, que tivessem imensa gratidão, porque o rei Xerxes não tinha o costume de fazer duas refeições por dia; pois se tivesse lhes ordenado que preparassem um banquete semelhante também para o almoço, os abderitas teriam duas opções, ou não esperariam Xerxes chegar ou, se o esperassem, teriam a pior vida dentre todos os homens. Então, embora se sentissem oprimidos, cumpriam de qualquer maneira o que lhes era ordenado.

121. E Xerxes, de Acanto, ordenou aos estrategos da frota marítima que permanecessem em Terme[441], dispensou as naus de acompanhá-lo de perto, e Terme está situada no golfo Termeu, por causa dela também esse golfo tem esse nome; pois havia sido informado de que existia um caminho mais curto por esse território. Pois o exército estava alinhado e marchou pelo caminho de Dorisco até Acanto, do modo que se segue. Xerxes dividiu todo o exército terrestre em três colunas, e ordenou que uma delas fosse junto ao mar alinhada

---

441. Localizado entre a Calcídia e a Macedônia.

com a frota marítima; e Mardônio e Masistes desempenhavam a função de estrategos dele; e a outra, a terça parte do exército, seguia indo alinhada pelo interior do território, para a qual Tritantecmes e Gergis desempenhavam a função de estratego; e a terceira dessas colunas marchava com o próprio Xerxes, e seguia indo nomeio delas, e Esmerdomenes e Megabizo atuavam como seus estrategos.

122. Então, a frota marítima, quando foi liberada por Xerxes, navegou atravessando o canal construído no Atos[442], que se estendia até o golfo existente na região onde estavam situadas as cidades de Assa, Piloro, Singo e Sarte[443], depois disso, assim que recebeu a tropa dessas cidades, zarpou partindo para o golfo Termeu. E depois de passar pelo do cabo Âmpelo[444], promontório situado no território de Torone, passou ao lado de cidades de origem helena, que são estas: Torone, Galepso, Sermile, Meciberna e Olinto, e delas recebeu algumas naus e uma tropa; então, esse mesmo território é chamado Sitônia.

123. E o exército náutico de Xerxes encurtou o caminho do cabo Âmpelo até o cabo Canastreu[445], que é de fato o mais extenso de todo o território do Palene; em seguida, recebeu naus e uma tropa de Potideia, Afitis, Neapolis, Egas, Terambo, Ecione, Mendes

---

442. Monte Atos, localizado na Península da Cálcis, ao norte do Mar Egeu, com 2.033 metros de altitude, cujas águas que o circundam são conhecidas por serem profundas e agitadas. O promontório também foi palco para este episódio: "De fato, de Tasos passaram ao longo do continente e prosseguiram até Acanto, e de Acanto se empenharam e contornaram o Atos. E quando estavam navegando ao longo dele, um forte e intransponível vento do norte os tratou muito duramente, lançando muitas naus, em grande quantidade, contra o Atos. Pois conta-se que foram destruídas trezentas naus, e para além de vinte mil homens; pois, porque havia uma espécie de fera mais selvagem dentro desse mar em torno do Atos, uns foram capturados e mortos por essas feras, enquanto outros foram despedaçados contra os rochedos; e alguns deles não sabiam nadar, e por isso, morreram, e outros, pelo frio". (*Histórias*, VI, 44). In: Heródoto. *Histórias. Livro VI – Érato. Op. cit.*

443. Cidades localizadas no golfo Singítico, no Mar Egeu, na região da Calcídia.

444. Recebeu o nome de uma cidade da Macedônia chamada Âmpelo, por passar por seu território.

445. Localizado na península de Palene. Neste local houve um episódio protagonizado por Brásidas, estratego espartano, em 427 a.C.; conferir Tucídides, *História da Guerra do Peloponeso*, IV, 110.

e Sane; pois essas são as cidades situadas no território que agora é chamado Flegra. Enquanto estava navegando ao lado desse território, navegava em direção ao local previamente ordenado, recebendo também uma tropa das sucessivas cidades localizadas em Palene e as cidades situadas na região montanhosa do golfo Termeu, cujos nomes são estes: Lípaxo, Combreia, Lisas, Gigono, Campsa, Esmila e Eneia; e o território delas ainda hoje é chamado Crosseia[446]. E de Eneia, a última das cidades que enumerei, a partir dela, já neste ponto onde está localizado o golfo de Termeu, a navegação aconteceu com seu exército náutico em direção à terra da Migdônia, enquanto navegava, chegou a Terme, o local previamente ordenado, e às cidades de Sindo e Calestra, às margens do Rio Áxio, que fixa o limite do território da Migdônia e o da Botieia, uma parte deles está junto ao mar, um território estreito, que as cidades de Icnas e de Pela[447] detêm sua posse.

124. De fato, em torno do Rio Áxio, a cidade de Terme e as cidades que estavam entre esses, o exército náutico aguardava o rei marchando com seu exército terrestre[448]. E Xerxes marchava com seu exército terrestre cortando caminho pelo meio da região de Acanto, com a intenção de chegar até Terme. E continuou marchando através do território peônico e do crestônico, às margens do Rio Quidoro, o que tem suas correntes nascendo do Cresto e corre através do território da Migdônia e desemboca junto ao pântano do Rio Áxio.

125. E enquanto marchava com seu exército terrestre nesse território, alguns leões atacaram os camelos com os víveres; pois os leões iam e

---

446. Todas situadas na região litorânea da Calcídia.

447. Todos situados na Macedônia, e Pela era a sua cidade principal.

448. Este episódio ilustra bem nossa tradução, que antes foi feita como "frota náutica", conferir *Livro IV – Melpômene*, e o uso de "exército náutico" a partir do *Livro V – Terpsícore*, pois os reis persas tratavam as naus e os soldados como um corpo militar único, divididos apenas pelo meio em que se locomoviam, visto que os reis eram os comandantes supremos de ambos; com isso, a intenção foi de marcar essa unidade no comando do rei que também marca a unidade de seu exército. O exército (ὁ στρατός/*ho stratós*) de Xerxes é composto pelo exército náutico (ὁ ναυτικὸς στρατός/*ho nautikós stratós*) e o exército terrestre (ὁ πεζὸς στρατός/*ho pezòs stratós*).

vinham durante as noites, abandonavam seus lugares costumeiros, e não atacavam nenhuma outra espécie, nenhum animal de carga, nem homem; eles massacravam somente os camelos. E fico admirado a respeito do motivo, o que havia de necessário dentre os vários motivos para que os leões atacassem os camelos, embora não tenham visto esse tipo de animal, nem mesmo de tê-lo provado antes[449].

126. E existem muitos leões e bois selvagens nessas mesmas regiões, dentre eles, existem os que têm chifres enormes e que são enviados regularmente para os helenos. Os leões têm como área limítrofe a região do Rio Nesto que corre através de Abdera e o Aqueloo que corre através da Acarnânia[450]; pois não existe em lugar nenhum de todo território em frente da Europa que esteja voltado para a aurora do lado do Nesto onde se possa ver um leão, nem no restante do continente que está em direção ao poente do Aqueloo, mas eles se encontram na região entre esses rios.

127. Quando Xerxes chegou a Terme, acampou ali a sua expedição militar. E o exército que marchava com ele ocupou um território junto ao mar que era da seguinte proporção: começava das cidades de Terme e Migdônia até o Rio Lídias e o Haliácmon, que tem como área limítrofe a região da Botieia e a Macedônida[451]; é nesse ponto que misturam a água de suas correntes. Então, enquanto os bárbaros montaram seu acampamento militar nesses territórios, e dos rios que foram enumerados por mim, o Quidoro, cuja corrente é proveniente das afluências do Cresto, foi o único que não foi suficiente para o exército beber, mas secou.

---

449. Heródoto retoma a impressão que deixou no livro anterior de que os deuses não eram favoráveis ao ataque persa contra a Hélade; diante disso, muitos sinais lhes foram enviados. Então, este episódio pode ser tratado como um sinal, como por exemplo, foram os dados na expedição do persa Mardônio (492 a.C.), a mando do rei Dario, contra a Hélade, quando, segundo Heródoto, a frota persa perde trezentas naus e mais de vinte mil homens, mortos por feras. (Heródoto, *Histórias*, VI, 44).

450. Regiões da Trácia.

451. Como vemos nos capítulos 137 a 138 deste *Livro VII – Polímnia*, a Macedônida era uma região que estava situada na planície do Rio Haliácmon e do monte Olimpo, de onde eram originários os primeiros reis da Macedônia.

128. E Xerxes ao ver de Terme as montanhas da Tessália, o Olimpo e o Ossa⁴⁵², que são extremamente altos, foi informado que havia um estreito desfiladeiro que passava pelo meio deles, por onde corre o Peneu, e ouviu que alí tinha um caminho que o levava até a Tessália, desejou lançar-se ao mar para contemplar a rebentação do Peneu, porque ia seguir cavalgando o caminho de cima através dos lugares mais altos que habitavam os macedônios em direção ao território dos perrebos⁴⁵³ junto à cidade de Gonos; pois havia sido informado de que lá existia um caminho bem mais curto. E assim que desejou, também fez isso. Embarcou em uma nau sidônia, a mesma que ele costumava embarcar quando queria fazer algo desse tipo, mostrou um sinal também aos demais para alçar velas e deixou para trás o seu exército terrestre naquele lugar. E assim que chegou, Xerxes contemplou a rebentação do Peneu, e foi tomando por uma grande admiração; então, convocou os guias do caminho e lhes perguntou se era possível desviar o rio para outro lugar e fazê-lo desaguar no mar.

129. E a história é que antigamente a Tessália era um lago, de modo que, certamente, era por todos os lados circundada por montanhas extremamente altas; pois, de um lado, na parte situada em direção à aurora, o monte Pélion e o Ossa, cujos sopés se misturavam um com o outro, e na outra parte, do outro lado, em direção ao vento Bóreas, havia o Olimpo, e na outra parte, em direção ao poente, o Pindo, e na parte em direção ao sul e do vento Noto, o Ótris. E a Tessália, que era uma depressão, está localizada no meio das montanhas que enumerei. De modo que, então, dentre os rios que deságuam continuamente neste lugar, existem cinco que são mais dignos de menção, que são os seguintes: Peneu, Apídano, Onocono, Epineu e Pamiso, então, esses são os que se reúnem neste ponto dessa planície que descem das montanhas que circundam a Tessália e continuam sendo chamados pelos mesmos nomes, cujo escoamento é feito por um único desfiladeiro, que era estreito, em direção ao mar, e todos misturam suas águas neste mesmo lugar; e logo quando

---

452. Localizado ao sudeste do monte Olimpo, conta com cerca de 2 mil metros de altura.
453. Habitantes da Perrébia, localizada no lado sul do monte Olimpo.

se misturam, a partir desse ponto já é o Peneu, cujo nome prevalece e torna os demais anônimos. E antigamente, conta-se que não existiam o desfiladeiro e o conduto de escoamento, esses rios e, além desses rios, o lago Bebeida, nem mesmo tinham os mesmos nomes de agora, nem suas correntezas eram menores que as de agora, e que, por suas correntezas, transformavam toda a Tessália em mar. Portanto, os próprios tessálios contam que Posídon fez o desfiladeiro por meio do qual corre o Peneu, contam fatos prováveis. Pois quem acredita que Posídon abala a terra, que as fendas abertas são obras do abalo feito por esse deus, esse poderia dizer ao ver isso que Posídon os criou; pois a separação das montanhas é obra de um abalo sísmico, como me parece que foi.

130. E os guias do caminho, quando Xerxes lhes perguntou se o Peneu tinha outra saída para o mar, porque conheciam o local com precisão, responderam-lhe: "Rei, esse rio não tem outra saída que nos conduza para o mar, mas a que existe é esta; pois toda a Tessália está coroada por montanhas". E Xerxes disse-lhes em resposta estas palavras: "Os tessálios são homens sábios. Ora, precaveram-se disso muito antes e lutaram de fato contra outras opiniões, porque tinham seu território fácil de ser invadido e capturado. Pois bastaria somente lançar o rio contra o seu território, para que saíssem pelo desfiladeiro e se desviando o curso de suas correntes de água, de modo que toda a Tessália ficasse inundada, fora as montanhas". E disse isso porque tinha em mente os filhos de Alevas[454], que os tessálios foram os primeiros dentre os helenos que se entregaram ao rei, porque Xerxes pensava que eles ofereceriam a hospitalidade de todo o seu povo. Após ter dito isso e feito a sua contemplação, zarpou em direção a Terme.

131. De fato, ele passou vários dias consecutivos na região de Piéria[455]; pois foi enquanto o maciço montanhoso macedônico era devastado

---

454. Filho de Pirro, rei da Ftia, portanto, um descendente de Aquiles. Os filhos de Alevas eram conhecidos como Alévadas.

455. Região litorânea entre Peneu e o Olimpo, situada na região da Macedônia, também conhecida como o local de nascimento das Musas, conforme nos conta Hesíodo, *Teogonia*, 53-70.

por um terço da tropa, a fim de que a tropa inteira atravessasse essa passagem para o território dos perrebos. Então, os arautos que foram enviados para a Hélade com pedidos de terra, uns voltaram sem nada, e outros traziam terra e água.

132. E dentre os povos que lhe deram essas coisas, estavam os seguintes: os tessálios, os dólopes, os enianes, os perrebos, os locros, os magnetes, o melieus, os aqueus da Ftiótida[456], tebanos e os demais beócios, à exceção de téspios e plateenses. Contra eles estavam os helenos que fizeram um juramento solene de travar uma guerra contra o bárbaro; e este juramento foi feito do seguinte modo: quantos fossem os helenos que se entregassem ao Persa[457], que não tivessem sido forçados a isso, quando os acontecimentos estivessem bem assentados, eles dariam o dízimo ao deus de Delfos[458]. E deste modo foi feito o juramento entre esses helenos.

133. E Xerxes não havia enviado arautos a Atenas nem a Esparta com pedidos de terra, pelos seguintes motivos: primeiro Dario os havia enviado para essa mesma ação[459], mas uns[460] deles lançaram os solicitantes ao Báratron[461], e os outros[462] os lançaram em um poço, enquanto lhes ordenavam que trouxessem terra e águas deles para o seu rei. Por causa desses acontecimentos, Xerxes não enviou

---

456. Recebiam este nome para que fossem distinguidos dos aqueus de origem dória.

457. Uma referência ao rei persa.

458. Deus Apolo, o deus da adivinhação.

459. Heródoto se refere ao seguinte episódio: "E depois disso, Dario tentou saber o que havia em mente dentre os helenos, se tinham a intenção de guerrear com ele ou de se entregarem a ele. Então, enviou arautos com suas determinações para diferentes povos de diversas partes do território da Hélade, ordenando-lhes que pedissem terra e água para o rei. De fato, ele enviou esses arautos para a Hélade para as cidades litorâneas que lhe pagavam tributos, ordenando-lhes que construíssem naus longas e embarcações para fazer o transporte de cavalos". (Heródoto, *Histórias*, VI, 48). In: Heródoto. *Histórias. Livro VI – Érato. Op. cit.*

460. Os atenienses.

461. Poço localizado na Acrópole ateniense, que era usado para atirar condenados à morte.

462. Os espartanos.

solicitantes a eles. E o que aconteceu com os atenienses por terem feito isso com os arautos, eu não tenho como dizer, exceto que o seu território e a sua cidade foram saqueados, mas isso não foi por causa do que eu penso que seja o motivo.

134. Portanto, a ira de Taltíbio[463], arauto de Agamêmnon[464] caiu sobre os lacedemônios. Pois existe um templo de Taltíbio em Esparta, também existiam para os descendentes de Taltíbio, que eram chamados Taltibíadas, que eram aqueles que tinham todos os privilégios para ser os arautos[465] de Esparta. E depois disso, os cidadãos espartanos não conseguiam obter bons auspícios nas ocasiões em que realizavam sacrifícios[466]. E eles tiveram de lidar com essa situação durante

---

463. Taltíbio participou da Guerra de Troia, seu companheiro era Euríbato, ambos responsáveis por comunicar e executar as ordens do rei Agamêmnon. O episódio mais famoso protagonizado por Taltíbio foi quando acompanhou Ifigênia para o seu sacrifício em Áulis. Para mais episódios do arauto, consultar Homero, *Ilíada*, I, 320; III, 118, IV, 92 e ss.

464. Reis dos homens, conforme Homero o chama em várias passagens da *Ilíada*, comandava todo o exército dos aqueus. Descendente dos Atridas, ora tratado como rei de Micenas, ora rei de Argos, era filho de Atreu e de Aérope. Após ter assassinado Tântalo, filho de Tiestes, seu tio, ele desposa a irmã do primo, a bela Clitemnestra, irmã da mulher mais bela da Hélade: Helena.

465. Havia o costume da hereditariedade para o exercício de determinadas atividades em Esparta, conforme lemos neste relato de Heródoto: "E os lacedemônios também coincidem com os egípcios no seguinte costume: os seus arautos, auletas e cozinheiros herdaram suas artes de seus pais, e um auleta nasce de um auleta, um cozinheiro de um cozinheiro e um arauto de um arauto; porque têm uma voz radiante, outros não se sobrepõem nem os substituem, mas exercem as atividades de seus pais. Então, isso acontece dessa maneira". (Heródoto, *Histórias*, VI, 60). In: Heródoto. *Histórias*. *Livro VI – Érato*. Op. cit.

466. Essa simpatia que a Pítia demonstra pelos lacedemônios pode ser analisada a partir do registrado por Plutarco na biografia de Licurgo. Segundo Plutarco, Licurgo decidiu implementar leis que mudassem o sistema político espartano por completo, visto que estava certo de que leis parciais não conteriam a insolência reinante entre os espartanos (*Vida de Licurgo*, V, 1-2). Então, o legislador espartano parte para Delfos, onde realiza sacrifícios a Apolo e consulta seu oráculo, inquirindo sobre quais leis deveria instituir em Esparta, quando a Pítia lhe responde que θεοφιλῆ μὲν αὐτὸν (*theophilê mèn autòn*), isto é, "ele era amigo dos deuses" e considerado θεὸν μᾶλλον ἢ ἄνθρωπον (*theòn mâllon è ánthrōpon*), que significa "mais deus que homem". Por esse motivo, a Pítia assegura-lhe que o deus lhe prometia uma εὐνομία (*eunomía*), ou seja, uma "boa legislação" e que essa ἣ πολὺ κρατίστη τῶν ἄλλων ἔσται πολιτειῶν

um longo tempo. E os lacedemônios estavam aflitos com o infortúnio com que tinham de conviver, e frequentemente se reuniram em vão, então fizeram uma proclamação anunciada pelo arauto que indagava o que se segue, se alguém dentre os lacedemônios queria morrer em prol de Esparta; então, Espertias, filho de Anaristo, e Búlis, filho de Nicolau[467], homens cidadãos espartanos bem-nascidos por natureza e que alcançaram as primeiras posições em riqueza, quiseram pagar a pena para Xerxes e ofereceram-se pelos arautos de Dario que foram mortos em Esparta. Desse modo, os cidadãos espartanos enviaram-nos para os medos[468] para que eles fossem mortos.

135. E essa ousadia desses homens é digna de admiração e além disso, as palavras que se seguem. Pois, quando marchavam em direção a Susos foram até a presença de Hidarnes; e Hidarnes era de linhagem de persa, um estratego[469] dos homens que habitavam junto ao mar da Ásia; ele ofereceu-lhes um banquete e a sua hospitalidade, e após ter realizado os ritos de hospitalidade, perguntou-lhes dizendo estas palavras: "Homens lacedemônios, por que evitais vos tornar amigos do rei? Pois, vede como o rei sabe honrar os homens valentes, observem a mim e às minhas posses. E desse modo, vós também, se vos entregásseis ao rei (pois tendes para ele a reputação de serdes homens valentes), e cada um de vós governaria um pedaço de terra da Hélade, concedido pelo rei". Diante dessas palavras,

---

(*hḕ polỳ kratístē tôv állōn éstai politeiôn*), que traduzimos como "seria muito mais poderosa que as demais constituições" (V, 3). Assim, Licurgo, ao instituir leis que lhes foram ditadas por Apolo, revela que tem a proteção do deus e que, por conseguinte, ela estende-se ao seu povo.

467. Provavelmente eram Taltibíadas, isto é, descendentes do arauto Taltíbio.

468. A alternância de Heródoto em se referir ora os medos, ora aos persas demonstra que, apesar do domínio persa, os medos ou não abandonaram seus hábitos e costumes, que se diferenciavam por isso, ou os persas incorporaram hábitos que pertenciam aos medos; mas pode se tratar ainda de um helenocentrismo de Heródoto que não o permite diferenciar os dois povos. Isso explica também o fato de Heródoto ter nomeado o embate entre helenos e persa de "Guerras Médicas" (τὰ Μηδικά/ *tà Mēdiká*), quando se esperava "Guerras Persas", como optamos por aplicar nesta tradução.

469. Note o helenismo de Heródoto ao chamar o sátrapa persa de "estratego", tal característica também conhecida como *interpretatio graeca*, que é essa percepção de mundo vista pela perspectiva cultural grega.

eles responderam com estas: "Hidarnes, o conselho que nos dirige não se origina de alguém em situação de igualdade[470]. Pois tu nos aconselhas isso porque tens experimentado isso, mas tu és inexperiente quanto à nossa; pois conheces perfeitamente o que é ser um escravo[471], e não experimentaste ainda a liberdade[472], nem se é algo doce, ou não. Pois se a tivesses experimentado, não nos teria acon-

---

[470]. O argumento se baseia no princípio da igualdade que deve existir entre os cidadãos, de onde as opiniões são emitidas de forma livre, sem temer o poder supremo de alguém, visto que são iguais; princípio que Aristóteles assim desenvolve: "Mas a cidade não somente é formada por uma pluralidade de homens, mas também de tipos diferentes. Pois uma coisa é uma aliança militar, outra uma cidade; pois uma é útil pela quantidade, ainda que exista nela um tipo da mesma espécie (pois a aliança existe, por natureza, em favor da ajuda), tal como se um fardo maior fosse pesado na balança (distinguiria nesse aspecto a cidade de uma multidão de homens, quando o povo não está dividido conforme um povoado, mas tal os árcades); e partir deles, deve-se criar uma unidade, e diferem em especificidade. Por isso, a igualdade na reciprocidade salva as cidades, tal como foi dito antes em minhas Éticas; visto que entre os homens livres e os iguais é necessário que isso exista; pois não é possível que todos governem ao mesmo tempo, mas ou conforme o ano, ou conforme outra ordenação, ou um determinado espaço de tempo qualquer". (Aristóteles, *Política*, 1261a20-30), tradução de Maria Aparecida de Oliveira Silva. In: Aristóteles. *Op.cit.*

[471]. Argumento recorrente na narrativa herodotiana, tal como vemos neste episódio da Revolta da Iônia: "E depois disso, entre os iônios reunidos em Lade, aconteceram reuniões, e, além disso, foi onde eles discursaram também uns para os outros, e naquele lugar, então, estava Dionísio, um estratego foceu, que disse o seguinte: 'pois sob o fio da navalha estão os nossos problemas, homens iônios, ou seremos homens livres ou escravos, e nessas circunstâncias, considerados escravos capturados como presas de guerra. Portanto, agora se vós quiserdes aceitar as penosas fadigas, vós tereis uma pena momentânea, e sereis capazes de subjugar os vossos oponentes e sereis homens livres; e se tiverdes moleza e desordem, eu não tenho nenhuma esperança de que vós não recebereis o castigo do rei pela vossa revolta. Mas se acreditardes em mim e confiardes em mim, também eu vos prometo que, se os deuses forem imparciais, ou os inimigos não se juntarão contra vós, ou se se juntarem, sofrerão uma derrota muito forte'". (Heródoto, *Histórias*, VI, 11). In: Heródoto. *Histórias. Livro VI – Érato. Op. cit.*

[472]. A palavra ἐλευθερία (*eleuthería*) significa liberdade no sentido que o cidadão usufrui da condição de homem livre. Sobre isso, Aristóteles afirma: "Portanto, a primeira forma é a democracia que é nomeada sobretudo por sua noção da igualdade. Pois a lei desse tipo de democracia chama igualdade a que em nada os pobres se sobressaiam mais que os ricos, nem que qualquer um dos dois seja o soberano, mas que ambos sejam iguais. Pois, se é verdade que a liberdade é mais importante na democracia, como alguns supõem, também a igualdade, assim, seria a mais importante, quando todos participam mais e por igual do governo. Visto que o povo está em maior número e a decisão da maioria é soberana, essa forma de governo é necessariamente

selhado a não combater por ela com lanças, mas também com machados." E eles responderam essas palavras de volta para Hidarnes.

136. E de lá subiram em direção a Susos e foram se colocar diante do olhar do rei; primeiro, quando os lanceiros[473] ordenaram e tentaram forçá-los a reverenciar o rei ficando de joelhos diante dele, disseram que eles não fariam isso de modo algum, nem mesmo se eles os forçassem a baixar a cabeça diante deles; pois não tinham o costume de reverenciar um homem de joelhos[474], nem mesmo tinham ido lá para isso. Logo que rechaçaram essa proposta, em segundo lugar, disseram-lhes as seguintes palavras, ou tiveram um discurso como tal: "Ó rei dos medos, os lacedemônios nos enviaram em lugar dos arautos que pereceram em Esparta para que nos pagassem a pena por aqueles". Então, depois de eles terem dito essas palavras, Xerxes, tomado por uma magnanimidade[475], disse-lhes que eles não

---

a democracia". (Aristóteles, *Política*, 1291b30-35), tradução de Maria Aparecida de Oliveira Silva. In: Aristóteles. *Op. cit.*

473. οἱ δορυφόροι (*hoi doryphóroi*), "os lanceiros" integravam a guarda pessoal do rei persa.

474. Heródoto usa a imagem de venerar de joelhos para ilustrar o alto grau de dominação imposto pelos persas aos seus conquistados, como vemos neste relato: "E costuma, de algum modo, ser anunciado antecipadamente por sinais, quer se grandes desastres acontecerão a uma cidade ou a um povo; de fato, aos quios grandes sinais surgiram antes desses acontecimentos. Um deles foi quando eles tinham enviado para Delfos um coro de cem jovens e somente dois deles retornaram, os outros noventa e oito deles foram acometidos por uma peste que os dizimou. E o outro foi quando, na cidade, durante essa mesma época, pouco antes da batalha das naus, o telhado caiu enquanto os professores ensinavam os meninos, de modo que de cento e vinte crianças somente uma escapou. E o deus mostrou-lhes antes esses sinais. E, depois disso, a batalha das naus que colocou de joelhos a cidade, e além dessa batalha, Histieu surgiu comandando os lésbios, porque os quios estavam extenuados, com facilidade ele executou a conquista deles." (Heródoto, *Histórias*, VI, 27). In: Heródoto. *Histórias. Livro VI – Érato. Op. cit.*

475. O termo usado é μεγαλοφροσύνη (*megalophrosýnē*), que neste contexto é traduzida por "magnanimidade", no capítulo 24 deste *Livro VII – Polímnia*, Heródoto utiliza o mesmo léxico, mas com o sentido de "orgulho". O sentido primeiro de μεγαλοφροσύνη (*megalophrosýnē*) é "grandeza de sentimentos", o que nos leva à "magnanimidade"; no entanto, percebemos que o excesso dessa grandeza de sentimentos nos conduz ao "orgulho" ou à "arrogância", outros significados atribuídos ao termo. Outro ponto interessante a ser anotado é que o substantivo μεγαλοφροσύνη (*megalophrosýnē*) só aparece nessas duas circunstâncias na obra de Heródoto.

seriam iguais aos lacedemônios; pois eles transgrediram as normas aceitas dentre todos os homens quando mataram os arautos, e eu mesmo não executarei tais atos, os mesmos que se reprovam neles, nem que esses morram em troca daqueles, os lacedemônios não se livrarão dessa culpa.

137. Desse modo, a ira de Taltíbio foi cessada momentaneamente por esse ato executado pelos cidadãos espartanos, embora Espertias e Búlis tenham retornado a Esparta. E muito tempo depois, na guerra entre peloponésios e atenienses, reavivaram esse mal[476], conforme contam os lacedemônios. Parece-me que existe algo de muito divino nesses acontecimentos. Pois que a ira de Taltíbio caiu sobre os mensageiros e não parou até que estivesse satisfeito, foi algo assim que deveria ter reparação; e o ocorrido caiu sobre os filhos desses homens que foram à presença do rei por causa de sua ira, para Nicolau, filho de Búlis e Anaristo, filho de Espertias, o que capturou Hália[477], os que vieram de Tirinte navegando em uma embarcação comercial cheia de homens[478]; portanto, é evidente para mim que essa questão foi uma intervenção divina por causa da ira; pois aqueles que foram enviados pelos lacedemônios como mensageiros para a Ásia foram traídos por Sitalces, filho de Teres,

---

476. Guerra do Peloponeso, iniciada em 431 a.C., cerca de seis anos antes da morte de Heródoto, que viu a glória da vitória dos helenos sobre os persas, mas depois presenciou o início de uma guerra que inicialmente parecia que seria vencida por Atenas, e foi nesse contexto que Heródoto partiu para o Hades, não conheceu os revezes pelos quais os atenienses e seus aliados iriam passar até perderem a guerra para os espartanos e seus aliados, em 404 a.C.

477. Cidade localizada na região da Argólida.

478. Episódio que Heródoto assim narra: "E Argos se tornou tanto um deserto de homens que os seus escravos se apossaram de todos os assuntos públicos, exerceram os cargos de magistrados e passaram a administrá-los, até que os filhos dos que haviam sido mortos tornaram-se homens. Logo em seguida, eles vieram retomar o poder em Argos e expulsaram os escravos de lá; depois de terem sido expulsos, os escravos se apoderaram de Tirinte por meio de uma batalha. Por tão longo tempo, ambas tinham cordialidade uma com a outra, mas depois de Cleandro, um homem adivinho, que era do povo dos figaleus da Arcádia, foi até os escravos; esse persuadiu os escravos a se revoltarem contra seus déspotas. E, a partir de então, tiveram uma guerra durante um longo tempo, até que então, com dificuldade, os argivos os venceram." (Heródoto, *Histórias*, VI, 83) In: Heródoto. *Histórias. Livro VI – Érato. Op. cit.*

um rei trácio, e por Ninfodoro, filho de Pites, um homem abderita, que foram capturados nas redondezas de Bisante, localizada no Helesponto, e depois foram enviados de volta para a Ática e foram mortos pelos atenienses, e junto com eles Aristea, o filho de Adimanto, um homem coríntio. Então, esses fatos aconteceram muitos anos antes da expedição do rei.

138. E a expedição militar do rei, tinham um pretexto e seguia cavalgando contra Atenas, mas de fato foi posta em movimento para ir contra toda a Hélade. E antes disso, os helenos estavam informados sobre esses acontecimentos[479], mas nem todos pensavam que estavam na mesma situação; pois o que haviam dado ao Persa terra e água tinham a confiança de que não sofreriam nada de desagradável do lado do bárbaro; e os que não lhe deram nada se colocaram em uma situação de grande medo, porque não existia um número de naus dignas de combate para receber o que estava para acontecer, e a maioria não queria empreender a guerra, porque eram com boa vontade partidários dos medos[480].

139. Neste ponto, por necessidade, exponho a minha opinião, que devo admitir que me fará detestado pela maioria dos homens, mas apesar disso, porque ela me parece que é verdadeira, não me conterei. Se os atenienses, porque ficaram aterrorizados com o perigo que estava para acontecer, tivessem abandonado o seu território, ou se não o tivessem abandonado, mas permanecido e se entregado a Xerxes, ninguém teria tentado ir contra o rei por mar. Assim, se ninguém tivesse ido contra o rei por mar, por terra teria acontecido o que se segue. Ainda que existissem muitas fortificações defensivas que foram construídas pelos peloponésios através do Istmo, os lacedemônios teriam sido abandonados por seus aliados militares, e não o fariam por vontade própria, mas por necessidade, com uma

---

479. Os persas iniciaram seus preparativos para a guerra em 484 a.C., com a escavação do canal de Atos, a construção das pontes do Helesponto e o abastecimento dos postos da Trácia, consultar os capítulos 22 a 35 deste *Livro VII – Polímnia*.

480. Heródoto utiliza um verbo específico para identificar aquele que se tornava partidários dos medos: μηδίζω (*mēdízō*).

cidade após a outra sendo capturada pelo exército náutico do bárbaro[481], eles teriam ficado sozinhos; e sozinhos, embora tenham exibido grandes feitos, morreriam nobremente[482]; ou teriam sofrido isso; ou, antes disso, vissem os demais helenos se tornando partidários dos medos, em concordância, teriam feito um acordo com Xerxes. E desse modo, em ambas as situações[483], a Hélade seria dominada pelos persas; pois não sou capaz de compreender a utilidade das fortificações defensivas construídas através do Istmo se o rei tivesse dominado o mar. Na verdade, se alguém dissesse que os atenienses foram a salvação da Hélade, não se enganaria com a verdade; pois para qualquer uma das situações que eles se voltassem, qualquer

---

481. Tucídides reproduz este pensamento em um discurso da embaixada ateniense, no qual os embaixadores o expressam o seguinte pensamento: "Afirmamos que, em Maratona, só nós como vanguarda lutamos contra o bárbaro e, quando veio uma outra vez, não sendo capazes de defender-nos por terra, embarcamos em massa nos navios e com os outros lutamos em Salamina, o que justamente os impediu de navegar contra o Peloponeso e devastá-lo cidade por cidade, uma vez que contra uma grande frota não seriam capazes de ajudar-se uns aos outros. [...] Assim se deram os fatos, ficando bem claro que a salvação da Hélada estava em seus navios, e os três elementos mais úteis para essa luta somos nós que os fornecemos: o maior número de navios, o mais perspicaz general e o mais resoluto ardor – quanto aos navios, quatrocentas unidades, pouco menos de dois terços do total; quanto ao general, Temístocles, o maior responsável pela decisão de lutar no estreito, o que sem dúvida salvou a situação e por isso vós o cumulastes de muito mais honras do que qualquer estrangeiro que tenha ido até vossa cidade". (*História da Guerra do Peloponeso*, I, 73-74), tradução de Anna Lia Amaral de Almeida Prado. In: Tucídides. *Op. cit.* Convém ressaltar que a grafia dos nomes foi mantida conforme o original citado, e que ela não se assemelha à utilizada neste livro por nos pautarmos na obra de Maria Helena Prieto, que pode ser consultada nas referências bibliográficas deste *Livro VII – Polímnia*.

482. A ideia de combater até a morte é uma marca distintiva dos cidadãos espartanos, entre eles, havia ditos que reforçavam a virtude guerreira e incentivam seus cidadãos à bela morte. As mães aparecem então como vozes no inconsciente dos jovens direcionando as ações de seus filhos para a virtude guerreira, porque o filho deveria matar ou morrer: "Outra, depois de ter entregado o escudo ao seu filho, também o exortou e disse: 'filho, ou com ele ou sobre ele'". (Ἄλλη προσαναδιδοῦσα τῷ παιδὶ τὴν ἀσπίδα καὶ παρακελευομένη 'τέκνον' ἔφη, 'ἢ ταύταν ἢ ἐπὶ ταύτας.'). (Plutarco, *Ditos das lacônias*, 241F). Os ditos não teriam a mesma influência se fossem de outras mulheres; a escolha da fala das mães simboliza a maturidade, a confiança nas palavras e o mais importante: a autoridade mesclada com afeto, tão potente quanto o fio da espada.

483. Isto é, combater ou se render.

uma dessas iria tender para o seu lado da balança; e eles escolheram que a Hélade permanecesse livre, e isso também escolheria o restante de todo o povo helênico, os que não haviam se tornado partidários dos medos, eles mesmos foram quem os despertaram e certamente, depois dos deuses, foram eles que os expulsaram. Nem mesmo com os assustadores oráculos que chegavam de Delfos, também eles evitavam cair em uma situação de medo, mas permaneceram e suportaram com paciência o que estava para acontecer para receber os inimigos em seu território.

140. Os atenienses enviaram teopropos[484] a Delfos que estavam dispostos a consultar o oráculo[485]; e depois de eles terem realizado os sacrifícios conforme os costumes, entraram no mégaron[486] e lá se sentaram, a Pítia[487], cujo nome era Aristonice, que proferiu o oráculo com estas palavras:

---

484. O θεοπρόπος (*theoprópos*), ou teopropos, era o "adivinho" ou "profeta" de oráculos.

485. O envio de vários mensageiros encarregados de consultar o oráculo também se deve ao fato de os atenienses terem acusado os lacedemônios de terem corrompido o oráculo de Delfos no passado, conforme lemos neste relato: "Portanto, conforme os atenienses contam, esses homens, enquanto estavam estabelecidos em Delfos, corromperam a Pítia com dinheiro, a fim de que quando os homens do corpo de cidadãos espartanos viessem para consultar o oráculo, quer em expedição particular, quer para assuntos públicos, que proclamasse que eles deviam libertar Atenas. E os lacedemônios, porque sempre lhes acontecia de ser proferido sempre a mesma coisa, enviaram Anquimólio, filho de Aster, um homem que gozava de boa reputação entre os cidadãos atenienses, com seu exército para que expulsasse os Pisistrátidas de Atenas; do mesmo modo também eles tinham laços de hospitalidade com perfeição". (Heródoto, *Histórias*, V, 63), tradução de Maria Aparecida de Oliveira Silva. In: Heródoto. *Histórias. Livro V – Terpsícore. Op. cit.*

486. O mégaron (μέγαρον/*mégaron*) era a "grande sala" dos templos. Os templos eram construções consideradas as moradas dos deuses, daí abrigarem suas imagens em forma de estátuas. O mégaron era uma construção de origem micênica composta por três partes: a primeira era o pórtico (πρόδομος/*pródomos*), uma antessala aberta em frente a principal; a segunda era o vestíbulo (πρόναος/*prónaos*), uma espécie de átrio; a terceira era a sala principal, que recebia o mesmo nome da construção, mégaron, ou naos (habitação de um deus), onde estava localizada a imagem do deus ou da deusa, colocada em um pedestal e com um altar a sua frente.

487. Sacerdotisa de Apolo que cumpria o dever de pronunciar o oráculo do deus ao seu consulente. De acordo com os relatos dos antigos, a Pítia entrava em transe divino quando consultava os oráculos, pois entrava em contato com vapores sagrados. Hoje

Ó infelizes, por que estais imóveis?[488] *Fugi para os confins da terra,*
Abandona casas e os altos cumes da cidade circular.
Pois a cabeça não permanece firme, nem o corpo,
nem as pontas dos pés, nem mesmos as mãos, de sustentação
desprovidos, mas sem zelo está; pois um fogo o destrói, também o
estridente Ares, perseguindo-o em um carro sírio.
E muitas outras muralhas fará perecer, não só a tua;
dará muitos templos dos imortais ao fogo impetuoso,
agora suas imagens em suor banhadas estão de pé,
tremem de medo, pelas montanhas mais altas
o negro sangue escorre, prevê o pior mal necessário.
Mas, partam[489] *deste recinto sagrado, difundi*[490] *ânimo nos males.*

141. Após ter escutado essas palavras, os teopropos dos atenienses sentiram uma grande tristeza. E como eles haviam perdido o seu ânimo por causa do mal proferido pelo oráculo, Tímon, filho de Androbulo[491], um homem que tinha a mais notável reputação dentre os delfos, aconselhou-os para que pegassem alguns ramos de suplicantes[492], depois, que outra vez entrassem como suplicantes no

---

sabemos que é o gás etileno que a região onde está localizado o oráculo exala. A Pítia, ou a sacerdotisa, de Apolo costumava proferir os oráculos em versos hexâmetros dactílicos.

488. Convém notar que a Pítia primeiro se dirige ao coletivo, ou seja, à cidade, com o uso do perfeito na segunda pessoal do plural. Já no verso seguinte, notamos a mudança de número, uma vez que usa o particípio singular e o imperativo na segunda pessoa do singular, como se mudasse seu foco para o cidadão. Esta dualidade também imprime força ao dito pelo Pítia, o que, a nosso ver, explica o seu caráter de acontecimento citadino, pois todos tinham interesse de ouvir conselhos e advertências de Apolo, o deus de Delfos.

489. Temos agora o imperativo dual ἴτον (*íton*), traduzido por "partam", que indica o momento em que a fala da Pítia está dirigida a duas pessoas, no caso, os dois mensageiros encarregados de consultar o oráculo.

490. Note-se o uso do imperativo na segunda pessoal do plural, uma fala voltada para o coletivo, isto é, para a cidade.

491. Não dispomos de mais informações sobre essas personagens.

492. ἱκετηρία (*hiketēría*) era um ramo de oliveira típico dos suplicantes, que era envolto em lã e o suplicante deveria erguer os braços balançando-o com a mão esquerda.

templo e consultassem o oráculo. E os atenienses se convenceram com essas palavras e disseram: "Soberano, concede-nos um oráculo um pouco melhor sobre a nossa pátria, tem consideração pelos ramos de suplicantes que nós trazemos para ti; ou não sairemos do teu recinto sagrado, mas aqui, neste lugar, permaneceremos até morrermos." Então, como disseram essas palavras, a profetisa proferiu este segundo oráculo:

Palas[493] *não pode tornar Zeus Olímpio*[494] *propício,*
mesmo que implore com muitos argumentos e astúcia sensata;
e te direi outra vez esta resposta, inflexível como o aço.
Pois, quando tudo que houver entre a montanha
de Cécrops[495] *e o vale do sagrado Citéron*[496] *for tomado,*
Zeus de voz possante dará uma muralha de madeira à Tritogênia[497]

---

493. Epíteto da deusa Atena.

494. Epíteto de Zeus que habita o monte Olimpo.

495. Segundo Apolodoro, *Biblioteca*, III, 144.1, Cécrops foi o primeiro rei de Atenas e foi durante o seu reinado que houve a disputa entre Atena e Posídon para a escolha do protetor da Ática, e a escolhida pelo rei foi a deusa Atena.

496. Rei de Plateias, cujo nome também foi dado à montanha que faz a divisa dos territórios da Ática e da Beócia. Em razão disso, a referência à montanha Cécrops e ao vale do Citéron é usada para expressar as fronteiras ou os limites da Ática.

497. Atena que é a filha virgem nascida da cabeça de Zeus, que nasceu após seu pai ter engolido a deusa Métis, grávida da deusa. Quando Atenas estava prestes a nascer, Zeus pediu a Hefesto que partisse sua cabeça para que ele desse à luz. No relato herodotiano (*Histórias*, IV, 180), Atena é filha do lago Tritônis, relato que encontra eco em Aristófanes, *Cavaleiros*, 1189, pois o comediógrafo se refere à deusa como Tritogênia (Τριτογένεια/ *Tritogéneia*), ou a "nascida do lago Tritônis" (Τριτωνίς/ *Tritōnís*), localizado na Líbia. Embora Hesíodo, *Teogonia*, 924-926, conte que Atena nasceu da cabeça de Zeus, ele chama Atena de Τριτογένεια no verso 895. Portanto, a narrativa herodotiana não apresenta uma versão desconhecida na Hélade, e ao mesmo tempo nos mostra que a segunda parte de seu mito permaneceu no imaginário heleno e que a parte em que a Líbia é citada foi colocada no esquecimento. Por seu caráter crítico e irreverente, não à toa relembra a origem líbia daquela que é o símbolo máximo da cidade de Atenas. A nosso ver, o esquecimento da origem líbia de Atena é parte de um discurso identitário ateniense que se apropria de símbolos alheios para torná-los povos originários e ícones de um povo só por um processo pautado em ressignificações e esquecimentos.

*que será única e inexpugnável, que servirá a ti e a teus filhos.
Tu, não espereis tranquilamente a cavalaria e a infantaria,
um numeroso exército vem da planície, mas retorna, volta-te ao retorno!
Um dia ainda estarás contra ela.
Ó divina Salamina, tu matarás os filhos de tuas mulheres
ou melhor, quando Deméter*[498] *se espalha ou se recolhe.*

142. De fato, essas palavras proferidas pelo oráculo lhes pareciam ser melhores que as anteriores; assim, partiram em direção a Atenas. E logo que chegaram, os teopropos anunciaram as palavras oraculares ao povo, e umas opiniões e muitas outras surgiram enquanto procuravam saber sobre o oráculo e as que estavam mais recomendadas eram estas: alguns dentre os mais velhos diziam que lhes parecia que o deus[499] profetizara no oráculo que a Acrópole[500] se salvaria; pois a Acrópole dos atenienses era antigamente protegida por um renque de árvores. De fato, eles concordaram que essa muralha de madeira era conforme o anunciado no oráculo; e outros, por sua vez, disseram que o deus estava sinalizando que eram as naus,

---

498. Em Elêusis, cidade situada a trinta quilômetros de Atenas, a cidade era conhecida pela realização dos chamados Mistérios de Elêusis, ritos de iniciação aos cultos da deusa Deméter e de sua filha Perséfone, que estavam relacionadas à fertilidade da terra. O mito da criação dos Mistérios de Elêusis está relacionado ao rapto de Perséfone. A filha da deusa Deméter foi levada por Hades ao mundo dos mortos, onde ardilosamente o deus lhe ofereceu uma romã. Como havia o dito de que aquele que comesse algo de seu reino a ele pertenceria, Perséfone passou a integrar o reino dos mortos. No entanto, Deméter, desesperada com o desaparecimento da filha, empreendeu uma busca incansável em torno da Terra. Enfurecida com o rapto da filha, Deméter decidiu não mais voltar ao Olimpo; abandonando suas funções, exilou-se em Elêusis, assumindo a forma de uma velha, e foi para a corte do rei Céleo e da rainha Metanira. Lá, passou a ser a ama de Demofonte. Contudo, a ausência da deusa resultou no abandono dos campos, e logo a escassez começou a dominá-los. Então, Zeus foi obrigado a intervir na questão e fez um acordo com Hades para que Perséfone retornasse ao mundo dos vivos a cada seis meses; e a partir desse momento os campos voltaram a florescer e os homens passaram a honrar as duas deusas com os Mistérios de Elêusis, que celebravam o retorno de Perséfone à terra. Para mais detalhes, consultar: *Hino homérico a Deméter*.

499. Apolo era o deus de Delfos, o responsável pelos oráculos emitidos em seu templo que tinha a Pítia como sua porta-voz.

500. Parte mais alta da cidade de Atenas, onde se localizava a ágora, com suas construções públicas e edifícios religiosos; um local de reunião dos cidadãos.

também ordenava que essas fossem preparadas e que abandonassem quaisquer outras atividades. Entretanto, os que diziam que as naus eram a muralha de madeira, encontravam dificuldades nos dois últimos versos proferidos pela Pítia:

*Ó divina Salamina, tu matarás os filhos de tuas mulheres
ou melhor, quando Deméter se espalha ou se recolhe.*

E conforme esses versos, as opiniões daqueles que diziam que as naus eram a muralha de madeira se confundiam; pois os cresmólogos[501] interpretavam essas palavras de maneira que, se estivessem preparados para a naumaquia, seriam derrotados nas cercanias de Salamina.

143. Mas existia dentre os atenienses um homem que há pouco havia se posicionado acima dos primeiros, cujo nome era Temístocles[502], chamado filho de Néocles[503]. Esse homem afirmou que os cresmólogos não haviam interpretado tudo corretamente, e disse tais palavras: se a profecia tivesse realmente sido proferida aos atenienses, parece-me que teria sido proferida de modo agradável, não dessa maneira, mas teria sido assim: "Ó infeliz Salamina" em vez de "Ó divina Salamina", se os seus habitantes fossem mesmo morrer nos arredores dela; porque foi o contrário, o oráculo foi proferido pelo deus, que os aconselhou para o que era melhor, estava voltado para os inimigos, mas não para os atenienses. Então, ele os aconselhou que se preparassem para combater na naumaquia, porque essa era realmente "a muralha de madeira". Porque Temístocles os fez ver isso, os atenienses compreenderam entre si que isso era muito mais preferível que as palavras dos cresmólogos, pois eles não permitiam que estivessem preparados para

---

501. Os intérpretes de oráculo, ver nota do capítulo 33 deste *Livro VII – Políminia*.

502. Arconte ateniense em 493 e 492 a.C., foi o idealizador da construção da frota de naus atenienses que propiciou a vitória de Atenas na Batalha de Salamina em 480 a.C., que resultou na formação da Liga de Delos e no domínio ateniense sobre o Mar Egeu. Segundo Plutarco, na *Vida de Temístocles*, I, 1, o político ateniense era filho de Néocles com uma mulher trácia ou cária, cuja origem era obscura.

503. Membro da aristocracia ateniense, de origem Alcmeônida.

a naumaquia, e para dizer em poucas palavras, nem mesmo que levantassem suas mãos contra eles, mas que abandonassem o território da Ática e fossem habitar em algum outro lugar.

144. E Temístocles teve outra ideia colocada antes dessa que na ocasião também foi a preferida, foi quando eles acumularam uma grande quantidade de dinheiro no erário público que veio das minas de Láurio[504], que cada cidadão em fila ia receber dez dracmas[505]; nesse momento, Temístocles fez os atenienses mudarem de opinião e interromperem a ideia dessa distribuição para que utilizassem o dinheiro para construir duzentas naus para a guerra, referindo-se a contra os eginetas[506]. Pois essa guerra travada salvou a Hélade na ocasião, porque os atenienses foram forçados a se tornarem marinheiros. E elas não foram utilizadas para esse fim quando elas foram construídas, mas de qualquer modo, elas estavam presentes nesse momento de necessidade. De fato, essas naus que foram construídas antecipadamente já estavam à disposição dos atenienses, e havia a necessidade de que outras fossem construídas para se somarem a essas. Depois dessa resposta vinda do oráculo, começaram a pensar sobre isso, prestando atenção ao deus, e deliberaram, porque o bárbaro avançaria contra a Hélade, que zarpariam com as naus

---

504. Região situada próxima ao Cabo Súnio, na Ática. Nas palavras de Alcibíades, quando estava em Esparta, Tucídides conta: "A maior parte das riquezas de seu território virá para as vossas mãos, seja por conquista, seja espontaneamente; os atenienses ficarão também privados das minas de Láurion e de todas as vantagens oriundas de suas terras e de suas oficinas". (Tucídides, *História da Guerra do Peloponeso*, VI, 91). In: Tucídides. *História da guerra do Peloponeso*. Tradução, introdução e notas de Mário da Gama Kury. Brasília: Editora da Universidade de Brasília, 1982.

505. Um pouco mais de quatro quilos de prata.

506. No quinto livro, Heródoto explica a motivação dessa inimizade assim: "Quando os tebanos colocaram à prova a aliança militar dos Eácidas, foram rapidamente maltratados pelos atenienses; em seguida os tebanos enviaram mensageiros aos Eácidas, restituíram-lhes e lhes pediram homens. E os eginetas se vangloriavam por sua grande prosperidade e relembravam a antiga inimizade que existia com os atenienses; nesse momento, porque os tebanos haviam lhe pedido, atacaram os atenienses sem que um arauto tivesse anunciado a guerra". (Heródoto, *Histórias*, V, 81), tradução de Maria Aparecida de Oliveira Silva. In: Heródoto. *Histórias. Livro V – Terpsícore. Op. cit.*

tripuladas com todo o seu povo e, ao mesmo tempo, dos helenos que o desejassem.

145. De fato, esses foram os oráculos que vieram aos atenienses. E quando os helenos estavam reunidos em um mesmo local[507], ponderavam sobre as melhores decisões para a Hélade e transmitiam razão e confiança entre eles; naquele momento, pensaram sobre isso e primeiro deliberaram que desfariam as inimizades por todas as questões e as guerras existentes de uns com os outros; mas existiam algumas e outras estavam sendo realizadas; então, os atenienses e os eginetas tinham a maior delas. Depois disso, porque foram informados que Xerxes estava com seu exército em Sárdis, eles deliberaram enviar espiões para a Ásia observar os assuntos do rei, e uns mensageiros para Argos[508] com a intenção de estabelecer uma aliança militar para defesa contra o Persa, também enviar outros para a Sicília[509], para a corte de Gélon[510], filho de Dinômenes[511], e uns em direção a Córcira[512] para pedirem que ajudasse a Hélade, e outros para Creta, porque ficaram preocupados se um único exército helê-

---

507. Conforme Pausânias, *Descrição da Hélade*, III, 12.6, essa reunião aconteceu em Esparta. Estima-se que tenha ocorrido em 481 a.C.

508. Cidade situada na península do Peloponeso. Argos rivalizou em comércio com a Fenícia e durante muito tempo foi a primeira cidade do Peloponeso até a ascensão de Esparta no século VI a.C.

509. Maior ilha da região da Magna Grécia, fundada por Árquias de Corinto em 734 a.C. Conforme o relato de Plutarco, Árquias era descendente de Héracles, influente por sua riqueza e poder, pois pertencia à família mais ilustre de Corinto. Esse Árquias se apaixonou por um belo rapaz chamado Actéon, por conta de seu sentimento desmedido e da negativa do jovem, tramou raptá-lo, mas a sua ação resultou na morte de Actéon. Então Melisso, pai do jovem morto, levou seu cadáver ao templo de Posídon e implorou por vingança; em resposta, o deus enviou peste e seca ao território coríntio, que foram retirados somente quando Árquias foi banido de Corinto. Exilado na Sicília, fundou a cidade de Siracusa; ver: Plutarco, *Contos de Amor*, 772E-773B.

510. Filho de Dinômenes de Gela, exerceu o cardo de tirano de Siracusa, 491-478 a.C., descendia de uma família de sacerdotes. O maior feito de Gélon foi derrotar os cartagineses em 480 a.C. às margens do Rio Hímera, quando estes tentaram invadir a Sicília.

511. Tirano de Siracusa, filho de Molosso.

512. Ilha situada no Mar Iônio, colonizada pelos coríntios no século VII a.C.

nico seria formado, se juntariam para agir em conjunto e se todos fariam o mesmo, uma vez que os perigos estavam vindo por igual para todos os helenos. E dizia-se que o poderio militar de Gélon era enorme, de modo algum, não existia de longe um maior dentre os povos helênicos.

146. Após eles terem decidido isso, abandonaram as inimizades e, então, primeiro enviaram três homens como espiões para a Ásia. E quando eles chegaram em Sárdis e tiveram a noção do contingente militar do rei, porque foram reconhecidos, foram submetidos a interrogatório pelos estrategos do exército terrestre, que os prenderam e os levaram para que fossem mortos. De fato, a sentença de pena de morte lhes foi dada, e assim que Xerxes foi informado disso, censurou a opinião dos seus estrategos e enviou alguns de seus lanceiros, ordenou-lhes que pegassem os espiões vivos e que os trouxessem até a sua presença. Desse modo, começaram a pegar os ainda sobreviventes e a levá-los à presença do rei; a partir de então, ele foi informado sobre os motivos pelos quais vieram, ordenou a seus lanceiros que mostrassem todo o seu exército terrestre e a cavalaria aos sobreviventes, e quando estivessem satisfeitos de observar suas coisas, que os mandassem embora para o território que eles quisessem.

147. Ele ordenou isso e acrescentou mais este argumento, que se os espiões fossem mortos, os helenos não seriam informados antes sobre o seu poderio ser maior que o calculado, que, se os inimigos matassem três de seus homens, não lhes causariam um grande dano; e quando eles retornassem para a Hélade, ele disse que pensava que depois que os helenos tivessem escutado sobre o seu poderio, antes que a sua expedição militar acontecesse, eles lhe entregariam a liberdade que lhes é peculiar, e desse modo, não precisariam ter esse problema de conduzir uma expedição militar contra eles. E essa mesma opinião dele parece com esta outra: pois, quando Xerxes estava em Abido, viu embarcações de trigo vindas do Ponto e atravessando em direção ao Helesponto e que seguiam para Egina e o Peloponeso. E os seus assessores foram informados de que essas naus eram inimigas e já estavam prontos para capturá-las, e eles observavam o rei para que ele anunciasse o momento em que isso ocorreria. Mas

Xerxes perguntou-lhes por onde eles navegavam; e eles lhe responderam: "Em direção aos teus inimigos, ó déspota, levando-lhes trigo". E ele tomou a palavra e lhes disse: "Então, nós não navegamos para o mesmo lugar que eles, e que estão carregados de outros produtos e trigo? Em que, de fato, eles estão nos prejudicando se transportam víveres para nós?"

148. Então, os espiões assim que terminaram de observá-los e foram despachados por ele, retornaram para a Europa. E os aliados dos helenos contra o Persa, depois desse despacho dos espiões, logo enviaram mensageiros para Argos. E os argivos dizem que os acontecimentos, segundo eles mesmos, aconteceram do modo que se segue. Pois, desde o início, eles foram informados sobre ações empreendidas pelo bárbaro contra a Hélade, e porque estavam informados e cientes de que os helenos tentariam convocá-los contra o Persa, teopropos[513] para Delfos com a intenção de consultar o deus, sobre o que viria a ser melhor para eles se o fizessem. Pois, recentemente[514], seis mil deles foram mortos pelos lacedemônios e

---

513. O θεοπρόπος (*theoprópos*), ou teopropos, era o "adivinho" ou "profeta" de oráculos.

514. Batalha de Sépia, em 495 a.C., episódio em que Heródoto destaca a intemperança e o desrespeito do rei espartano com o sagrado assim: "Cleômenes fez o seguinte: com alguns homens desertores e informado por eles, convidou-os a sair, porque enviou um arauto para que chamasse por seus nomes os argivos que haviam se refugiado no templo e os convidasse a sair; disse-lhes que tinha recebido o resgate por eles; e os peloponésios têm um resgate estabelecido de duas minas para pagar por cada homem aprisionado. Então, cerca de cinquenta dentre os argivos, conforme cada um saía pelo seu chamado, Cleômenes o matava. [...] Então, naquele momento, Cleômenes ordenou a alguns de seus hilotas que rodeassem o bosque sagrado com uma pilha de madeira; e depois de eles o terem obedecido, incendiou o bosque sagrado. E com o lugar já incendiado, perguntou a um dos desertores qual dentre os deuses era o do bosque sagrado; e ele lhe disse que era de Argo. E ele quando ouviu isso, levantou-se e disse alto: 'Ó Apolo Oracular, quão grandemente me enganaste quando disseste que capturaria Argos. E compreendo que o oráculo se cumpriu para mim'. E depois disso, [...] foi para o Heraion oferecer um sacrifício. E quando ele mesmo quis realizar o sacrifício no altar, o sacerdote o proibiu, disse que não era permitido pela divindade a um estrangeiro fazer um sacrifício ali. E Cleômenes ordenou aos hilotas que o levassem embora do altar e que o chicoteassem, e ele mesmo realizou o sacrifício. E depois de fazer isso, partiu em direção a Esparta". (Heródoto, *Histórias*, VI, 79-81). In: Heródoto. *Histórias. Livro VI – Érato. Op. cit.*

por Cleômenes[515], filho de Anaxândrides[516], de fato, por isso, eles os enviaram. E a Pítia, ao que eles perguntaram, deu-lhe como resposta estes versos:

Odiado[517] *entre vizinhos, amado entre deuses imortais,*
no teu interior, com a lança em riste e vigilante, permanece
e a cabeça vigia; e a tua cabeça o corpo salvará.

Com relação a esses versos, a Pítia os havia proferido antes; depois disso, quando os mensageiros chegaram a Argos, foram até a sala do Conselho[518] e contar as ordens que haviam recebido. E diante das palavras proferidas, eles[519] responderam que os argivos estavam prontos para fazer um acordo de paz com os lacedemônios pelos próximos trinta anos e comandar a metade de todo o contingente da aliança militar; todavia, conforme o justo, o comando deveria ser deles[520], mas apesar disso, contentavam-se com o comando da metade.

---

515. Rei espartano da Casa dos Ágidas, reinou de 525 a 488 a.C. A sua sucessão ao trono foi conturbada e contou com a ajuda do éforo Quílon, uma vez que Cleômenes era filho da segunda esposa do rei Anaxândrides, em lugar de Leônidas, filho do primeiro casamento do rei.

516. Descendente da casa dos Ágidas, reinou em Esparta entre os anos de 560 e 520 a.C., conhecido não somente por ter vencido a guerra contra os tegeatas, mas também por ter sido o único rei bígamo de Esparta, sob o argumento de que a sua primeira esposa era estéril, mas curiosamente sua primeira mulher teve três filhos depois de seu segundo casamento: Dorieu, Leônidas e Cleômbroto, estes últimos, gêmeos; enquanto a segunda esposa deu-lhe apenas um filho: Cleômenes. Não há registro sobre os nomes de suas esposas.

517. Esta expressão, assim como "amado", está no caso vocativo; em razão disso, é uma evocação, ou um chamamento. Podemos depreender que Heródoto se refere ao povo, então podemos ler: "povo odiado" e "povo amado".

518. τὸ βουλευτήριον (*tò bouleutĕrion*) era a sala do Conselho, local em que ocorria a Assembleia popular e a elaboração de leis.

519. Isto é, os membros do Conselho.

520. Referência ao rei Agamêmnon, o "rei de todos os homens", conforme Homero em diversos versos da *Ilíada*.

149. Eles contam que o Conselho assim lhes respondeu, e embora o oráculo tenha lhes anunciado para que não fizessem a aliança militar com os helenos; eles podiam fazer uma trégua de trinta anos, embora tivessem medo do oráculo, para que os seus filhos se tornassem adultos[521] no decorrer desses anos; mas se não escolhessem sua trégua, então se eles estavam preocupados com o que poderia acontecer de ruim, outra derrota diante do Persa, e os que restaram deles se tornassem submissos aos lacedemônios. E os mensageiros vindos de Esparta, para as palavras ditas pelo Conselho, viraram-se em resposta com estas: com relação à trégua, que levariam a questão para a maioria decidir; e sobre o comando, já haviam respondido ao lhes dar as ordens, e além disso, disse-lhes que eles tinham dois reis[522], enquanto os argivos tinham um único; portanto, que não seria possível afastar nenhum dos dois reis de Esparta do comando[523], mas nada o impediria de exercer o mesmo direito de voto com os seus

---

521. O temor dos argivos se explica por este episódio: "E Argos se tornou tanto um deserto de homens que os seus escravos se apossaram de todos os assuntos públicos, exerceram os cargos de magistrados e passaram a administrá-los, até que os filhos dos que haviam sido mortos tornaram-se homens. Logo em seguida, eles vieram retomar o poder em Argos e expulsaram os escravos de lá". (Heródoto, *Histórias*, VI, 83). In: Heródoto. *Histórias. Livro VI – Érato. Op. cit.*

522. Esparta tinha um sistema político pautado em uma diarquia, ou seja, tinha dois reis, um proveniente da Casa dos Ágidas e o outro da dos Euripôntidas. Sobre a lista e as possíveis datações dos reis das duas casas, consultar Pausânias, *Descrição da Hélade*, III, 1, 7-11, 5. Os descendentes dos dois reis de Esparta eram conhecidos como Herclidas por serem descendentes de Héracles; este por sua vez, por sua linhagem familiar, estava ligado por parentesco a Perseu, pois ambos eram primos, o que conferia a Cleômenes uma ancestralidade comum à dos atenienses. As funções dos reis espartanos estavam relacionadas às expedições militares e à realização de cerimônias religiosas. Para mais detalhes, consultar: Xenofonte. *A constituição dos lacedemônios*, XIII.

523. Argumento que contradiz o afirmado neste relato: "E quando estavam prestes a juntar as infantarias para a batalha, os coríntios foram os primeiros que concluíram entre si que não agiriam de modo justo, mudaram de ideia e partiram. Depois disso, Demarato, filho de Aríston, que também era um rei dos cidadãos espartanos e que havia compartilhado o comando do exército com Cleômenes desde a Lacedemônia e que até aquele momento Cleômenes não o tinha como adversário. E a partir dessa dissensão, foi estabelecida uma lei em Esparta que não permitia que ambos os reis acompanhassem um exército que saísse em campanha; pois, até esse momento, ambos o acompanhavam; e depois disso, um deles estava liberado do exército para que um dos Tindáridas fosse deixado na cidade; pois, antes disso, de fato ambos eram

dois reis. Então, desse modo, os argivos contam que não suportaram a arrogância dos cidadãos espartanos, mas preferiram mais ser comandados pelo bárbaro a ceder algo aos lacedemônios; e impuseram a esses mensageiros que deixassem o território dos argivos antes de o Sol se por; caso não fizessem isso, seriam tratados como inimigos[524].

150. Então, os próprios argivos contam esses fatos a respeito disso. E existe outro relato contado em toda Hélade, que Xerxes enviou um arauto para Argos antes que realmente se movimentasse para realizar a expedição militar contra a Hélade; e quando ele chegou, conta-se que disse isso: "Homens argivos, o rei Xerxes diz-vos estas palavras: nós consideramos que somos de origem persa e que nós descendemos dele, o filho de Perseu, filho de Dânae, e de Andrômeda, filha de Cefeu[525]. Portanto, desse modo, seríamos vossos descendentes. Portanto, não é razoável que nós realizemos uma expedição militar contra os nossos antepassados, nem que vós vos vingueis de nós com os outros nem que vos torneis nossos adversários, mas sim que vós permaneceis em seus próprios lares em silêncio; pois se acontecer conforme meu pensamento, eu os estimarei mais que nenhum outro". Após os argivos ouvirem essas palavras, conta-se que eles deram muita importância ao fato, e naquele momento, não anunciaram que iriam auxiliá-los nem pediram nada, e quando os helenos tentaram que eles acolhessem suas opiniões, de fato, nestas condições, eles estavam cientes de que os lacedemônios não lhes entregariam o

---

convocados pelos espartanos e eles os acompanhavam." (Heródoto, *Histórias*, V, 75). In: Heródoto. *Histórias. Livro V – Terpsícore. Op. cit.*

524. Sobre esse episódio, Plutarco assim afirma: "porquanto todos sabem que os argivos não recusaram a aliança de guerra com os gregos, mas pleiteavam o comando, conforme se julgavam dignos, da metade dos aliados, para que não seguissem os lacedemônios, que eram os mais terríveis e hostis inimigos, e fizessem sempre o que eles ordenassem". (*Da malícia de Heródoto*, 863B-C), tradução de Maria Aparecida de Oliveira Silva. In: Plutarco. *Da malícia de Heródoto. Op. cit.* Como o acordo de paz não foi realizado, os argivos preferiram manter-se neutros no conflito e, cientes de que os lacedemônios não cederiam o comando, exigiram-no do mesmo modo, para justificar sua ausência (VII, 150). Plutarco cita o pretexto dos argivos, porém desacredita a versão herodotiana do acontecido (863C). Não dispomos, todavia, de outros relatos para confrontar seus registros.

525. Sobre esse argumento, consultar o capítulo 61 deste *Livro VII – Polímnia*.

comando que haviam pedido, para que se sustentassem nesse pretexto para manter seu silêncio.

151. E ocorreu-lhes também o seguinte episódio que alguns helenos contam, que aconteceu muitos anos mais tarde do que esses: quando os mensageiros atenienses encontraram os memnônides[526] que estavam em Susos por causa de outro assunto, que eram Cálias[527], filho de Hipônico e os que chegaram com ele, e durante aquela mesma época, os argivos também tinham enviado esses mensageiros para perguntar a Artaxerxes, filho de Xerxes, se eles ainda queriam manter o acordo de amizade que estabeleceram com ele ou se ele os considerava seus inimigos; e o rei Artaxerxes respondeu sobretudo isso se mantinha e que nenhuma cidade era mais estimada que Argos.

152. Então, se Xerxes enviou o arauto para Argos a fim de que dissesse isso, também se os mensageiros dos argivos subiram até Susos para inquiri-lo sobre o acordo de amizade, não posso afirmar com certeza, nem mesmo manifesto uma outra opinião a respeito disso que o mesmo acordo que os próprios argivos contam. E o tanto que sei é que, se todos os homens reunissem os seus próprios males em um determinado lugar porque queriam trocá-los com seus vizinhos, observariam bem os males dos que estão próximos, e prazerosamente cada um deles voltaria para trás com os que tinha trazido. Desse modo, então, nem as piores coisas foram feitas pelos argivos. E eu devo contar o que foi dito, certamente não devo ser completamente persuadido (e que essa afirmação tenha lugar em todo o meu

---

526. Habitantes da cidade de Mêmnon, sobre o local, temos este relato: "E se o caminho real está corretamente medido por parassangas e a parassanga vale trinta estádios, como ela vale isso, os estádios de Sárdis até o palácio real, chamado o Palácio de Mêmnon, são treze mil e quinhentos, e porque são parassangas somam quatrocentas e cinquenta; e ainda se cinquenta estádios são percorridos em um dia, atravessa-se toda a sua extensão quando são contados exatamente noventa dias". (Heródoto, *Histórias*, V, 53). In: Heródoto. *Histórias. Livro V – Terpsícore. Op. cit.*

527. Descendente de uma família aristocrática ateniense, os Cálias-Hipônico, filho de Hipônico, viveu entre 515 e 432 a.C, exerceu a função de sacerdote e era o encarregado de portar a tocha durante as celebrações dos Mistérios de Elêusis. Além disso, participou ativamente no combate contra os persas em Salamina e destacou-se por ter permanecido trajado com as suas luxuosas vestes sacerdotais.

relato[528]); uma vez que se conta também que os argivos então eram os que prestaram ajuda ao Persa na Hélade, visto que o embate que eles tiveram contra os lacedemônios teve um terrível desfecho, de fato, tudo lhes era preferível diante da atual situação penosa.

153. Assim, já foram contados os acontecimentos sobre os argivos. E outros mensageiros vindos dos aliados de guerra tinham chegado à Sicília e se encontrado com Gélon, e além disso, também havia um vindo dos lacedemônios, Siagro. E um colonizador de Gela[529], porque ele era ancestral de Gélon, era proveniente da ilha de Telos, que está situada na região de Triópio[530]; quando Gela foi colonizada pelos lídios vindos de Rodes e por Antifemo, ele não os abandonou. Com o passar do tempo, os seus descendentes se tornaram hierofantes[531] das Deusas Ctônias[532] e eles continuaram sendo ocupantes desse cargo, o que obteve Telines, um de seus antepassados, que o havia conseguido do modo que se segue. Alguns homens de Gela, que foram derrotados em uma dissensão política, tinham se

---

528. Heródoto assinalou tal preocupação em dois momentos anteriores, eis o primeiro: "Então, que faça uso dessas histórias contadas pelos egípcios aquele que está acreditando em tais relatos; quanto a mim, escrevo o que me foi dito por cada um deles como foi ouvido e apresentado cada relato". (*Histórias*, II, 123). In: Heródoto. *Histórias. Livro II – Euterpe. Op. cit.* E o segundo foi este: "Se isso é verdadeiro, não sei, eu registro as coisas que se diz. E poderia ser tudo isso, eu mesmo vi". (Heródoto, *Histórias*, IV, 195). In: Heródoto. *Histórias. Livro IV – Melpômene. Op. cit.*

529. Cidade da Sicília, fundada no século VII a.C. pelos ilhéus dé Creta e Rodes, conforme relata Tucídides em sua obra *História da Guerra do Peloponeso*, VI, 4.

530. Triópio é o nome de uma cidade e de um cabo. Sobre essa região, Heródoto relata que: "Os cários então não realizaram nenhum feito brilhante e foram escravizados por Hárpago, nem os próprios cários demonstraram nada, nem quantos dentre os helenos que habitavam esse território. E ainda outros o habitam, cnídios, colônios dos lacedemônios, os quais têm seu território voltado para o mar, chamado Triópio, começando a partir do Quersoneso de Bibassia, sendo que toda a Cnídia, exceto uma pequena parte, é cercado pelo mar". (*Histórias*, I, 174). In: Heródoto. *Histórias. Livro I – Clio. Op. cit.*

531. ἱροφάνται (*hirophántai*) na grafia iônia de Heródoto e ἱεροφάνται (*hierophántai*) na grafia ática, eram os sacerdotes que explicavam os ritos sagrados, que instruiu os iniciantes nos Mistérios de Elêusis, que eram realizados em honra das deusas Deméter e Perséfone.

532. Deméter e Perséfone.

refugiado para a cidade de Mactório, cidade localizada acima de Gela; então, Telines conduziu-os até Gela com homens sem nenhuma força, mas tinha objetos sagrados[533] das deusas; de onde ele os havia pegado ou se ele próprio os adquiriu, isso eu não tenho como dizer; então, porque estava confiando em si mesmo, ele os conduzia, e com a condição de que os seus descendentes seriam os hierofantes das Deusas. Então, fico admirado também com isso que aconteceu e diante das informações com que fui informado, que Telines realizou tamanho feito; pois tais feitos não são comumente praticados por qualquer tipo de homem, mas por quem tem como característica própria a alma nobre e a força viril; e conta-se dentre os habitantes da Sicília que ele era o oposto disso, que era um homem por natureza efeminado e de fala bastante conciliadora.

154. Portanto, foi desse modo que ele obteve esse privilégio. E Cleandro, filho de Pantares, que teve a sua vida terminada, que exerceu o cargo de tirano de Gela por sete anos[534], e foi morto por Sábilo[535], um homem de Gela; nesse momento Hipócrates havia ascendido à monarquia[536], ele era irmão de Cleandro. E quando Hipócrates exercia

---

533. Este é o segundo episódio em que Heródoto nos mostra o uso do sagrado pelos helenos para fins políticos à época das tiranias; o primeiro foi este: "No demo de Peânia havia uma mulher, cujo nome era Fia, faltando três dedos para atingir a estatura de quatro côvados; além disso, ela tinha um belo aspecto. Eles equiparam essa mulher com uma panóplia, e colocaram-na dentro de um carro de guerra, fazendo-a simular uma imagem que fosse capaz de ela se exibir com uma aparência um tanto mais bela, e conduziram-na para a cidade, enviando arautos que corriam à sua frente, os quais anunciavam suas ordens enquanto se aproximavam da cidade, dizendo as seguintes palavras: 'Atenienses, recebei Pisístrato com bom sentimento, o qual a própria Atena honra mais dentre os homens, e ela mesma o conduz para a Acrópole'. Eles, então, indo de um lado para o outro, disseram isso, e imediatamente ao anunciado, que Atena havia reconduzido Pisístrato, chegou aos demos e eles foram persuadidos de que a mulher que estava na cidade era a própria deusa e dirigiram suas preces a ela e acolheram Pisístrato". (*Histórias*, I, 60). In: Heródoto. *Histórias. Livro I – Clio. Op. cit.*

534. De 505 a 498 a.C.

535. Não dispomos de mais informações sobre essas personagens, a não ser uma referência a Cleandro em Aristóteles, *Política*, 1316a35.

536. Heródoto reproduz um pensamento corrente na Hélade de que a monarquia (μουναρχίη/*mounarkhíē*), isto é, "o governo de um só", representa um mal para a sociedade. Convém ressaltar que Heródoto descreve o monarca ou o rei como se fosse um

a tirania, Gélon, que era descendente do hierofante Telines, em companhia de muitos outros, um deles, Enesidemo, filho de Pateco[537], que era lanceiro de Hipócrates. Após isso, não muito tempo depois, por sua coragem, foi escolhido para o cargo de hiparco[538] de toda a cavalaria; pois, quando Hipócrates estava fazendo o cerco aos calipolitanos, náxios, zancleus e leontinos, e além deles, aos siracusanos[539] e aos bárbaros vizinhos, um homem se revelava nessas circunstâncias de guerra: Gélon, ele era o mais notável. E dentre todas as cidades que mencionei, exceto a dos siracusanos, nenhuma escapou da escravidão de Hipócrates. E os coríntios e corcireus os salvaram em batalha após os siracusanos terem sido derrotados[540] às margens do Rio Eloro[541]; e eles os salvaram nas seguintes condições porque queriam algo em troca, na qual os siracusanos entregariam Camarina[542] a Hipócrates;

155. E antigamente, Camarina era dos siracusanos. Quando também Hipócrates havia exercido o cargo de tirano pelo mesmo número de anos que seu irmão Cleandro[543], ele estava avançado contra a cidade de Hibla[544], mas morreu logo após organizar a expedição mi-

---

tirano. A tirania era condenada pelos helenos do período clássico, por ser considerado um governo violento e à parte das leis. Percebemos que Heródoto coloca o monarca e o tirano no mesmo plano, usa o termo μούναρχον (*moúnarkhon*), ou monarca, e utiliza o termo τύραννον (*týrannon*), ou seja, "tirano". Tal confusão conceitual já ocorreu no caso em que Heródoto utiliza o termo *týrannos* (τύραννος), habitualmente traduzido por tirano, porque indica uma soberania no exercício do poder.

537. Não dispomos de mais informações sobre essas personagens, a não ser uma referência a Cleandro em Aristóteles, *Política*, 1316a35.

538. ἵππαρχος (*hípparchos*), ou hiparca, era o comandante da cavalaria.

539. Habitantes de Calípolis, Naxos, Zancles, Leontino (ilhas localizadas no Mar Egeu) e Siracusa, cidade localizada entre os mares Tirreno e Iônio.

540. Os coríntios foram os colonizadores de Córcira e de Siracusa, o que justifica a união entre eles.

541. Famoso rio da Sicília que foi citado pelo poeta romano Virgílio no Canto III de sua *Eneida*.

542. Cidade localizada na região Sudeste da Sicília.

543. Isto é, por sete anos.

544. Cidade localizada entre Siracusa e Ragusa, situadas na Sicília.

litar contra os sículos⁵⁴⁵; desse modo, então, Gélon, em teoria, procurando vingança com os filhos de Hipócrates, Euclides e Cleandro, porque não queria que os cidadãos lhe fossem submissos, mas na prática, como havia vencido os gelenses em batalha, despojou os filhos de Hipócrates e ele próprio passou a exercer o poder. Depois desse episódio de boa sorte, os chamados gamoros⁵⁴⁶ dentre os siracusanos foram expulsos pelo povo e por seus próprios escravos, que eram chamados cilírios⁵⁴⁷, Gélon os conduziu da cidade de Casmene até Siracusa e tomou posse dela; pois, no momento em que ele chegou a Gela para atacá-lo, o povo dos siracusanos entregou-lhe a cidade e a si mesmo.

156. E depois de ter tomado Siracusa, ele não se preocupava mais com governar Gela, então confiou o governo da cidade ao seu irmão Híeron⁵⁴⁸, e ele começou a fortificar Siracusa, e ele possuía toda a ilha de Siracusa. E ela logo cresceu muito depressa e floresceu. Pois ele conduziu todos os camarinos para a Siracusa e lhes concedeu o título de cidadão, e destruiu a cidadela de Camarina e com a metade das cidadelas dos gelenses fez o mesmo que fez com os camarinos; e com relação aos megarenses da Sicília, porque estavam sendo cercados, partiram para a rendição, e conduziu os ricos até a Sicília, os que haviam convocado uma guerra contra ele e, por isso, eles previam que seriam mortos, mas tornou esses que conduziu cidadãos de Siracusa; e o povo dos megarenses, que não eram participantes dessa guerra nem esperavam que iriam sofrer nada, então ele os conduziu para Siracusa, mas os colocou à venda como escravos com a condição de que fossem levados para fora da Sicília; e ele usou o mesmo critério

---

545. Povo originário da Sicília.

546. οἱ γαμόροι (*hoi gamóroi*) eram os proprietários de terra na Ática, fora dela, era usado para se referir aos ricos proprietários de terra.

547. οἱ Κυλλύριοι (*hoi kyllyríoi*), ou cilírios, era o nome dado aos escravos na Sicília.

548. Segundo filho de Dinômenes, por indicação de seu irmão Gélon, exerceu a tirania em Siracusa de 478 a 467 a.C. A fama de Híeron é cantada pelos poetas Píndaro e Baquílides por suas vitórias nos Jogos Olímpicos e Píticos; os trágicos Ésquilo e Epicarmo apresentaram-se em Gela a convite do tirano, conforme nos conta Xenofonte em sua obra *Híeron*.

com os eubeus da Sicília[549]. E ele fez isso em ambas as circunstâncias porque considerava que o povo deles era a comunidade de habitantes mais desagradável. Dessa maneira, Gélon tornou-se um grande tirano.

157. No momento em que os mensageiros dos helenos chegaram a Siracusa, eles foram ter uma conversa com ele e disseram-lhe as seguintes palavras: "Lacedemônios, atenienses e os seus aliados militares nos enviaram até ti para pedir nos associarmos contra para o bárbaro; pois ele avança contra a Hélade como tu estás completamente informado, que o homem persa construiu uma ponte de barcos no Helesponto tem a intenção de também conduzir todo poderio militar do povo auroreaul[550] vindo da Ásia e está ponto de realizar uma expedição militar contra a Hélade, usando como pretexto que cavalgava contra a Hélade, mas tem em mente que isso seja feito por ele com toda a Hélade. E tu alcançaste o poder com grandiosidade e uma parte não pequena da Hélade junto com a Sicília é governada por ti, ajuda os homens livres da Hélade e vai junto com eles. Pois, se for reunida, toda a Hélade se torna uma grande mão contra ele, e nos tornaremos dignos de avançar contra ele; mas se, dentre nós, uns forem traidores e outros não quiserem prestar ajuda, se a parte saudável da Hélade for pequena, isso já se tornaria terrível, porque toda a Hélade cairia. Pois não tenhas a esperança de que, se nós formos subjugados, se o Persa nos tiver vencido em batalha, que ele certamente não virá contra ti aqui, mas vamos nos proteger antes disso; pois ao nos ajudar, tu estarás prestando ajuda a ti mesmo. E, se deliberares bem sobre a questão, o resultado que se quer ocorre de ser, geralmente, útil".

---

549. Tucídides faz um pequeno relato sobre a formação étnica da Sicília, que é longa, então selecionamos a parte em que trata dos sícelos e dos helenos: "Os sícelos, por sua vez, vieram da Itália, onde moravam, para a Sicília, fugindo aos ópicos em balsas, de acordo com a tradição, esperando até que o vento soprasse do continente para atravessar (ou talvez eles tenham navegado de outra maneira qualquer). Ainda hoje há sícelos que tinham este nome. Eles atravessaram a Sicília em vez da Sicânia. Eles se fixaram lá após aquela travessia, e dominavam as melhores áreas da ilha havia trezentos anos aproximadamente quando os helenos chegaram à Sicília; até hoje eles são os senhores do norte e do centro da ilha". (*História da guerra do Peloponeso*, VI, 2), tradução de Mário da Gama Kury. In: Tucídides. *História da guerra do Peloponeso. Op. cit.*

550. O povo que habitava o lado em direção à aurora, ou do sol nascente, o que Heródoto reconhece como sendo a região da Ásia.

158. Então, eles disseram essas palavras, e Gélon foi muito veemente ao lhes dizer tais palavras: "Homens helenos, com vosso discurso interesseiro, ousastes convocar-me para ir como vosso aliado de guerra contra o bárbaro. E vós mesmos, quando primeiro eu havia vos pedido para que se unissem comigo em um ataque contra um exército de origem bárbara, quando por causa da inimizade que temos com os carquedônios[551], e fui firme para que vingássemos a morte de Dorieu[552], filho de Anaxândrides[553], contra os egestes[554], e propus a questão de que juntos libertássemos deles os locais de comércio marítimo que nos trazem enormes vantagens e resultados concretos, nem mesmo por minha causa viestes para nos ajudar, nem vingar conosco a morte de Dorieu, e se dependesse de vós, isto tudo aqui estaria sob o domínio dos bárbaros. Mas correu tudo bem conosco e a situação se colocou bem melhor para nós; e agora, uma vez que a guerra vem para o vosso lado e se afasta de nós, desse modo então houve a lembrança de Gélon. E obtive essa desonra de vós, mas não agirei do mesmo modo que vós; ao contrário,

---

551. Nome dado aos cartagineses habitantes de Carquédon, outro nome dado a cidade de Cartago, cidade localizada no norte da África cuja colonização foi feita por fenícios das cidades de Tiro e de Sídon.

552. Século VI a.C., filho de Anaxândrides, descendente da Casa Ágida, por ter perdido seu trono para Cleômenes através de uma deliberação dos éforos, saiu do Peloponeso e partiu indignado para o Norte da África.

553. Descendente da Casa dos Ágidas, reinou em Esparta entre os anos de 560 e 520 a.C., conhecido não somente por ter vencido a guerra contra os tegeatas, mas também por ter sido o único rei bígamo de Esparta, sob o argumento de que a sua primeira esposa era estéril, mas curiosamente sua primeira mulher teve três filhos depois de seu segundo casamento: Dorieu, Leônidas e Cleômbroto, estes últimos gêmeos; enquanto a segunda esposa deu-lhe apenas um filho: Cleômenes. Não há registro sobre os nomes de suas esposas. Conforme Heródoto nos informa, o rei espartano era contemporâneo de Creso: "mas durante a época de Creso e dos reinados de Anaxândrides e de Aríston na Lacedemônia, os cidadãos espartanos foram superiores na guerra". (*Histórias*, I, 67). In: Heródoto. *Histórias. Livro I – Clio. Op. cit*. Com esse relato ainda, vemos o destaque dado ao poderio do exército espartano.

554. Sobre a morte de Dorieu, Heródoto conta que: "E navegaram junto com Dorieu também os outros cidadãos espartanos que foram fundar juntos uma colônia, dentre eles estavam Téssalo, Parebates, Celes e Eurileonte; os que logo que chegaram com toda a sua força militar na Sicília morreram em combate, aniquilados pelos fenícios e os egestes". (Heródoto, *Histórias*, V, 46). In: Heródoto. *Histórias. Livro V – Terpsícore. Op. cit.*

estou pronto para ajudá-los com o fornecimento de duzentas trirremes, vinte mil hoplitas, dois mil homens da cavalaria, dois mil arqueiros, dois mil soldados armados com fundas e dois mil homens da cavalaria ligeira; e prometo fornecer trigo a todo o exército dos helenos, este haverá até que a guerra se consuma. E sob este discurso, este que jurei cumprir, está sob a condição de que o estratego e o comandante dos helenos contra os bárbaros seja eu; e em outro tipo de discurso, e não irei nem enviarei outros reforços".

159. Após ouvir essas palavras, Síagro[555] não se conteve e disse-lhe estas: "Certamente, Agamêmnon, descendente de Pélops, lançaria um grande grito de dor se fosse informado de que os cidadãos espartanos foram afastados do comando por Gélon e os siracusanos. Mas não te lembres mais desse discurso para que nós entreguemos o comando para ti; mas se quiseres ajudar a Hélade, saiba que somos comandados pelos lacedemônios; e então, se não consideras isso justo, tu não nos ajudes mesmo".

160. Diante dessas palavras, Gélon, uma vez que as palavras que Síagro havia lhe retornado tinham sido muito enfáticas, por fim, ele expôs-lhes este discurso: "Ó estrangeiro, cidadão espartano, ir junto a um homem com ultrajes costuma levá-lo para a cólera; todavia, tu expuseste palavras insolentes em teu discurso, não me persuadiste a utilizar palavras vergonhosas em minha resposta. Como vós sois tão abraçados ao comando, é razoável que eu também seja mais abraçado a ele que vós, porque sou o comandante de uma força militar muitas vezes maior e de um número muito maior de naus. Mas, se em consequência disso, o meu discurso foi colocado de modo tão árduo para vós, nós retiraremos algo do antigo discurso; se vós comandaríeis o terrestre, enquanto eu, o náutico; se vos agrada ter o comando sobre o mar, eu quero o do exército terrestre. E ou vós precisais gostar dessas palavras ou partir desprovidos de aliados militares desse tipo".

161. De fato, Gélon elaborou essas proposições, e o mensageiro dos atenienses se antecipou ao dos lacedemônios e disse-lhe em resposta estas palavras: "Ó rei dos siracusanos, a Hélade enviou-nos até ti não porque precisa de um comandante, mas de um contingente

---

555. Não dispomos de mais informações sobre essa personagem.

militar. Mas tu não demonstras a intenção de nos enviar um contingente militar sem que exerças o comando da Hélade, porque desejas vivamente ser o estratego dela. Então, o tanto que requeres ser o comandante de todo o exército dos helenos é o suficiente para que nós, os atenienses, assim nos mantínhamos em silêncio, porque sabíamos que o lacônio seria capaz de se defender por ambos os povos. E depois de ter o seu pedido para ser o comandante do exército náutico barrado, este assunto é assim visto por nós: nem mesmo se o lacônio te ceder a parte do poder dele, nós não cederemos a nossa. Portanto, esse comando certamente é nosso, mesmo se os lacedemônios não o quiserem; então, se eles quiserem exercer o comando, não faremos oposição a eles. Pois seria em vão, porque possuímos o maior contingente náutico dentre os helenos, se nós como atenienses, entregarmos o comando aos siracusanos, nós que somos a etnia mais antiga, somos os únicos dentre os helenos que não mudaram de território[556]; e Homero[557], o poeta épico, afirmou que o melhor homem dentre eles tinha ido para Ílion para alinhar e organizar o exército[558]. Desse modo, não temos de receber nenhuma censura ao dizermos essas palavras".

162. E Gélon virou-se em resposta com estas palavras: "Estrangeiro ateniense, vós pareceis que tendes os comandantes, mas que não tereis a quem comandar. Em consequência disso, se vós quiserdes ter tudo, sem vos submeterdes a nada, poderíeis vos antecipar o mais rapidamente possível para abandonar- nos e voltardes para sua terra natal, e anunciardes a Hélade que a primavera deste ano lhe foi

---

556. Os atenienses acreditavam que eram autóctones, conforme lemos neste relato de Tucídides: "A Ática, em todo caso, desde a mais remota Antiguidade, por causa da aridez do solo, não era perturbada por disputas e habitaram-na sempre os mesmos homens". (*História da Guerra do Peloponeso*, I, II, 5). Tradução de Anna Lia Amaral de Almeida Prado. In: Tucídides, *História da Guerra do Peloponeso. Livro I. Op. cit.*

557. Poeta épico heleno a quem é atribuída a autoria dos versos em hexâmetro dáctilos da *Ilíada* e da *Odisseia*. Estudos realizados sobre a cronologia de suas obras nos trazem informações de que elas datam dos séculos XII a IX a.C.

558. Herói Meneceu, bisneto de Erecteu, comparado a Nestor por Homero na *Ilíada*, II, 546-556.

retirada". E esse pensamento típico dessa expressão, o que ele quer dizer é isto: pois é evidente que, nesta época do ano a primavera é a estação mais notável, e seria o mesmo com relação ao contingente militar dos helenos fosse para o seu contingente militar; portanto, ele a comparava à Hélade privada de sua aliança militar com a primavera desse ano lhe tivesse sido retirada.

163. De fato, os mensageiros dos helenos zarparam de volta com tais palavras obtidas nas negociações com Gélon; enquanto Gélon, diante dessas circunstâncias, temeu que os helenos não fossem capazes de superar o bárbaro, e considerava que isso era terrível, mas que não poderia suportar ir ao Peloponeso para ser comandado pelos lacedemônios, como o tirano da Sicília, então ele desistiu desse caminho e ficou com outro. Pois logo em seguida ao ocorrido, ele foi informado de que o Persa tinha atravessado o Helesponto, então, o mais rapidamente possível, enviou Cadmo, filho de Cites[559], um homem da ilha de Cós[560], para Delfos, com três pentecôncteros, também com muito dinheiro e palavras amigáveis, com a finalidade de

---

559. Sobre Cites, temos este relato herodotiano: "E os sâmios, porque foram persuadidos por eles, capturaram Zancle; quando os zancleus foram informados que sua cidade estava tomada, correram em socorro dela e convocaram Hipócrates, o tirano de Gela; pois eles o tinham como seu aliado militar. E quando Hipócrates veio em seu socorro com o seu exército, porque Cites, o monarca dos zancleus havia arrasado a cidade, aprisionou-o e também o seu irmão Pitógenes, e os enviou para a cidade de Ínix [...] Cites, o monarca dos zancleus, escapou em fuga de Ínix para Hímera, e de lá foi para a Ásia e subiu até a corte do rei Dario. E a ele Dario deu o nome de o mais justo dentre todos os homens quantos da Hélade subiram até ele; de fato, ele foi para a Sicília com a permissão do rei, e outra vez da Sicília retornou para a corte do rei, até o ponto em que na sua velhice estava feliz por sua grande riqueza e teve o seu fim na Pérsia". (Heródoto, *Histórias*, VI, 23-24). In: Heródoto. *Histórias. Livro VI – Érato. Op. cit.*

560. Ilha que faz parte do complexo de ilhas chamado de Dodecaneso, localizada no extremo leste do Mar Egeu, muito próxima à região da Ásia Menor. Embora o complexo seja conhecido como Dodecaneso, é composto por cento e sessenta e três ilhas, com doze principais: Rodes, Cárpatos, Astipaleia, Clímnos, Cárpatos, Cassos, Castelorizo, Leros, Nísiros, Patmos, Simi e Tilos. A ilha de Rodes é a mais importante delas, com maior projeção história e econômica do complexo, e muito famosa por abrigar o chamado Colosso de Rodes, uma gigantesca estátua do deus Apolo, considerada uma das sete maravilhas do mundo antigo, datada de 280 a.C., construída pelo escultor Cares de Lindo.

prestar atenção na guerra e ver o que estava acontecendo, se o bárbaro estivesse vencendo, o dinheiro deveria ser dado a ele, também terra e água pelos territórios que Gélon governava; mas se fossem os helenos, que o trouxesse de volta.

164. E esse Cadmo antes havia herdado de seu pai a tirania de Cós que estava bem instituída, e espontaneamente e sem que nenhum mal tenha lhes sobrevindo, mas por justiça, havia estabelecido o poder ao povo de Cós e ido embora para a Sicília, e lá, com o auxílio dos sâmios[561], habitou a cidade de Zancle que mudou seu nome para Messene. De fato, como esse Cadmo chegou de tal modo por justiça, Gélon o enviou para aquela tarefa, pois ele próprio estava ligado em outro sentimento de justiça; que além de ele próprio ter executado ações justas de sentimento de justiça, e existe esta que não é inferior a elas e que subsiste: pois, quando Gélon confiou-lhe uma grande quantidade de dinheiro, ele se tornou poderoso, poderia subtraí-lo naquela circunstância e não quis; ao contrário, tão logo os helenos se sobressaíram na naumaquia[562] e Xerxes partiu em cavalgada para a sua terra natal. E além disso, ele chegou à Sicília com todo os dinheiros que ele havia levado.

165. E também é contado pelos habitantes da Sicília que, mesmo que realmente fosse comandado pelos lacedemônios, Gélon teria prestado ajuda aos helenos, se Terilo, filho de Crinipo, não tivesse sido expulso de Hímera[563], mesmo sendo o tirano de Hímera, por

---

561. Com relação a esse episódio, Heródoto narra o seguinte: "Nesse momento, calhou de acontecer algo deste tipo: enquanto os sâmios marchavam em direção à Sicília, encontraram no território dos lócrios, esses que eram epicefírios, mas eles mesmos eram zancleus, e o rei deles, cujo nome era Cites, que haviam feito um cerco com a intenção de destruir a cidade dos siciliotas. Após saber disso, Anaxilau, o tirano de Régio, que então os zancleus o tinham como adversário, conversou com os sâmios e os persuadiu de que era preciso que renunciasse a Cale Acte, na sua navegação, e capturassem Zancle, que naquela ocasião estava um deserto de homens". (Heródoto, *Histórias*, VI, 23). In: Heródoto. *Histórias. Livro VI – Érato. Op. cit.*

562. Batalha de Salamina, em 480 a.C.

563. Cidade do norte da Sicília.

Téron[564], filho de Enesidemo, monarca[565] dos acragantinos[566], se não tivesse intervindo nesse mesmo tempo com um contingente militar composto por fenícios, líbios, iberos, lígures, elísicos, sardônios e círnios, que eram em trezentos mil e seu estratego era Amílcar[567], filho de Ánon, que era rei dos carquedônios, porque Terilo lembrou-o que havia laços de hospitalidade[568] entre eles, mas principalmente, por causa da boa vontade de Anaxilau[569], filho de Cretines, que era o tirano de Régio[570], que entregou seus filhos como garantia a Amílcar, para que comandasse uma expedição militar contra a Sicília e vingasse o seu sogro; pois Terilo tinha se casado com uma filha

---

564. Tirano de Ácraga ou Acragante, de 488 a 472 a.C.

565. Convém notar que Heródoto chama o tirano de Ácraga ou Acragante de monarca, talvez seja um prenúncio da seguinte reflexão de Aristóteles: "Mas os desvios de finalidade dos regimes que nós já mencionamos são a tirania da monarquia, a oligarquia da aristocracia, e a democracia da república. Pois a tirania é uma monarquia voltada para o interesse do monarca, e a oligarquia para o dos ricos, enquanto a democracia está voltada para o interesse dos pobres, mas nenhum deles está voltado para o proveito comum". (*Política*, 1279b5-10). In: Aristóteles. *Política. Op. cit.*

566. Habitantes da cidade de Ácraga ou Acragante, onde hoje está localizada a cidade de Agrigento.

567. Do fenício *Hanmelkart*, "dádiva de Melkart", o deus fenício correspondente a Héracles. Amílcar foi um general cartaginense.

568. Mais uma vez, percebemos que Heródoto traz um conceito considerado essencialmente da Hélade, como o de hospedagem, grafado aqui ξείνια (*xeínia*). Havia entre os helenos as chamadas regras de hospedagem que compreendiam o máximo de respeito ao homem que o recebesse em sua morada. E Alexandre ou Páris quebrou tais regras, o que era considerado uma ofensa não somente ao humano, mas também a Zeus Xênio, o deus que regia as normas de hospedagem. Esses laços de hospitalidade também tinham um caráter divino, uma vez que eram regidos por Zeus Xênio. Tal costume já aparece em Homero, quando Odisseu chega à ilha dos Feácios e é recebido pelo rei Alcínoo, consultar *Odisseia*, Cantos VI e VII.

569. Tirano de Régio, de 494 a 476 a.C. para mais detalhes, consultar: Diodoro Sículo, *Biblioteca histórica*, XI, 48. Tucídides também o menciona: "os sâmios por sua vez foram expulsos não muito tempo depois por Anaxilas, tirano de Région, que colonizou o local com uma população miscigenada e mudou o seu nome para Messene, sua antiga pátria". (*História da guerra do Peloponeso*, VI, 4), tradução de Mário da Gama Kury. In: Tucídides. *História da guerra do Peloponeso. Op. cit.*

570. Localizada no estreito de Messene, Régio é uma colônia fundada pelos calcidenses em 720 a.C.

de Anaxilau, cujo nome é Cidipe. Desse modo, não foi possível a Gélon prestar ajuda aos helenos, por isso tinha enviado o dinheiro para Delfos.

166. E além disso, eles disseram o que se segue, que Gélon e Téron tinham vencido Amílcar, o carquedônio, na Sicília dentro do mesmo dia em que os helenos, o Persa em Salamina[571]. E que Amílcar era carquedônio pelo lado paterno e do lado materno era siracusano, por isso ascendeu ao trono dos carquedônios por sua bravura, mas que, enquanto acontecia o embate dos exércitos, ele quando estava sendo vencido na batalha, fui informado que ele havia desaparecido; pois não apareceu nem vivo nem morto em nenhuma parte da terra; pois Gélon o procurou em perseguição por toda parte.

167. E existe este relato que é contado pelos carquedônios, que utilizo por ser razoável, que os bárbaros combateram contra os helenos na Sicília, que começaram desde a aurora e foram até o fim da tarde (pois conta-se que o combate se arrastou por durante muito tempo), enquanto Amílcar, nesse mesmo tempo, permaneceu no acampamento militar e realizou sacrifícios e buscava presságios, queimando como oferendas reses inteiras sobre uma grande pira; mas quando viu o que estava acontecendo com sua tropa, enquanto realizava as libações nas oferendas sagradas, ele se lançou na pira; desse modo, então, ele desapareceu enquanto era consumido pelo fogo. Mas, quer tenha sido desse modo o desparecimento de Amílcar, conforme contam os fenícios, quer de outro modo, conforme carquedônios e siracusanos, e eles realizam sacrifícios em honra dele, fizeram monumentos funerários em todas as cidades de suas colônias, e o maior deles está nessa Carquédon[572]. Então, os acontecimentos vindos da Sicília foram grandes assim.

168. E os corcireus, após terem sido respondidos por esses mensageiros, fizeram tais coisas pois eles foram convocados para combater

---

571. Estima-se que a Batalha de Salamina tenha ocorrido na última semana de setembro de 480 a.C.

572. Outro nome dado à cidade de Cartago, cidade localizada no norte da África cuja colonização foi feita por fenícios das cidades de Tiro e de Sídon.

ao lado deles, os mesmos que haviam chegado da Sicília dizendo que haviam dito as mesmas palavras ordenadas que fossem ditas para Gélon. E eles imediatamente juraram que enviariam um contingente militar e que os defenderiam afirmando que não teriam como assistir a Hélade ser destruída; pois se ela fracassasse, eles não teriam outra coisa que a escravidão no primeiro dos dias[573]; mas que eles deveriam prestar ajuda do modo mais poderoso possível. Desse modo, eles responderam de rostos sorridentes que sim; mas quando houve a necessidade de serem ajudados, ao contrário, refletiram sobre isso e equiparam sessenta naus, e navegaram um pouco até chegar ao Peloponeso, e fizeram a ancoragem das suas naus na região de Pilos[574] e Tênero[575], situadas na terra dos lacedemônios, enquanto ficaram esperando pelo que aconteceria e para que lado cairia a guerra, mas esperavam que os helenos fossem derrotados, porque pensavam que o Persa venceria de modo avassalador e que governaria toda a Hélade. Portanto, agiram em vista do melhor para si, a fim de que pudessem dizer ao Persa as seguintes palavras: "Ó rei, ainda que os helenos tenham solicitado que nós combatêssemos juntos nessa guerra contra ti, e nós temos nossa força militar, que não é pequena, e nós poderíamos ter fornecido um número não desprezível de naus, mas as maiores quantidades, depois dos atenienses,

---

573. Ou no dia seguinte.
574. Cidade localizada no litoral da Messênia, na península do Peloponeso.
575. Situada mais ao sul do litoral da Argólida; sobre essa cidade, Heródoto conta o seguinte: "Aríon de Metimna foi carregado por um delfim para Tênero [...] Contam que esse Aríon, como passara a maior parte da vida no palácio de Periandro, desejou navegar para a Itália e a Sicília; após ter ganhado muito dinheiro, quis retornar para Corinto. Para sair de Taras, por não confiar em ninguém mais que os coríntios, contratou uma nau de homens coríntios; mas, em alto-mar, eles tramaram lançar Aríon para fora da nau, para se apossar do seu dinheiro; [...] trajando toda a sua indumentária e pegando a sua cítara, [..] atirou-se ao mar [...] Quando desceu nesse lugar, andou para Corinto com a indumentária e, ao chegar, relatou tudo o que aconteceu. E, Periandro, por desconfiança, manteve Aríon sob vigilância e não o deixou ficar com ninguém, e teve cuidado com os tripulantes da nau; então, quando eles chegaram, foram chamados para que ele investigasse se eles falariam algo sobre Aríon. [...] Aríon apareceu diante deles, tal como estava quando saltou; e eles ficaram atordoados, não puderam ainda contestar e negar". (*Histórias*, I, 23-24). In: Heródoto. *Histórias. Livro I – Clio. Op. cit.*

que nós não queríamos nos colocar em campos opostos na batalha contra ti nem mesmo fazer algo de desagradável para ti". Tinham a esperança de que se dissessem essas palavras receberiam algo a mais que os outros. E isso poderia mesmo ter acontecido, como eu penso. E uma justificativa para os helenos havia sido criada por eles, a mesma que eles de fato utilizaram para os helenos: pois logo que os helenos solicitassem sua ajuda, diriam que não poderiam ajudá--los, então afirmariam que equiparam sessenta trirremes, mas que não foram capazes de ultrapassar o Málea[576] por causa dos ventos etésios[577]; desse modo, não teriam conseguido chegar a Salamina e que não teriam tomado parte na naumaquia por conta de nenhuma covardia. Desse modo, então, eles engaram os helenos.

169. E os cretenses, quando foram convocados para combater junto com eles pelos helenos que foram enviados com essa ordem, e eles fizeram o seguinte: em comum, enviaram teopropos[578] para Delfos, a fim de que consultassem o oráculo do deus sobre se seria melhor para eles prestar ajuda a Hélade. E a Pítia lhes respondeu: "Ó néscios, queixai-vos de tantas lágrimas enviadas pela ira[579] de Minos[580] contra vós porque vós vingastes Menelau[581]? Então, quando eles não os ajudaram a vingar sua morte em Câmico, mas vós os ajudastes quando

---

576. Cabo do Peloponeso.

577. Heródoto grafa ὑπὸ δὲ ἐτησιέων ἀνέμων (*hypò dè etēsiéōn anémōn*), que literalmente significa "pelos ventos etésios", que são os ventos que sopram vindos do noroeste do Mar Mediterrâneo durante a estação do verão. Portanto, são ventos que têm uma periodicidade, por isso a expressão também pode ser traduzida como "ventos anuais", que duravam cerca de quarenta dias.

578. O θεοπρόπος (*theoprópos*), ou teopropos, era o "adivinho" ou "profeta" de oráculos.

579. Neste trecho, Heródoto lembra Homero usando a palavra μῆνις (*mênis*), que significa "ira", elaborando uma relação entre a forte ira de Aquiles com a do rei Minos. Comparar com os primeiros versos de Homero no Canto I da *Ilíada*.

580. Filho de Zeus e de Europa, rei de Creta, que viveu três gerações antes da guerra de Troia, criado pelo rei de Creta, Astérion. Relatos míticos dão conta de vários envolvimentos amorosos e até mesmo a primazia da prática pederasta entre os helenos, com o relato de que teria sido o rei o raptor do jovem e belo Ganimedes, em vez de Zeus.

581. Filho de Atreu, rei de Micenas e de Aérope, filha de Catreu, rei de Creta. Menelau era rei de Esparta, irmão de Agamêmnon e marido de Helena.

a mulher de Esparta foi raptada⁵⁸² pelo homem bárbaro⁵⁸³". Como os cretenses deram ouvidos a essas palavras que lhes foram dirigidas, eles se mantiveram longe dessa vingança.

170. Pois conta-se que Minos, em sua busca por Dédalo⁵⁸⁴, chegou à Sicânia⁵⁸⁵, que agora é a chamada Sicília, e pereceu com uma morte violenta. E no transcorrer do tempo, o deus concedeu um sinal para eles todos, exceto para os policneus e os presios⁵⁸⁶, e eles partiram com uma grandiosa frota em direção a Sicânia e fizeram o cerco da cidade de Câmico durante cinco anos, e na minha época eram os acragantinos que a habitavam; e por fim, como não eram capazes nem de capturá-la nem de permanecer na fome que lhes acometia, abandonaram-na e partiram. E quando estavam navegando

---

582. Referência ao episódio sobre o rapto de Helena, a mais bela dentre as helenas, filha de Zeus e de Leda; seu pai humano é Tíndaro. Esposa de Menelau, por quem os helenos travaram a guerra contra Troia. Na *Ilíada*, de Homero, o poeta relata-nos que a invasão de Troia se deu por conta do rapto de Helena por Páris, quando este foi hóspede do rei Menelau de Esparta. Então se formou uma grande aliança entre os helenos para recuperar a mulher do rei, irmão do chefe de todos os homens, Agamêmnon.

583. Também conhecido por Alexandre, Páris era filho do rei troiano Príamo e da rainha Hécuba. Conhecido por ter sido o causador da Guerra de Troia, na qual foram mobilizados todos os gregos e os troianos. Tal guerra é narrada por Homero em sua *Ilíada*; a obra recebe esse nome porque a cidade de Troia também era conhecida como Ílion.

584. Arquiteto e escultor conhecido por seus trabalhos feitos ao mítico rei Minos, suas construções em Creta, especialmente pelo Labirinto do Minotauro, tornaram Dédalo famoso em toda a Hélade.

585. Sobre a colonização da Sicília e a Sicânia, temos o relato de Tucídides: "A Sicília foi colonizada desde a antiguidade e ocupada em sua totalidade pelos diversos povos enumerados a seguir. Os mais antigos que as tradições mencionam como habitantes de qualquer parte da ilha são os ciclopes e lestrigônios, a respeito dos quais são posso dizer a que raça pertenciam, nem de onde vieram, nem para onde foram. Limitemo-nos, pois, às estórias contadas pelos poetas e às opiniões de cada um a propósito deles. Os sicânios parecem ter sido realmente os primeiros a estabelecer-se lá depois deles, como eles mesmos afirmam, ou até antes, pois seriam autóctones, embora na verdade fossem iberos, expulsos pelos lígures da região onde fica o Rio Sícano, na Ibéria". (*História da guerra do Peloponeso*, VI, 1-2), tradução de Mário da Gama Kury. In: Tucídides. *História da guerra do Peloponeso. Op. cit.*

586. Habitantes de Policne e Preso, cidades localizadas na Sicília.

LIVRO VII - POLÍMNIA | 183

na região de Iapígia[587], uma grande tempestade caiu sobre eles e os lançou para a terra; porque suas embarcações foram destruídas (pois eles não tinham nenhum meio para retornar a Creta), lá fundaram a cidade de Híria e começaram a habitá-la e em vez de cretenses, tornaram-se iapígios messápios, e eram continentais em vez de ilhéus. E a partir da cidade de Híria, eles fundaram outras colônias, as que, muito tempo depois[588], os tarentinos tentaram destruí-la, sofreram um grandioso fracasso de modo que esse foi o maior massacre de helênicos[589] que aconteceu dentre todos os que nós sabemos; e dentre os próprios tarentinos e régios, houve os que eram das cidadelas e foram forçados por Mícito, filho de Quero, a vir como defensores; entre os tarentinos, esses morreram em número de três mil; e não é possível precisar o número desses tarentinos. Enquanto Mícito era um escravo doméstico de Anaxilau, que era chamado de o administrador de Régio, foi ele quem, depois de ter sido expulso de Régio, também partiu para habitar em Tégea[590], na região da Arcádia, e dedicou muitas estátuas em Olímpia[591].

---

587. Localizada na região centro-norte da Península Itálica.

588. 473 a.C., conferir Diodoro Sículo, *Biblioteca histórica*, XI, 52).

589. Heródoto nos revela a diversidade de povos de origem helena que colonizaram ou passaram a habitar a Sicília.

590. De acordo com Pausânias, havia em Tégea um templo de Atena Álea para onde os fugitivos iam como suplicantes, porque ali estariam a salvo, conforme lemos neste relato: "Este templo era venerado desde antigamente por todos os peloponésios e que lhes propiciava sobretudo segurança aos que iam até ele como suplicantes. Os lacedemônios o demonstraram no caso de Pausânias, e antes no de Leotíquides, e os argivos no de Crísides, que não quiseram de modo algum reclamá-los, quando se sentaram ali como suplicantes". (*Descrição da Hélade*, III, 5.6), tradução minha.

591. Localizada na Península do Peloponeso, a cidade era famosa por abrigar os Jogos Olímpicos, e temos ainda hoje um Catálogo dos Olimpiônicos. O primeiro catálogo de vencedores dos Jogos Olímpicos foi elaborado por Hípias de Élis, por volta de 400 a.C., que lista desde os primeiros jogos realizados em 776 a.C. até os de sua época, cujo título escolhido foi Ὀλυμπιονίκαι (*Olympioníkai*): "Os vencedores dos Jogos Olímpicos", ou os Olimpiônicos. Os Ὀλυμπιονίκαι (*Olympioníkai*), ou Olimpiônicos, não somente deram nome ao catálogo como também aos homens que se tornaram vitoriosos nas competições. Embora a tradição de registrar os nomes dos vencedores no Catálogo dos Olimpiônicos tenha se mantido até o século III d.C., cobrindo 1.025 anos dos Jogos Olímpicos, em um registro que se perpetuou por sete

171. Mas o relato a respeito dos régios e dos tarentinos aconteceu porque tive uma digressão. E com o despovoamento em Creta, conforme contam os presios, outros homes e especialmente helenos começaram a construir habitações nela, e na terceira geração depois de Minos ter morrido, aconteceu a Guerra de Troia, na qual os cretenses não se mostraram menos bravos defensores de Menelau[592]. Mas ao contrário das expectativas, eles e seus rebanhos retornaram de Troia e foram acometidos pela fome e pela peste, de modo que Creta ficou despovoada pela segunda vez; depois disso, e agora é a terceira leva de outros povos que habita o território de Creta. Então, a Pítia lembrou-lhes esses acontecimentos e os impediu, porque queriam prestar ajuda aos helenos.

172. E os tessálios, por necessidade, foram os primeiros a terem se tornado partidários dos medos, porque temiam os artifícios dos Alévadas e não queriam desagradá-los. Pois assim que foram informados que o Persa estava fazendo a travessia com a intenção de ir para a Europa, enviaram mensageiros para o Istmo[593]; e estavam reunidos no Istmo[594] os representantes da Hélade que foram esco-

---

séculos, os Jogos foram realizados até 393 d.C., ano em que o imperador Teodósio I decretou sua extinção. E a cidade de Olímpia conhece o seu declínio no período romano tardio, quando é arrasada por invasões, depois por enchentes e terremotos, e sucumbe em ruínas até ser redescoberta em 1776, exatos 2 mil anos depois dos primeiros Jogos Olímpicos, pelo arqueólogo Richard Chandler.

592. Heródoto se refere aos versos 330 a 359 do Canto XIII da *Ilíada*, de Homero.

593. A preferência pela reunião no Istmo explica-se pela segurança que o local oferecia, conforme lemos neste relato de Heródoto: "Milcíades, filho de Cípselo, [...] E em primeiro lugar, ele construiu uma muralha no istmo do Quersoneso, da cidade de Cárdia até Páctia, a fim de que os apsíntios não tivessem como entrar em seu território e pilhá-lo; e esses somam trinta e seis estádios do istmo; e a partir desse istmo, o Quersoneso em seu interior tem ao todo quatrocentos e vinte estádios de extensão". (Heródoto, *Histórias*, VI, 36). In: Heródoto. *Histórias. Livro VI – Érato. Op. cit.*

594. Em um relato tardio, Plutarco atribui a Péricles a construção dessa muralha no Quersoneso, conforme lemos neste relato: "De todas as expedições levadas a termo por Péricles, a mais popular foi a do Quersoneso, que salvou os gregos estabelecidos naquele país. Nessa campanha, Péricles não apenas aumentou a população das cidades com o envio de mil colonos como crivou o istmo de fortificações e muralhas, as quais, correndo de um mar a outro, barravam as incursões dos trácios espalhados à volta do Quersoneso". (*Vida de Péricles*, XIX, 1-3). In: Plutarco. *Vidas paralelas*.

lhidos pelas cidades que refletiram sobre o que seria melhor para a Hélade. E assim que os mensageiros dos tessálios chegaram até eles, disseram-lhes: "Homens helenos, deve-se proteger a passagem do Olimpo, a fim de que tanto a Tessália quanto a Hélade inteira estejam em estado de proteção da guerra. Então, nós estamos prontos para fazermos juntos a sua proteção, mas é preciso que vós nos envieis um grande contingente militar; porque se vós não o mandardes, ficai cientes de que nós faremos um acordo com o Persa. Pois não estamos situados como vós, há uma extensa área antes de alcançar o restante da Hélade, e nós devemos morrer sozinhos para a defesa de vós. E se vós não quiserdes nos prestar ajuda, não sereis capazes de impor nenhuma obrigação a nós; pois nenhuma imposição faz brotar algo mais forte que a impotência; e nós próprios tentaremos planejar algum tipo de salvação."

173. Essas foram os acontecimentos que contaram os tessálios. Enquanto, diante desses fatos, os helenos decidiram enviar por mar para a Tessália um exército terrestre para que fizessem a proteção da passagem; e quando havia reunido o exército, navegou através do Euripo[595]. E quando chegou a Alo, situada na região da Acaia, o exército desembarcou e marchou em direção à Tessália, deixou para trás as naus dele, e que partiam em direção a Tempe[596] até a passagem, que é o mesmo lugar onde está a Baixa Macedônia[597] em direção a Tessália que leva até as margens do Rio Peneu, que está situado entre o monte Olimpo e o Ossa[598]. Lá eles montaram acampamento com cerca de dez mil hoplitas dos helenos reunidos, e a cavalaria dos tessálios que os havia reunido; e quem exercia o cargo de estratego dos lacedemônios era Eveneto, filho de Careno, que tinha sido escolhido para exercer o cargo de polemarco, embora não fosse de

---

Primeiro volume. Introdução e notas de Paulo Matos Peixoto. Tradução direta do grego por Gilson Cesar Cardoso. São Paulo: Paumape, 1991.

595. Estreito que separa a Beócia da Eubeia.

596. Vale do Tempe, ao sul do Monte Olimpo, do lado da Tessália.

597. Região litorânea da Macedônia.

598. Montes da Tessália.

estirpe real, e o dos atenienses era Temístocles, filho de Néocles. E lá permaneceram por poucos dias; pois uns mensageiros da parte de Alexandre[599], filho de Amintas, um homem macedônio, logo que chegaram, aconselharam que eles abandonassem o lugar e que não permanecessem no desfiladeiro para que fossem aniquilados pelo exército que avançava contra eles, indicando que era em grande número o seu contingente militar e as suas naus; porque eles foram aconselhados a fazer isso (pois pensaram que eles foram bem aconselhados com essas úteis palavras, e porque o macedônio se mostrou com bons sentimentos) eles se convenceram. Mas eu penso que a situação de terror era o elemento persuasivo e logo que eles foram informados que também havia outra passagem para a Tessália pela região da Alta Macedônia, que atravessava o território dos perrebos nas imediações da cidade de Gonos, a mesma pela qual a expedição militar de Xerxes havia passado. E depois de terem feito a descida, os helenos foram para suas naus e retornaram para o Istmo.

174. Essa expedição militar do rei para a Tessália aconteceu quando ele tinha a intenção de fazer a travessia para a Europa, vindo da Ásia, na ocasião em que já estava em Abido[600]. E os tessálios, porque foram abandonados por seus aliados militares, desse modo, eles se tornaram partidários dos medos com boa vontade e ainda sem dúvidas, de modo que de mostraram ao rei como homens muito úteis nos assuntos dele.

175. E os helenos, assim que chegaram ao Istmo, logo em seguida deliberaram, considerando as palavras proferidas por Alexandre, sobre o modo como se posicionariam na guerra e em quais territórios. E a opinião vencedora tornou-se a que era para proteger a passagem das Termópilas[601]; pois pareceu-lhes que a passagem para a Tessália

---

599. Alexandre I, rei da Macedônia entre 495 e 450 a.C.

600. Em 480 a.C.

601. Θερμοπύλαι (*Thermopýlai*), ou as Termóplias, tem seu nome formado pela junção de dois substantivos: Θερμο que significa "calor" ou "quente" e de πύλαι que significa "portões", daí termos o nome "Portões quentes". É o nome dado ao desfiladeiro localizado na Hélade Central, que constituía uma passagem para a Lócrida e a Tessália, e que tinha como característica ser uma passagem muito estreita, local em que ocorreu o famoso embate entre persas e helenos em 480 a.C.

era mais estreita e ao mesmo tempo em que era a única mais próxima deles; e a respeito do estreito caminho no qual os helenos foram apanhados de surpresa e capturados nas Termópilas, que nem mesmo sabiam que existiam antes de chegarem às Termópilas, pois foram informados dele pelos traquínios[602]. Portanto, eles deliberaram que protegeriam essa passagem para que o bárbaro não pudesse passar para o lado da Hélade, enquanto seu exército náutico navegaria até Artemísio[603], situada na terra de Histieia[604]. Pois esses são locais próximos uns dos outros, de modo que é possível estar informado sobre os acontecimentos em cada um deles.

176. E esses territórios têm as características que se seguem. De um lado, onde está situado o Artemísio, mar da Trácia, em mar aberto, segue por uma estreita passagem entre a ilha de Cíato e o continente de Magnésia; e fora do estreito da Eubeia já se percebe a praia de Artemísio, onde existe um templo[605] de Ártemis[606]. E, por sua vez,

---

602. Habitante de Tráquin, há uma peça de Sófocles intitulada *Traquínias*.

603. Conforme o relato de Plutarco (século I d.C): "O Artemísio é um cabo da Eubeia que avança para o norte ultrapassando Hestiaia. Bem em frente ergue-se Olizonte, no país outrora governado por Filoctetes. [...] Mostra-nos um trecho da praia pobre, no meio de um monte de areia e bem no fundo, acha-se um pó escuro e parecido à cinza, como se tivesse sido queimado; crê-se que ali foram incinerados os destroços dos navios e os cadáveres". (*Vida de Temístocles*, VIII, 2-5). In: Plutarco. *Vidas paralelas. Primeiro volume*. Introdução e notas de Paulo Matos Peixoto. Tradução direta do grego por Gilson Cesar Cardoso. São Paulo: Paumape, 1991.

604. Região litorânea do território da Eubeia.

605. Sobre o templo, Plutarco conta que do Artemísio: "Vê-se ali um pequeno tempo de Ártemis, cognominada Oriental, rodeado de árvores e estelas de mármore branco. Esse mármore, friccionado com a mão, toma a cor e o cheiro do açafrão. Uma das estelas traz gravados os dísticos seguintes: *Os variados povos que a Ásia punha em marcha,/ venceram-nos neste mar os filhos de Atenas./ Depois de, finalmente, massacrar as tropas medas,/ fizeram à virgem Ártemis estas oferendas*". (*Vida de Temístocles*, VIII, 4). In: Plutarco. *Op. cit.*

606. Filha de Zeus e de Leto, além de ser a deusa do parto e da caça, Ártemis era relacionada a Lua em oposição ao seu irmão gêmeo Apolo, associado ao Sol; assim, ela portava arco e flecha prateados; e ele, dourado. Embora no *Hino homérico a Ártemis*, tenhamos a descrição de suas flechas como sendo douradas, logo no primeiro verso.

a entrada de Tráquin⁶⁰⁷ que vai em direção à Hélade tem meio pletro⁶⁰⁸ de largura em seu ponto mais estreito. Todavia, não é nesse ponto que está o caminho mais estreito; certamente está em outro em território, mas está mais à frente e mais atrás das Termópilas, mais ou menos na região de Alpeno, que estava atrás delas, onde o caminho é carroçável por um carro sozinho, e mais à frente, na região do Rio Fênix⁶⁰⁹, próxima à cidade de Antele⁶¹⁰, existe outro caminho carroçável por um carro sozinho. E das Termópilas, na direção do poente existe uma cadeia de montanhas intransponível, escarpada e alta, que se estende na direção do Eta⁶¹¹; e na direção da aurora, o mar e um baixio de águas pantanosas são cortados por um caminho. E existem algumas termas para banhos nessa saída, os moradores da região as chamam de Quitros⁶¹², também foi construído por eles mesmos um altar dedicado a Héracles⁶¹³; e uma muralha foi construída de acordo com essas passagens, e antigamente havia algumas portas nela. E por temor, os foceus construíram a muralha, visto que os tessálios vieram da Tesprócia e foram habitar a terra da Eólida, a mesma que agora é habitada por eles. Então, como os tessálios haviam tentado submetê-los, os foceus se antecipararam em proteger o lugar e naquela ocasião lançaram água quente sobre a passagem, para que esse lugar específico fosse sulcado por cursos de água, eles planejaram tudo a fim de que os tessálios não adentrassem seu território. Portanto, a antiga muralha foi construída desde há

---

607. Localizada na região do golfo Malíaco.

608. Cerca de quinze metros.

609. Φοῖνιξ (*Phoînix*) ou Fênix, significa "vermelho", pois o rio era conhecido por suas águas ferruginosas. Φοῖνιξ (*Phoînix*) também na raiz dos nomes Fenícia e fenícios.

610. Famosa por suas termas curativas.

611. Cadeia montanhosa localizada na região Sul da Tessália.

612. οἱ Χύτροι (*hoi Khýtroi*) significam literalmente "as vasilhas de cerâmica".

613. Filho de Zeus e Alcmena, são inúmeras as histórias que envolvem o herói heleno; dentre as mais famosas, está o ciclo dos Doze Trabalhos, façanhas executadas por determinação de seu primo Euristeu como expiação pelo assassinato dos filhos que gerara com Mégara. Plutarco compôs uma biografia sobre o herói, da qual nos resta apenas um fragmento recolhido por Flacelière (fr. 8 Fl.).

muito tempo e a maior parte dela já estava destruída pelo tempo; e pareceu-lhes melhor que novamente a colocassem de pé para fazer com que o bárbaro se mantivesse longe da Hélade. E existe um povoado mais próximo do caminho, cujo nome é Alpeno; os helenos tinham a esperança de se proverem de alimentos nela.

177. Assim, esses foram os territórios que se mostravam favoráveis aos helenos; pois anteviram tudo e calcularam que os bárbaros não poderiam utilizar um grande contingente militar nem a cavalaria, eles pensaram que seria melhor esperar o bárbaro que vinha avançando contra a Hélade. E assim que foram informados que o Persa estava em Piéria[614], eles partiram do Istmo e continuaram sua expedição militar e foram em direção às Termópilas com o exército terrestre, enquanto outros foram por mar para Artemísio.

178. De fato, os helenos rapidamente se alinharam em fileiras e partiram em ajuda desses territórios, e nesse mesmo tempo os delfos estavam consultando o oráculo do deus porque estavam apavorados por eles e pela Hélade, e ele lhes proferiu na mensagem oracular que orassem aos ventos; pois a Hélade teria esses como seus grandes aliados militares. E os delfos receberam o oráculo e, porque queriam ser homens livres, enviaram as palavras que lhes foram proferidas primeiro para os helenos, também porque estavam terrivelmente apavorados com o bárbaro por causa dos mensageiros enviados, então eles se colocaram na posição de quem recebe uma gratidão eterna. E depois disso, os delfos dedicaram aos ventos um altar em honra de Tuia, no mesmo lugar em que está situado o de Tuia, filha de Cefiso[615], também dela esse território retirou o seu nome, e eles

---

614. Mnemôsine, filha de Urano e Geia, que se uniu a Zeus no monte Piéria por nove noites consecutivas e depois deu à luz as nove Musas. As Musas eram filhas da deusa Mnemôsine e de Zeus pai e trazem ora o epíteto de Piérides, ora de Heliconíades. Elas eram em número nove, a saber: Calíope (poesia épica), Clio (história), Euterpe (lírica e música de flauta), Melpômene (tragédia), Terpsícore (dança), Érato (hinos e música para lira), Polímnia (cantos sacros), Talia (comédia) e Urânia (astronomia). Segundo Apolodoro, elas foram geradas após nove noites de amor entre os referidos deuses; consultar Apolodoro, *Biblioteca*, 189-192, e Hesíodo, *Teogonia*, 55.

615. Filho de Oceano e de Tétis, deus dos lagos, morava no rio que era seu homônimo, situado na região da Beócia.

se aproximaram dos ventos com sacrifícios a eles. Então, os delfos, conforme o proferido pelo oráculo, ainda hoje tornam os ventos favoráveis para eles com os sacrifícios.

179. E o exército náutico de Xerxes movimentou-se para fora da cidade de Terme e pegou suas dez melhores naus para que navegassem direto para Cíato, lá três naus dos helenos estavam fazendo a proteção, uma trirreme, outra egineia e ática; e assim que eles viram as naus dos bárbaros, movimentaram-se para uma fuga.

180. Então, a trirreme que Prexino comandava os bárbaros imediatamente a capturaram, quando estavam em sua perseguição; e em seguida, eles conduziram até a proa da nau o mais belo dentre os que estavam embarcados nela, e o degolaram, porque consideravam era de muito bom augúrio capturar o primeiro dentre os helenos que fosse o mais belo[616]. E aquele que foi degolado era chamado Léon; provavelmente, ele experimentou esses inconvenientes por algo que é próprio do seu nome[617].

181. E a egineia, cujo trierarca era Asonides, e eles um tipo de distúrbio lhes aconteceu porque Pítias, filho de Ísqueno[618], estava embarcado na nau, um homem que se tornou corajoso durante esse dia; ele que, quando a nau foi capturada, colocou-se contra eles nesse lugar e os combateu até o momento em que seu corpo fosse completamente cortado em pedaços[619]. Embora isso tenha lhe acontecido desse modo, ele não morreu, ao contrário, ele estava respirando, então os persas que haviam embarcado nas naus, por sua coragem, eles o mantiveram a salvo e o levaram em alta consideração, e curaram os seus ferimentos com mirra e o envolveram com tecidos feitos com linho fino; quando retornaram ao seu acampamento militar, eles o exibiram com muita admiração a toda a sua força militar e o

---

616. Não dispomos de mais informações sobre essas personagens.

617. Λέων (*Léōn*), ou Léon, significa "leão", um animal belo e forte que é caçado para ser sacrificado.

618. Personagens pertencentes à narrativa herodotiana, que voltam a ser citados no *Livro VIII – Urânia*, capítulo 92.

619. Provável que tenha lhe restado apenas o tronco e partes dos braços e das pernas.

trataram muito bem; enquanto que os outros que foram capturados nessa nau, foram tratados como escravos.

182. Então, duas naus que foram assim capturadas, e a terceira, cujo trierarca era Formo, um homem ateniense, e enquanto ele a conduzia, encalhou na desembocadura do Peneu, e os bárbaros também se apoderaram do casco e não dos homens; pois, como os atenienses pularam o mais rapidamente possível para fora da nau em direção à terra firme, e correram pela planície, marcharam através da Tessália e seguiram juntos em direção a Atenas.

183. Os helenos que haviam montado acampamento militar em Artemísio foram informados sobre esses acontecimentos pelos sinais de fogo das tochas vindos de Cíato; eles foram informados dos fatos de que eles ficaram aterrorizados quando eles saíram de Artemísio e procuraram refúgio em Cálcis com a intenção de proteger o Euripo, mas deixaram observadores diários nas regiões altas da Eubeia. E das dez naus dos bárbaros, três avançaram para o rochedo que ficava entre o Cíato e a região da Magnésia, que é chamada de Mírmex[620]; lá os bárbaros, uma vez que eles haviam colocado uma estela de pedra que eles levaram sobre o rochedo, eles se movimentaram para fora de Terme, porque o obstáculo se desfaria, navegaram de lá com todas as suas naus, e foram doze dias que estiveram presentes depois da partida do rei de Terme. E o rochedo lhes foi indicado especialmente quando Pámon de Ciro[621] estava em sua passagem pela região. E os bárbaros navegaram durante todo o dia pelas imediações do território de Magnésia até alcançar o Sepíade[622], que estava localizado na praia entre a cidade de Castaneia e o cabo Sepíade.

---

620. Éaco é o herói fundador do povo dos Mirmídones, sujo nome deriva de μύρμηξ (*mýrmēx*) que significa "formiga". A história de seu mito dá conta de que Éaco queria ter companheiros para governar e então pediu a Zeus que transformasse as formigas de seu território em homens, pedido que foi atendido e assim surgiu o povo dos Mirmídones.

621. Não dispomos de mais informações sobre essa personagem. Ciro era uma ilha localizada no litoral da Eubeia.

622. Cabo localizado ao sul de Magnésia.

184. Portanto, até esse ponto do território e das Termópilas, o exército não havia sofrido males, e naquele momento, ainda estava com seu contingente completo, como eu descobri calculando, por uma parte, das naus vindas da Ásia estava em número de mil duzentas e sete, por outra, no início, cada uma das etnias forneceu um ajuntamento de duzentos e quarenta e um mil e quatrocentos homens, porque foram calculados cerca de duzentos homens em cada nau; e estavam embarcados como tripulantes nessas naus, à exceção de cada um dos povos que habitavam na região, havia trinta homens persas, medos e sacas[623]; e esse ajuntamento totalizou trinta e seis mil duzentos e dez homens. E ainda acrescentarei a isso o número anterior os que eram das penteconteros, completo, o quanto mais ou menos uma nau tinha, teria dentro dela uns oitenta homens; e essas naus reunidas, as que havia mencionado antes, eram em três mil[624]; portanto, já os homens que estariam nelas totalizaria duzentos e quarenta mil. Certamente, esse era o exército náutico proveniente da Ásia, que estavam nele o total de quinhentos e dezesseis mil seiscentos e dez homens. Enquanto, no terrestre, estavam cerca de um milhão e setecentos mil homens e oitenta mil na cavalaria. E acrescentarei a esses os árabes que montavam camelos e os líbios que conduziam seus carros, que fiz o cálculo de vinte mil homens. E além disso, o número de naus e do contingente do exército terrestre somados tornam-se dois milhões trezentos e dezesseis mil seiscentos e dez homens. Então, essa era a expedição militar trazida da Ásia já mencionada, à exceção do

---

623. Os sacas já haviam combatido ao lados dos persas em Maratona, conforme lemos neste relato: "E o combate entre eles em Maratona durou muito tempo. E os bárbaros venceram a parte central da infantaria, com os próprios persas e os sacas alinhados; os bárbaros venceram nesse ponto, romperam a formação e os perseguiram em direção ao interior, mas os atenienses e os plateenses venceram cada uma das fileiras. Depois de os vencerem, permitiram que o grupo derrotado dos bárbaros fugisse, e combateram contra aqueles que romperam o centro de ambas as suas fileiras, e os atenienses venceram. Os persas fugiram e eles seguiram no encalço dos persas e os dizimaram, até que eles chegaram na costa do mar, pediram fogo e tentaram se apossar das naus". (Heródoto, *Histórias*, VI, 113). In: Heródoto. *Histórias. Livro VI – Érato. Op. cit.*

624. Consultar capítulo 97 deste *Livro VII – Polímnia*.

aparato de servidores que o acompanhava e os que estavam embarcados navegando nos barcos destinados aos víveres.

185. De fato, a expedição militar conduzida até a Europa ainda se deve acrescida a todo esse grande contingente militar que enumerei antes; mas deve-se dizer que isso é uma suposição. Então, os helenos provenientes da Trácia e das ilhas situadas ao redor cento e vinte naus; e havia vinte e quatro mil homens nessas naus. E os trácios, os peônios, os eordos e os botieus, que eram do povo da Calcídia, e brigos[625], piérios, macedônios, perrebos, ênios, dólopes, magnésios, acaios e os que habitavam o litoral da Trácia, dessas etnias, eu acredito que provinham trezentos mil homens. Portanto, essas miríades[626] de homens vindo até ali, acrescente-se a eles os que eram provenientes da Ásia, todos esses homens que eram combatentes formavam um contingente de dois milhões seiscentos e quarenta e um mil seiscentos e dez homens.

186. Se era tão grande esse número do corpo de combatentes, o aparato de servidores que os acompanhava, os que estavam nos barcos cargueiros que levavam os víveres e mais em outros barcos que ao mesmo tempo também levavam um contingente militar, e me parece que esses não estavam em menor número que o dos homens combatentes, mas maior. E além disso, faço cálculo que eles são iguais em número àqueles que não estão em nada maior nem menor. E essas miríades de homens para o combate, somadas, completavam os mesmos números em milhões que aqueles. Desse modo,

---

625. Os brigos se destacaram na defesa da Hélade quando aconteceu a primeira tentativa de invasão comandada por Mardônio, conforme lemos neste relato: "Mardônio estava fazendo seu acampamento militar, à noite, os trácios brigos colocaram-nos em suas mãos; e os brigos mataram muitos deles, e feriram o próprio Mardônio. Mas nem mesmo eles escaparam da escravidão dos persas; pois Mardônio não partiu desse território antes de fazer com que eles se tornassem seus súditos. Todavia, depois de eles terem sido subjugados, ele conduziu o seu exército de volta, porque havia sofrido um desastre com o exército diante dos brigos e grandemente com sua frota em torno do Atos. Então, essa expedição lutou de modo vergonhoso e retornou em direção à Ásia". (Heródoto, *Histórias*, VI, 45). In: Heródoto. *Histórias. Livro VI – Érato. Op. cit.*

626. μυριάδας (*myriádas*) é o acusativo feminino plural de μυριάς (*myriás*), que significa "miríade", cada miríade equivale a dez mil homens.

eram cinco milhões duzentos e oitenta e três mil duzentos e vinte homens que Xerxes, o filho de Dario, estava conduzindo até o cabo Sepíade e as Termópilas[627].

187. De fato, esse era o número total da expedição militar de Xerxes. E a respeito das mulheres que faziam pães, concubinas e eunucos, ninguém poderia dizer o número exato; nem, por sua vez, a respeito dos animais de carga, dos outros que carregam cargas para o abate e dos cães[628] índicos que os acompanhavam, nem mesmo desses, pela sua grande quantidade, ninguém poderia dizer o seu número.

---

627. Esse foi o local onde o lendário rei Leônidas morreu lutando contra os persas no desfiladeiro das Termópilas. Pausânias liderou o exército espartano em Plateias, em 479 a.C., quando dedicou uma coluna de bronze com o seu nome em Delfos, o que causou indignação dos aliados e dos próprios espartanos. Em 478 a.c., novamente Pausânias cria polêmica ao vencer a guerra contra Bizâncio, mas sendo logo acusado de aliança com Xerxes, o que o levou de volta a Esparta para ser julgado. Após ter sido absolvido, retorna a Bizâncio onde permaneceu até que o Címon o expulsasse em 470 a.C. A sua morte ocorre em 466 a.c., quando os espartanos o chamaram para um novo julgamento, desta vez por aliança com o persa Artabazo e o ateniense Temístocles, além de ter incitado uma rebelião dos hilotas. Depois de sua condenação, Pausânias refugiou-se no templo de Atena Calciceo em Esparta, por se tratar de um rei, seria um ato impiedoso matá-lo, assim bloquearam suas entradas e o deixaram lá até morrer de fome.

628. Esta é a terceira vez que Heródoto se refere ao uso de cães na caça entre os povos da Ásia de seu tempo. A primeira situação foi esta com o rei Creso: "Por fim, os mensageiros dos mísios foram à corte de Creso e disseram o seguinte: 'Ó rei, um javali, uma criatura gigantesca, que devasta os nossos campos, apareceu em nossa região. Embora tenhamos nos empenhado, não fomos capazes de capturá-lo. Agora, imploramos a ti que envie conosco seu filho, jovens de elite e cães, para que o retiremos de nossa região'. Depois de pedirem isso, Creso, lembrando o anunciado em seu sonho, disse-lhes o seguinte: 'Não vos lembreis ainda de meu filho; pois não poderia enviá-lo, ele está recém-casado e isso agora não lhe importa. Todavia, enviarei os seletos dentre os lídios e todo o meu grupo de cães de caça, e ordenarei aos que vão que sejam os mais empenhados possível para retirar convosco essa fera da vossa região'". (*Histórias*, I, 36). In: Heródoto. *Histórias. Livro I – Clio. Op. cit.* E quando registra o comportamento dos egípcios diante da morte de alguns animais: "Em qualquer casa onde morasse um gato que morreu por causas naturais, todos os que a habitavam raspavam somente suas sobrancelhas; e se um cão habitasse na casa, raspavam o corpo todo e a cabeça. Depois de mortos, os gatos são levados para quartos sagrados, onde são embalsamados e enterrados, na cidade de Busíris. Quanto aos cães, cada um deles é enterrado na sua própria cidade, em túmulos sagrados. Exatamente assim como os cães, os icnêumones. Os mussaranhos e os falcões são levados para a cidade de Buto; e as íbis, para Hermópolis. E os ursos são raros, enquanto os lobos não são em seu

De modo que não fico nada espantado que as correntes dos rios tenham secado⁶²⁹, mas o que mais me espanta é como os víveres foram suficientes para tantas miríades de homens. Pois eu concluí após reflexões que, se cada um deles recebesse uma quênice⁶³⁰ de trigo por dia e nada mais, seriam outros cento e dez mil e quarenta médminos⁶³¹ completos por cada dia. E ainda não fiz os cálculos das mulheres, dos eunucos, dos animais de carga e dos cães. E embora fossem tantas miríades de homens, por causa da sua beleza e estatura, ninguém dentre eles era mais digno que o próprio Xerxes para ter esse poder soberano.

188. Então, o exército náutico depois se movimentou, navegou e atingiu o território de Magnésia até a praia entre onde estava a cidade de Castaneia e o cabo Sepíade, de fato, as primeiras naus movimentaram-se em direção à terra, enquanto outras fizeram a ancoragem na sequência daquelas; pois, como praia não era grande, movimentaram-se para que ficassem alinhados em uma única linha com as proas voltadas para o mar aberto e em oito naus. Desse

---

tamanho maiores do que as raposas, são enterrados no local onde são encontrados caídos". (*Histórias*, II, 66-67). In: Heródoto. *Histórias. Livro II – Euterpe. Op. cit.*

629. A conclusão de Heródoto reflete uma preocupação constante dos persas e de outros povos da região com o abastecimento de água, um problema que tentavam solucionar com a construção de canais, como lemos neste relato: "Portanto, depois de o povo árabe ter realizado o juramento com os mensageiros enviados por Cambises e deles terem partido, concebeu o seguinte plano: encheu odres de couro de camelo com água e os transportou sobre todos os camelos vivos, e após ter feito isso, marchou com os camelos até o território sem água e esperou nesse lugar pelo exército de Cambises. Esse é o mais confiável dos relatos que foi contado, mas é dever relatar ainda o menos confiável, visto que esse certamente se conta. Existe um grande rio na Arábia, cujo nome é Córis, e esse desemboca no mar chamado Eritreu. De fato, diz-se que a partir desse rio, o rei dos árabes, depois de ter costurado um canal feito de couros de bois e de outros animais, com o comprimento que alcançava o território sem água, então o rei levou a água através desses couros, e nesse território sem água foram escavados grandes reservatórios, a fim de que recebessem a água que eles conservavam (e é um caminho de doze dias, do rio até esse território sem água); e o rei levou a água através de três canais para três regiões". (*Histórias*, III, 129). In: Heródoto. *Histórias. Livro III – Talia. Op. cit.*

630. Equivalente a 1 litro.

631. Cerca de 52 litros.

modo, eles passaram uma noite agradável lá. E assim que amanheceu, fora da serenidade e calmaria, o mar agitou-se, e sobreveio-lhes uma grande tempestade e um intenso vento leste[632], de fato, os que os habitantes das regiões do entorno chamam Helespôntia. Então, os que perceberam que o vento estava aumentando em intensidade e estavam bem ancorados em mar aberto, eles se anteciparam à tempestade e levantaram as velas das naus; e, de fato, eles sobreviveram e também as suas naus. E a tempestade pegou as naus que estavam em mar aberto, e o vento as arrastou até a região de Pélion[633] que também é chamada Ipnos[634], e as outras até a praia; umas foram levadas violentamente contra a íngreme região do cabo Sepíade, outras lançadas na direção da cidade de Melibeia, e outras na direção de Castaneia. E foi um acontecimento de tempestade insuportável.

189. E conta-se uma história que os atenienses evocaram o Bóreas por causa do oráculo, e após terem recebido outro oráculo para que seu genro fosse chamado como seu protetor. E o Bóreas, conforme o relato dos helenos, está casado com uma mulher da Ática, Oritíia[635], filha de Erecteu[636]; de fato, por conta desse parentesco por aliança, os atenienses, conforme o rumor que se movimenta, interpretaram essas palavras como se Bóreas fosse seu genro, e quando eles se mantiveram ancorados à espreita dos inimigos em Cálcis, na região da Eubeia que entenderam que a tempestade estava aumentando em

---

632. O vento leste era procedente do Mar Negro, também conhecido por Levante.

633. Localizada no território da Magnésia.

634. Ἴπνους (*Ípnous*) significa literalmente "Fornos", por ser muito quente.

635. Filha de Erecteu, o primeiro rei de Atenas, que foi raptada pelo vento Bóreas.

636. Herói do mito da fundação de Atenas, filho de Hefesto e de Geia em sua origem, pois estava associado a Erictônio. Já no fim do período arcaico, passa a figurar nas listas dos reis míticos de Atenas, apresentado como filho de Pandíon e de Zeuxipe. O principal acontecimento envolvendo Erecteu foi quando os eleusínios se aliaram aos trácios e atacaram os atenienses, então o rei consultou o Oráculo de Delfos e descobriu que deveria oferecer uma de suas filhas como sacrifício, Ctônia ou Protogênia. Após a imolação de Ctônia ou de Protogênia, não se sabe ao certo qual delas, as outras filhas de Erecteu cometeram suicídio em solidariedade à irmã sacrificada. Existe ainda a atribuição da realização das Panateneias e a invenção do carro de guerra, ambos por inspiração da engenhosa deusa Atena.

intensidade ou mesmo antes disso, realizaram sacrifícios a Bóreas e Oritíia e pediram para que lhes prestassem ajuda e que destruíssem as naus dos bárbaros, como também havia acontecido em Atos[637]. Portanto, se foi por isso que o Bóreas caiu sobre esses bárbaros e os agitou, isso eu não tenho como dizer; e então os atenienses contam que, como Bóreas havia lhes prestado ajuda antes e nesse momento ele operou em favor deles, após terem partido, eles erigiram um templo em honra a Bóreas, às margens do Rio Ilisso[638].

190. Nesse esforço do combate, eles contam que não foram poucas as naus que foram destruídas, não menos de quatrocentas, também incalculáveis homens e um número incontável de riquezas; de modo que, para Amínocles, filho de Cretines, um homem de Magnésia, que possuía terras na região do Sepíade, esse naufrágio tornou-se grandemente proveitoso; que encontrou muitas taças de ouro, um tempo mais tarde, recolheu peças jogadas na praia, muitas de prata, e os tesouros dos persas, então apossou-se de outras indizíveis riquezas de ouro. Ele se tornou muito rico com os seus achados, mas ele não teve boa sorte nos demais assuntos; pois houve um infortúnio desgraçado que provocou sofrimento também a ele[639], que foi ter se tornado o assassino do filho.

---

637. Heródoto se refere ao seguinte episódio: "Então, ele as tinha como pretexto para sua expedição, mas os persas tinham em mente o maior número de cidades helenas que pudesse conquistar, então, de um lado, com as naus conquistaram os tásios que nem ergueram suas mãos, por outro lado, com a infantaria, acrescentaram os macedônios aos que foram reduzidos a escravos; pois os povos do interior da Macedônia já estavam em suas mãos. De fato, de Tasos passaram ao longo do continente e prosseguem até Acanto, e de Acanto se empenharam e contornaram o Atos. E quando estavam navegando ao longo dele, um forte e intransponível vento do norte os tratou muito duramente, lançando muitas naus, em grande quantidade, contra o Atos. Pois conta-se que foram destruídas trezentas naus, e para além de vinte mil homens; pois, porque havia uma espécie de fera mais selvagem dentro desse mar em torno do Atos, uns foram capturados e mortos por essas feras, enquanto outros foram despedaçados contra os rochedos; e alguns deles não sabiam nadar, e por isso morreram, e outros, pelo frio". (*Histórias*, VI, 44). In: Heródoto. *Histórias. Livro VI – Érato*. Tradução, introdução e notas de Maria Aparecida de Oliveira Silva. São Paulo: Edipro, 2021.

638. Rio ateniense.

639. Heródoto se refere ao fato de Amínocles ter se tornado muito rico, pois antes ele registrara o seguinte pensamento: "E como Polícrates obtinha enormes sucessos nos

191. E as embarcações comerciais que transportavam víveres e outros barcos que foram destruídos que eu não posso calcular o número resultante, de modo que os estrategos do exército náutico tinham medo de que os tessálios viessem atacá-los e eles fossem arruinados, construíram em volta deles uma barreira alta vinda dos destroços dos naufrágios. Pois, de fato, a tempestade durou três dias; e por fim, fizeram a imolação de vítimas cortando-as em pedaços[640] e os magos[641] aplacavam esses ventos com cantos altos em honra ao vento[642], e isso seria assim, a não ser quando ele próprio não queria se

---

seus empreendimentos e isso não passou despercebido a Amásis, pelo contrário, ele estava preocupado com isso. Em muito mais ainda porque o seu sucesso se tornava maior, ele escreveu em um papiro que ele enviou para Samos, no qual dizia o seguinte: 'Amásis diz o seguinte a respeito de Polícrates: é um prazer ser informado sobre a prosperidade de um homem que é meu anfitrião e amigo, mas os seus grandiosos sucessos não me agradam, porque tenho conhecimento de como a divindade é invejosa. E também, de algum modo, quero que eu mesmo e aqueles com os quais eu me preocupo tenham sucesso nos seus empreendimentos, mas também o fracasso; e assim, atravessar a vida alternando os acontecimentos que tendo sucesso em todos os empreendimentos'. (*Histórias*, III, 40). In: Heródoto. *Histórias. Livro III – Talia*. Op. cit.

640. Os ἔντομα (*éntoma*) eram sacrifícios em que as vítimas eram cortadas em pedaços e oferecidas aos ancestrais mortos.

641. Este episódio demonstra que os magos estavam ao lado do rei Xerxes nas suas decisões, bem diferente da situação passada por seu avô Ciro I, que combateu ao lado de seus aliados os ardis e os desmandos dos magos, cujo desfecho assim é narrado: "Depois de eles terem matado os magos e de terem cortado suas cabeças, eles abandonaram os seus feridos no mesmo lugar, por causa da sua impotência de fazer a proteção da cidade, enquanto cinco deles seguravam as cabeças dos magos, correndo para fora do palácio, e gritavam e faziam barulho, convocando os outros persas para segui-los na questão e mostrando-lhes as cabeças dos magos; e ao mesmo tempo matavam todo e qualquer mago que aparecia em sua frente. E quando os persas compreenderam o que havia sido feito pelos sete e a fraude dos magos, eles julgaram que seria melhor que também eles fizessem as mesmas coisas, e sacando seus punhais, matavam qualquer mago onde encontravam; e se a noite não tivesse chegado, não teriam deixado nenhum mago para trás. Os persas guardam esse dia mais que os outros dias, também realizam uma grande festa pública nele, que é chamado pelos persas de *Magofonia*; neste dia não era permitido a nenhum mago que aparecesse na luz do sol, mas os magos ficavam em suas próprias casas durante esse dia inteiro". (*Histórias*, III, 79). In: Heródoto. *Histórias. Livro III – Talia*. Op. cit.

642. Desde Homero, quando o rei Agamêmnon sacrificou sua filha Ifigênia, encontramos relatos em que os homens necessitam de bons ventos para cumprir suas missões. Vemos a influência homérica em Heródoto também neste episódio: "Depois de

acalmar, e além disso, realizavam sacrifícios no quarto dia em honra a Tétis[643] e às Nereidas[644]. Eles costumavam realizar sacrifícios em honra a Tétis porque foram ensinados pelos iônios com o argumento de que ela foi raptada desse território por Peleu[645], e que ela e as demais Nereidas detinham todo o cabo Sepíade.

192. De fato, a tempestade cessou no quarto dia. E os observadores diários desceram apressadamente dos cumes da Eubeia no segundo dia, no qual a tempestade havia surgido, e reportaram todos os acontecimentos relacionados ao naufrágio aos helenos. E logo que eles foram informados sobre o ocorrido, fizeram orações e derramaram libações em honra a Posídon Sóter[646], e viram-se forçados a se apressar a retornar rapidamente para Artemísio, com a esperança de que algumas poucas naus estivessem contra eles; de fato, quando chegaram pela segunda vez à região de Artemísio, eles fizeram sua

---

Menelau ter chegado ao Egito, navegou rio acima em direção a Mênfis, e ele contou a realidade dos acontecimentos; e foi recebido com grandes honras hospitaleiras e recebeu Helena incólume de males; além disso, recebeu todas as suas riquezas. Todavia, apesar do ocorrido, Menelau tornou-se um homem injusto para os egípcios. Quando estava começando a navegar de volta, ele foi detido pela impossibilidade de navegação. Visto que isso estava durando muito tempo, ele imaginou um plano que não era lícito; pois pegou duas crianças dos homens nascidos no local e as fez de vítimas sacrificiais. Depois disso, como esse feito se tornou notório, porque ele foi odiado e perseguido, partiu em fuga com suas naus para a Líbia". (*Histórias*, II, 119). In: Heródoto. *Histórias. Livro II – Euterpe. Op. cit.*

643. Filha de Urano e de Geia, a filha mais nova das Titânides, como eram chamadas essas divindades primordiais.

644. Filhas de Nereu e de Dóris, são divindades marinhas, netas de Oceano. Em geral são representadas por cinquenta mulheres que são as ondas do mar. Segundo o mito, elas viviam no fundo do mar, sentadas em tronos de ouro, ao lado de seu pai, e ocupavam o seu tempo com o trabalho de fiar, tecer e cantar.

645. Filho da ninfa Egina e de Éaco, Peleu é um herói que pertence ao chamado Ciclo Homérico; conhecido por ser o pai do herói Aquiles, casou-se com a deusa Tétis, mas todos os filhos que geravam eram mortos na tentativa da mãe em torná-los imortais, e Aquiles foi o único que Peleu conseguiu salvar. Peleu e seu irmão Télamon também protagonizam um crime de sangue. Éaco teve três filhos, um deles era Foco, meio-irmão de Télamon e de Peleu, que o invejavam por sua dedicação e maestria nas atividades atribuídas pelo pai, então ambos tramaram a morte do irmão. Ao saber da morte de Foco, o rei Éaco condenou os filhos ao exílio e expulsou-os de seu reino.

646. Σωτήρ (*Sōtḗr*) significa "Salvador".

ancoragem, e desde então, começaram a cultuar Posídon com o epônimo de Sóter, e ainda hoje também.

193. E os bárbaros, logo que o vento parou e a onda se aplainou, navegaram descendo com as naus ao longo do continente, e contornaram o ponto extremo de Magnésia e navegaram direto para o golfo que levava até Págaso[647]. E existe um território nesse golfo de Magnésia, lá conta-se que Héracles, que tinha sido enviado para buscar água, foi abandonado por Jasão[648] e seus companheiros de tripulação da Argo[649], quando estavam navegando na expedição pelo Velo[650] em direção a Éa, localizada no território da Cólquida; pois lá, depois de terem se abastecido de água, tinham a intenção de partir para o mar aberto, nesse território cujo nome tornou-se Áfetas[651]. Portanto, nesse lugar, os tripulantes de Xerxes fizeram sua ancoragem.

---

647. Cidade localizada na Tessália.

648. Filho de Éson e de Alcímede ou Polimedes, nasceu em Iolco, mas saiu de lá para ser educado pelo centauro Quíron, considerado um dos Sete Sábios da antiga Hélade. Quando se tornou jovem, Jasão voltou a Iolco e reclamou seu direito ao trono, então seu tio Pélias impõe-lhe a missão de recuperar o Velo de Ouro que foi consagrado a Ares por Eetes, rei da Cólquida. Ocasião em que Jasão partiu com sua expedição naval a bordo da nau Argo ao lado de seus companheiros, conhecidos como os Argonautas. Sobre essa expedição, Heródoto conta: "pois, os helenos foram os culpados pela segunda injustiça. Navegaram em uma extensa nau para Aia, em colcos, e o Rio Fásis, lá, ao concluírem seus afazeres e outras coisas em razão das quais haviam vindo, raptaram a filha do rei, Medeia. Quando o rei dos colcos enviou um arauto à Hélade para pedir satisfação pelo rapto e exigir a restituição de sua filha; eles lhe responderam que aqueles não foram punidos por eles pelo rapto da argiva Io; portanto, eles mesmos nada concederiam aqueles ali". (*Histórias*, I, 2-3). In: Heródoto. *Histórias. Livro I – Clio. Op. cit.*

649. Nau construída por Jasão, conforme lemos neste relato herodotiano: "Jasão, depois de ter terminado no sopé do Pélion a construção da Argo". (*Histórias*, IV, 179). In: Heródoto. *Histórias. Livro IV – Melpômene. Op. cit.*

650. Os Argonautas e Jasão partiram em expedição na busca pelo Velo de Ouro, ocasião em que partiram para a Cólquida em cumprimento às ordens do rei Pélias, rei de Iolco, na Tessália. As expectativas de seu tio era de que Jasão não conseguisse cumpri-la e de que ainda pereceria no caminho. O êxito de Jasão se deve ao amor de Medeia, filha do rei da Cólquida, que utilizou seus conhecimentos para auxiliar o amado em sua missão e depois fugir com ele para Corinto. O mito de Jasão é contado por Apolônio de Rodes em suas *Argonáuticas*, mas antes temos os versos de Píndaro, *Pítica*, IV.

651. Ἀφέται (*Aphétai*) significa "saídas" ou "os que saíram ou partiram".

194. E aconteceu de quinze dessas naus ficarem para trás e serem conduzidas para muito longe, então viram como estavam as naus dos helenos em Artemísio; de fato, os bárbaros pensaram que fossem as suas naus, navegaram e partiram para atacar os seus inimigos. E atuava como estratego deles o que veio de Cime, localizada na Eólida, o seu governador Sandoces, filho de Tamásio, a quem, antes disso, o rei Dario mandou crucificar por ter sido condenado por esta culpa, quando era um dos juízes reais: Sandoces julgou injustamente um processo por dinheiro. Então, quando ele já estava crucificado[652], Dario começou a refletir e descobriu que ele havia lhe feito muito mais boas ações que cometido erros para a casa real[653]; e Dario no processo de descoberta disso, e ele próprio compreendeu que tinha agido com mais rapidez que com sabedoria, e ele o liberou. Então, ele escapou desse modo porque o rei Dario não o deixou morrer; e nesse momento, ia navegar em direção aos helenos e não haveria uma segunda vez para escapar e sobreviver; pois quando os helenos viram as naus deles navegando em aproximação, compreenderam o erro que havia acontecido e avançaram contra elas e as capturaram.

195. Dentre elas, em uma, Arídolis, tirano dos alabandos, situados no território da Cária, foi capturado enquanto estava navegando; e em

---

652. Punir duramente os juízes por sentenças injustas mostra-se um hábito entre os reis persas, como lemos neste outro episódio: "Artafernes [...] indicou Otanes para ser estratego dos homens que estavam nas orlas do mar, de quem o pai era Sisamnes, que foi um dos juízes reais do rei Cambises, porque julgou de modo injusto um processo por dinheiro, teve o seu pescoço cortado e a sua pele humana toda esfolada, e depois de ter a sua pele esfolada, ele a cortou em tiras e forrou o trono para que Sisamnes se sentasse e começasse a julgar; e depois de tê-lo forrado por completo, Cambises indicou o filho de Sisamnes para ser juiz em lugar de Sisamnes, que havia sido morto e sua pele esfolada, ordenando-lhe que ele se lembrasse de que havia se sentado naquele trono para fazer justiça". (Heródoto, *Histórias*, V, 25), In: Heródoto. *Histórias. Livro V – Terpsícore. Op. cit.*

653. Para entender melhor este episódio, destacamos este relato de Heródoto: "Louvo esse costume, louvo também o seguinte, o de que, por um único motivo, o próprio rei não condena ninguém à morte, nem a algum dos demais persas a nenhum dos seus servos; por uma única causa, é possível ser implacável aplicando-lhe uma punição; mas, depois de realizar uma avaliação, se descobrisse mais e maiores ações injustas que os serviços prestados, assim é possível que se sirva da cólera que há em seu peito". (*Histórias*, I, 137). In: Heródoto. *Histórias. Livro I – Clio. Op. cit.*

outra, Pentilo, o estratego páfio, filho de Demônoo⁶⁵⁴, que conduziu doze naus provenientes de Pafo⁶⁵⁵, e onze delas foram destruídas pela tempestade acontecida em torno do Sepíade, e com essa única restante foi capturado quando descia navegando até o Artemísio. Os helenos investigaram-nos para que fossem informados sobre os assuntos que queriam a respeito da expedição militar de Xerxes, depois eles os enviaram acorrentados para o istmo de Corinto.

196. E então o exército náutico dos bárbaros, à exceção das quinze naus que, como eu disse, Sandoces atuava como estratego, chegaram a Áfeta. E Xerxes e o seu exército terrestre marcharam através da Tessália e da Acaia, já haviam entrado também no terceiro dia em Málea, quando, na Tessália ele realizou uma competição de cavalos, para colocar à prova os seus próprios cavalos e cavalaria de origem Tessália, porque ele foi informado que ela era a melhor das existentes entre os helenos; e de fato as cavalarias de origem helena foram em muito deixadas para trás. Então, dentre os rios existentes na Tessália, o Onocono é o único cuja corrente de água não foi aquém da necessidade da expedição militar para beber; enquanto dentre os rios que corriam na Acaia, nem mesmo o que era o maior deles, o Epidano⁶⁵⁶, nem ele suportou, a não ser de modo precário.

197. E quando Xerxes chegou ao Alo, dentro do território da Acaia, os guias do caminho quiseram lhe explicar tudo e contaram-lhe uma história dos povos locais, os acontecimentos em torno do templo de Zeus Lafístio⁶⁵⁷; que Atamante⁶⁵⁸, filho de Éolo⁶⁵⁹, tramou em

---

654. Personagens citadas apenas por Heródoto.
655. Cidade localizada na ilha de Cípris, atual Chipre.
656. Rio localizado na região da Ftiótida.
657. Λαφύστιος (*Laphístios*), ou Lafístio, significa "Devorador" ou "Glutão". Lafístio também era o nome do monte que estava na mesma cadeia montanhosa do monte Hélicon, localizado na Beócia.
658. Rei da Beócia, desposou Néfele, com quem deu origem a Frixo, mas ele a repudiou para se casar com Ino, a filha de Cadmo.
659. Filho de Posídon, Éolo era o deus dos Ventos.

conformidade com Ino[660] o assassinato de Frixo[661]; mais tarde, em obediência ao dito pelo deus em um oráculo, os aqueus impuseram aos seus descendentes alguns trabalhos que foram estes: quem fosse o mais velho de sua linhagem deveria executar o que lhes foi ordenado por ele, que eles próprios se mantivessem como guardiões do Leíto (Leíto é como os aqueus chamam o Pritaneu[662]); se entrassem, não lhes seria permitido de modo algum sair porque antes seriam sacrificados; e que ainda muitos deles já estavam temerosos, pois pensavam que seriam sacrificados, e desertaram para outros territórios, e transcorrido algum tempo, eles retornaram e foram surpreendidos quando tentavam entrar no Pritaneu [∗∗∗][663], e quem seria conduzido para o sacrifício era acompanhado por uma procissão e todo coberto com fitas. E o seu descendente, Citissoro, filho de Frixo, por causa dessa purificação do território que deveria ser feita pelos aqueus em obediência ao oráculo proferido por um deus, eles estavam prestes a realizar o sacrifício de Atamante, filho de Éolo, mas o próprio Citissoro veio de Éa, localizada na Cólquida, e o salvou, mas depois de ter feito isso, a ira do deus caiu sobre os seus descendentes. E Xerxes, após escutar isso, porque era recinto sagrado, ele barrou a sua passagem dali e deu essa ordem a toda a sua expedição militar, e respeitou a morada dos descendentes de Atamante; do mesmo modo também o território que abrigava o altar.

198. Então esses são os acontecimentos contados na Tessália e na Acaia. E desses territórios, partiu em direção à Mélida beirando o golfo do seu mar, no qual todo dia acontece um transbordamento

---

660. Filha de Cadmo, Ino foi transformada em deusa marinha e mudou seu nome para Leucótea.

661. Filho de Atamante e de Néfele, que foi aconselhado por Ino a sacrificar Frixo e Hele, os seus dois filhos, a Zeus Lafístio, mas o deus não aceitou as oferendas.

662. Entre os helenos, havia um local chamado Pritaneu que era consagrado a deusa Héstia, regente das regras de hospitalidade, conhecida como a Deusa da Lareira. O Pritaneu, "Salão da Cidade", era uma construção encontrada nas maiores cidades helenas destinada à recepção de hóspedes ilustres que usufruíam da lareira citadina.

663. Lacuna do manuscrito.

e um refluxo do mar[664]. E em volta desse golfo existe um território plano, em uma parte era largo e em outra era muito estreito; e em volta do território existiam cadeias de montanhas altas e intransponíveis, elas cercavam toda a terra da Mélida, que são chamadas Rochas Traquínias. Então, Antícira era a primeira cidade que estava localizada no golfo quando se vem da Acaia, o Rio Esperqueu corre ao longo dela, proveniente do território dos enianes e desaguava no mar. E em uma distância de mais ou menos vinte estádios[665], estava localizado outro rio cujo nome era Diras[666], existe um relato de que ele surgiu como uma ajuda para Héracles quando estava em chamas[667]. Distante desse lugar, atravessando vinte estádios, existe outro rio, que é chamado Melas[668].

---

664. Semelhante fenômeno foi notado por Heródoto, quando esteve em visita ao Egito: "Existe, no território da Arábia, não longe do Egito, um golfo marítimo que se estende do chamado Mar Eritreu, tão longo e estreito como irei expor, começando pela extensão de sua navegação: para completar a navegação da sua parte mais baixa até o vasto mar, são consumidos quarenta dias, com a utilização de remos; sua largura, onde o golfo é mais largo, é de meio dia de navegação; e todo dia se origina nele um transbordamento e um refluxo do mar. Penso que, um dia, o Egito também foi um outro golfo dessa natureza; um era o golfo do Mar do Norte, que se estendia sobre a Etiópia, e o outro era o Arábico, sobre o qual vou falar, que se estendia do Mar do Sul em direção à Síria; as entradas dos seus golfos quase se uniam uma com a outra, pouco faltando para que ultrapassassem seu território". (*Histórias*, II, 11). In: Heródoto. *Histórias. Livro II – Euterpe. Op. cit.*

665. Cerca de 3,5 quilômetros.

666. Rio que desembocava no golfo Malíaco.

667. Esta é uma aventura relacionada ao centauro Nesso que habitava às margens do Rio Eveno, local de passagem para muitos viajantes. Nesse local, quando Héracles passou com sua esposa Dejanira, Nesso ofereceu-se para fazer a travessia da jovem, mas tentou violá-la durante a travessia, momento em que a jovem grita e é ouvida por Héracles que imediatamente lança uma flecha no coração do centauro. Como vingança, Nesso conta uma falsa história a Dejanira e a convence a guardar a sua túnica, ou segundo outra tradição, a guardar um pouco de seu sangue, que mais tarde foi dado a Héracles. Então, a jovem deu-lhe para curar suas feridas, conforme havia lhe contado o centauro, mas sua pele começou a arder e queimar, e foi quando surgiu o Rio Diras da terra como o seu salvador. Sobre Héracles e a sua relação com Tráquin, leiam a peça de Sófocles intitulada *Traquínias*.

668. Afluente do Esperqueu.

199. E a cidade de Tráquin distava desse Rio Melas cerca de cinco estádios[669]; e nesse lugar estava o ponto mais alto de todo esse território da cadeia de montanhas até o mar, em torno disso estava construída a cidade de Tráquin; pois estava distante da planície cerca de vinte e dois pletros[670]. E dentro da cadeia de montanhas que cerca confinando a terra traquínia existe uma cavidade que se estende na direção sul de Tráquin; através dessa cavidade corre o Rio Asopo[671], ao lado do sopé dessa cadeia de montanhas.

200. E existe outro rio que não é grande e se estende em direção ao sul do Asopo, que vem dessas montanhas correndo em direção ao Asopo e nele deságua; e por isso o Rio Fênix é o mais estreito; pois a passagem construída é carroçável por um carro sozinho. A partir do Rio Fênix, a distância para as Termópilas é de quinze estádios[672]; entre o Rio Fênix e as Termópilas existe um povoado assentado cujo nome é Antele, então o Rio Asopo corre ao lado dele indo em direção ao mar e nele deságua, e o território em torno dele é vasto, e nele está erigido um templo dedicado a Deméter[673] Anfictionide

---

669. Mais ou menos 900 metros.

670. Cerca de um quilômetro e meio.

671. Rio que desaguava no golfo Malíaco.

672. Cerca de 2,5 quilômetros.

673. Os ritos de iniciação aos cultos da deusa Deméter e de sua filha Perséfone, que estavam relacionadas à fertilidade da terra. Em Elêusis, cidade situada a 30 quilômetros de Atenas, havia a realização dos chamados Mistérios de Elêusis, cujo mito de sua criação está relacionado ao rapto de Perséfone. A filha da deusa Deméter foi levada por Hades ao mundo dos mortos, onde ardilosamente o deus lhe ofereceu uma romã. Como havia o dito de que aquele que comesse algo de seu reino a ele pertenceria, Perséfone passou a integrar o reino dos mortos. No entanto, Deméter, desesperada com o desaparecimento da filha, empreendeu uma busca incansável em torno da Terra. Enfurecida com o rapto da filha, Deméter decidiu não mais voltar ao Olimpo, abandonando suas funções, exilou-se em Elêusis, assumindo a forma de uma velha, e foi para a corte do rei Céleo e da rainha Metanira, lá passou a ser a ama de Demofonte. Contudo, a ausência da deusa resultou no abandono dos campos, e logo a escassez começou a dominá-los. Então, Zeus foi obrigado a intervir na questão e fez um acordo com Hades para que Perséfone retornasse ao mundo dos vivos a cada seis meses; e a partir desse momento os campos voltaram a florescer e os homens passaram a honrar as duas deusas com os Mistérios de Elêusis, que celebravam o retorno de Perséfone à terra. Para mais detalhes, consultar: *Hino homérico a Deméter*.

e lugar onde os Anfictiões[674] realizavam suas assembleias e o templo do próprio Anfictião[675].

201. Então, o rei Xerxes montou seu acampamento militar em Tráquin, situada na região da Mélida, enquanto os helenos estavam posicionados na passagem estreita[676]; esse território é chamado pela maioria dos helenos de Termópilas, e pelos habitantes locais e os das vizinhanças, de Pilas[677]. Então, enquanto estavam montando seu acampamento militar, cada um deles em seus territórios, um dominava todos que habitavam o território voltado na direção do vento Bóreas até Tráquin, enquanto o outro, os que estavam voltados na direção do vento Noto e do vento Sul desse continente.

202. E estes helenos estavam esperando o Persa nesse território; e trezentos hoplitas[678] compostos por cidadãos espartanos, mil de

---

674. Os Anfictiões eram guardiões e benfeitores dos templos, estavam relacionados à deusa Deméter, a protetora da Anfictionia, que era uma confederação religiosa ou política das cidades vizinhas ou aliadas. Em Delfos, havia o seu grupo de anfictiões que se organizavam em uma Anfictionia Défica que congregava iônios, dórios e outros povos da Hélade.

675. Filho de Deucalião e de Pirra. Desposou a filha de Crânao, o então rei de Atenas, a quem destituiu de seu trono e dele se apossou. É provável que o nome de Atenas tenha sido dado por ele. A ele também é atribuída a criação da Anfictionia, uma associação religiosa que congregava os enviados da Hélade.

676. Isto é, no desfiladeiro das Termópilas.

677. Πύλαι (*Pýlai*) significa "Portas" ou "Portões" de entrada para uma cidade ou região através das montanhas.

678. Os hoplitas surgem por volta do século VIII a.C. em um momento de expansão territorial helena no qual os helenos iniciam a fundação de suas primeiras colônias e o domínio de territórios vizinhos. Um movimento que abrange as grandes cidades helenas, em particular, Atenas, Esparta e Corinto, mas será a cidade lacedemônia que atingirá maior notoriedade no uso dessa nova formação militar. Inicialmente, os hoplitas compunham um braço do exército formado apenas por cidadãos fortemente armados, que utilizavam elmos, escudos, couraças, grevas ou cnêmides, lanças e espadas, constituindo as chamadas falanges. A eficiência do combate hoplítico consistia na compactação das suas falanges formadas por oito fileiras desenhando um retângulo. Dentre elas, somente as cinco primeiras atuavam diretamente no combate e as demais formavam um corpo reserva. Durante esse combate, os soldados utilizavam seus escudos para proteger o lado esquerdo de seus companheiros enquanto guerreavam com suas lanças pelo lado direito, o que não permitia a passagem nem o avanço do

tegeatas e mantineus, metade de cada um deles; cento e vinte de Orcômeno[679], localizada na Arcádia, e mil hoplitas do restante da Arcádia; e essa era a quantidade de arcádios; e eram quatrocentos vindos de Corinto, também vieram vinte dos fliuntes e oitenta dos micênios; esses eram os que estavam presentes vindos do Peloponeso. E eram setecentos vindos dos beócios e dos téspios e quatrocentos tebanos[680].

203. Além desses, apareceram os convocados, os lócrios opúncios com todo o seu poderio militar e mil foceus. Pois os próprios helenos os convocaram, eles lhes falaram por meio de mensageiros que eles já haviam chegado antes dos demais, e que os restantes dos aliados militares chegariam a cada dia que se passava, enquanto eles se mantivessem no mar na guarda feita pelos atenienses, eginetas e os que haviam sido alinhados ao exército náutico, de fato, não eles não teriam nada que lhes inspirasse terror; pois não era nenhum deus[681] que atacava a Hélade, mas sim um homem, e não existe nenhum mortal nem existirá, para quem não tenha um mal que lhe acometesse desde o seu início de seu nascimento, e para os

---

inimigo, forçando-o a recuar diante dessa muralha humana. Plutarco registra que o combate hoplítico era grandioso e assustador, pois não havia espaço para a passagem dos inimigos entre as falanges, que marchavam ao som cadenciado das flautas (*Vida de Licurgo*, XXII, 4). A partir desse relato plutarquiano e dos fragmentos 10 W, 11 W e 12 W de Tirteu, pode-se imaginar que os inimigos eram massacrados com violência por esses blocos ordenados de soldados fortemente armados e treinados, pois, mesmo havendo baixas nas fileiras dianteiras, os mortos eram rapidamente substituídos pelos hoplitas posicionados atrás, manobra que mantinha sua unidade e sua capacidade de avançar no território inimigo, mesmo com a morte contínua de seus soldados. Outro aspecto importante dessa nova formação militar é a introdução de soldados oriundos das classes mais populares, uma vez que havia a necessidade de um número maior de homens para a composição das falanges. A aristocracia guerreira representada pelos cavaleiros era obrigada a dividir o campo de batalha com cidadãos do campo, ao mesmo tempo em que viam o crescimento dessa participação na proteção da cidade e na conquista de novos territórios.

679. Cidade localizada na Grécia Central na região da Beócia, povo de origem tessália.

680. Esse contingente militar representava a Liga do Peloponeso.

681. Heródoto se refere à anedota contada no capítulo 56 deste *Livro VII – Polímnia*.

mais importantes dentre eles, os maiores males[682]; portanto, o que também estava cavalgando contra eles, como um ser mortal, poderia estar destinado a sofrer contrariamente à expectativa. E depois de eles terem sido informados disso, partiram em ajuda a Tráquin.

204. Então, entre eles, cada uma das cidades tinha o seu estratego diferente uma da outra, e o mais admirado e comandante de toda a expedição militar era o lacedemônio Leônidas[683], filho de Anaxândrides, filho de Léon[684], filho de Euricrátides[685], filho de Polidoro[686], filho de Alcâmenes[687], filho de Téleclos[688], filho de Arquelau[689], filho de Agesilau[690],

---

682. A interpretação herodotiana da condição humana também está registrada nesta passagem: "E a respeito das coisas que os getas, os que se veem como imortais, fazem, já foi dito por mim. E os trausos seguem, quanto a todo o resto, os mesmos costumes semelhantes aos demais trácios, e conforme quem nasce e morre entre eles, fazem o seguinte: os parentes colocam-se em volta de quem nasceu, lamentam-se por quantos males que lhe eram devidos e enumeram todos os sofrimentos humanos, enquanto quem morreu, com zombaria e alegria, eles o colocam para debaixo da terra, alegram-se porque ficou livre de uma grande quantidade de males e que está em total felicidade". (Heródoto, *Histórias*, V, 4). In: Heródoto. *Histórias. Livro V – Terpsícore. Op. cit.*

683. Rei espartano da Casa dos Ágidas, filho de Anaxândrides reinou depois de seu meio-irmão Cleômenes, de 488 a 480 a.C., quando morreu junto com os chamados Trezentos e mais setecentos soldados téspios no desfiladeiro das Termópilas.

684. Rei de Esparta, de 590 a 560 a.C., pertencente à Casa dos Ágidas.

685. Rei de Esparta, de 615 a 590 a.C.

686. Rei de Esparta, de 700 a 665 a.C., época em que se destacou pela fundação de colônias em Crotona e Lócris, também por ter participado decisivamente no quarto ano da Primeira Guerra da Messênia.

687. Rei de Esparta, de 740 a 700 a.C., época em que houve a deflagração da Primeira Guerra da Messênia.

688. Rei de Esparta, de 760 a 740 a.C., responsável pela invasão das cidades de Amiclas, Fáris e Gerantras, transformando a sua população nos chamados periecos.

689. Rei de Esparta, de 790 a 760 a.C., ao lado do rei Carilau, um descendente da Casa dos Euripôntidas, invadiu a cidade de Égis, uma cidade perieca, e venderam seus habitantes como escravo.

690. Rei de Esparta, de 820 a 790 a.C., teria sido durante o seu reinado que a legislação de Licurgo foi instituída.

filho de Dorisso⁶⁹¹, filho de Leobotes⁶⁹², filho de Equestrato⁶⁹³, filho de Ágis⁶⁹⁴, filho de Eurístenes⁶⁹⁵, filho de Aristodemo, filho de Aristômaco⁶⁹⁶, filho de Cleodeu⁶⁹⁷, filho de Hilo⁶⁹⁸, filho de Héracles, que havia ascendido à realeza em Esparta de modo inesperado.

205. Porque tinha dois irmãos que eram mais velhos, Cleômenes e Dorieu, deixou para trás sua preocupação a respeito de sua ascensão à realeza. Após Cleômenes ter morrido sem ter tido um descendente do sexo masculino, e Dorieu não existia mais, mas havia morrido e isso aconteceu na Sicília⁶⁹⁹, desse modo então, a realeza foi desti-

---

691. Rei de Esparta, de 840 a 820 a.C.

692. Rei de Esparta, de 870 a 840 a.C.. Sobre esse período remoto da história espartana, Heródoto escreve: "Pois, na época do reinado de Léon e de Hegesicles, em Esparta, os lacedemônios tiveram boa sorte nas demais guerras e somente contra os tegeatas sofreram um revés do destino. E ainda, no início, eram os que tinham as piores leis dentre quase todos os helenos e estavam isolados com relação a eles mesmos e aos estrangeiros. E mudaram para a boa legislação assim: Licurgo, um homem notável dentre os cidadãos espartanos, foi a Delfos para consultar o seu oráculo. Quando entrou no vestíbulo, rapidamente a Pítia disse o seguinte: '*Vieste, Licurgo, ao meu rico templo,/ caro a Zeus e a todos que habitam os palácios do Olimpo./ Estou em dúvida se profetizarei a ti como um deus ou um homem;/ mas ainda suponho que és mais um deus, Licurgo*'. Além disso, alguns dizem que, então, a Pítia proferiu-lhe a ordem estabelecida que ainda hoje existe entre os cidadãos espartanos; e os próprios lacedemônios dizem que, enquanto Licurgo era tutor de Leobotes, seu sobrinho, que reinava sobre os cidadãos espartanos, trouxe esses preceitos de Creta. Quando ele ocupou a função de tutor, rapidamente mudou todas as leis e preveniu-se para que estas não fossem transgredidas. Depois disso, Licurgo estabeleceu as leis para as guerras, as *enomotias*, as *triecadas* e as sissítias, além dessas, também para os éforos e os gerontes. Assim, eles fizeram suas mudanças para ter boas leis e, quando Licurgo morreu, eles lhe dedicaram um templo, onde o veneram magnificamente". (*Histórias*, I, 65-66). In: Heródoto. *Histórias. Livro I – Clio. Op. cit.*

693. Rei de Esparta, aproximadamente 900 a 870 a.C.

694. Rei de Esparta, de 930 a 900 a.C.

695. Rei de Esparta, cerca de 930 a.C.

696. Rei de Esparta, cerca de 960 a.C.

697. Rei de Esparta, cerca de 980 a.C.

698. Rei de Esparta, cerca de 1000 a.C.

699. Heródoto comenta a morte do rei espartano assim: "Os sibaritas mostram que existe um recinto sagrado e um templo junto ao leito seco do Crátis, contam que foi construído em honra a Atena que tinha o epônimo de Crátia, depois de Dorieu ter

nada a Leônidas, e porque ele havia nascido antes de Cleômbroto[700] (pois ele era o filho mais novo de Anaxândrides) e além disso, era casado[701] com a filha[702] de Cleômenes. Naquele momento, ele foi para as Termópilas, após ter selecionado alguns homens, de acordo com

---

capturado a cidade, e essa morte de Dorieu eles também a consideram um importante testemunho, porque ele se destruiu ao executar ações além das predições do oráculo; se, de fato, não tivesse feito nada além e nisso ele tivesse executado sua missão, teria capturado o território erixino e, depois de capturá-lo, teria tomado posse dele, não teriam sido destruídos nem ele nem seu exército. E os crotoniatas, por sua vez, mostram que ao eleu Cálias foram concedidos muitos presentes, que ainda em meu tempo os descendentes de Cálias compartilhavam, enquanto a Dorieu e seus descendentes não foi concedido nada; todavia, se Dorieu tivesse colaborado com a guerra sibarítica, certamente, ele teria recebido muito mais que Cálias. Portanto, cada um deles revelou o seu testemunho; também é possível que se concorde com elas, com qualquer uma das duas com que alguém seja persuadido. [...] E se tivesse se contentado em ser governado por Cleômenes e tivesse permanecido em Esparta, ele seria um rei da Lacedemônia; pois Cleômenes não a comandou por muito tempo, mas ainda morreu sem um filho, deixando somente uma filha, cujo nome era Gorgo". (Heródoto, *Histórias*, V, 45 e 48). In: Heródoto. *Histórias. Livro V – Terpsícore. Op. cit.*

700. Rei de Esparta, de 480 a 479 a.C.

701. Sobre o casamento de Gorgo, Heródoto registra que: "Então, depois de ter dito isso, Cleômenes foi para a sua casa. E Aristágoras pegou um ramo de oliveira de suplicante e foi para a casa de Cleômenes, e foi entrando na casa como suplicante, e pediu para que Cleômenes prestasse atenção no que ouvisse, logo que despachasse a criança; pois a filha de Cleômenes estava em pé ao seu lado, cujo nome era Gorgo; e acontecia dela ser a sua única filha, que tinha oito ou nove anos de idade. E Cleômenes pediu-lhe que ele dissesse o que quisesse, que não se detivesse por causa da criança. Então, nessa circunstância, Aristágoras começou prometendo-lhe dez talentos, se ele cumprisse o que ele lhe pedisse. E porque Cleômenes estava recusando isso, Aristágoras avançava acrescentando dinheiro, até o ponto em que oferecia a quantia de cinquenta talentos, também a criança gritou: 'Pai, o estrangeiro te corromperá se não fores para longe dele'. E então, Cleômenes se alegrou com a advertência da criança e foi para o outro recinto, e Aristágoras abandonou por completo Esparta, sem nem mesmo ter podido ainda acrescentar informações sobre o caminho de navegação de lá até a corte do Rei". (Heródoto, *Histórias*, V, 51). In: Heródoto. *Histórias. Livro V – Terpsícore. Op. cit.*

702. Não nos chegaram muitas informações sobre Gorgo, apenas sabemos que era filha do rei espartano Cleômenes. Séculos mais tarde, por um relato de Plutarco, sabemos que foi esposa de Leônidas: "Quando exortava seu marido Leônidas que partia para as Termópilas para ser digno de Esparta, perguntou-lhe o que ela precisava fazer; e ele lhe disse 'com um nobre casar e nobres parir'". (Plutarco, *Ditos das lacônias*, 240E), tradução de Maria Aparecida de Oliveira Silva.

os costumes, dentre os Trezentos⁷⁰³, os que tinham filhos. E associado também com os tebanos⁷⁰⁴, ele atingiu o número calculado que eu disse, e Leontíades⁷⁰⁵, filho de Eurímaco⁷⁰⁶, atuava como estratego de-

---

703. Há um episódio em que Tucídides critica a falta de estratégia militar espartana, mas elogia sua coragem e nos traz o exemplo desses hoplitas que faziam a guarda pessoal do rei espartano, conforme lemos neste relato: "Surpreendentemente os lacedemônios, que se tinham mostrado inferiores sob todos os aspectos em termos de habilidade tática, demonstraram naquela ocasião que, apesar de tudo, eram superiores em coragem. Realmente, quando se engajaram em combate corpo a corpo com o inimigo, a ala direita dos mantineus forçou os ciritas e os soldados de Brásidas a recuar [...] Ali, então, os lacedemônios levaram a pior; no resto, da frente porém, e especialmente no centro, onde estavam o rei Ágis e, em volta dele, os chamados 'trezentos cavaleiros' [...] Muitos nem sequer entraram na luta, mas debandaram quando os lacedemônios se aproximaram, sendo alguns pisoteados em sua precipitação para se afastarem antes de ser superados em velocidade pelos lacedemônios". (*História da guerra do Peloponeso*, V, 72), tradução de Mário da Gama Kury. In: Tucídides. *História da guerra do Peloponeso. Op. cit.*

704. Em seu tratado *Da malícia de Heródoto*, Plutarco refuta as afirmações de Heródoto e escreve: "E reprova os tebanos pela mesma situação, porque sofreram semelhante necessidade. Impedido de arruinar a maior e mais bela obra, como se não tivesse sido realizada por eles, por meio de um motivo insignificante e suspeito, para com gravidade prejudicá-lo, registra o seguinte: 'Agora os aliados, quando foram dispensados, partiram e se afastaram, obedecendo Leônidas, e somente téspios e tebanos permaneceram junto aos lacedemônios. E, dentre esses, os tebanos permaneceram de malgrado, contra a vontade, pois Leônidas os deteve na condição de reféns; e sobretudo os téspios de bom grado afirmavam que jamais abandonariam Leônidas e aqueles que o seguiam'. Então, não está claro que nutria particular cólera e hostilidade contra os tebanos, por isso não somente acusa falsa e injustamente a cidade, como também não reflete sobre a credibilidade de sua acusação, nem de como afirma coisas contraditórias e como não se mostra informado sobre alguns homens? Pois declara que 'Leônidas, quando percebeu que os aliados estavam hesitantes e que não queriam correr risco, ordenou-lhes que se retirassem'". (*Da malícia de Heródoto*, 865A-C), tradução de Maria Aparecida de Oliveira Silva. In: Plutarco. *Da malícia de Heródoto. Op. cit.* A divergência de Plutarco com o relato herodotiano, no entanto, perde força quando encontramos em Tucídides a descrição do contexto que favoreceu a traição dos tebanos, que nos esclarece que a cidade estava sob o domínio de uma pequena elite ansiosa pelo poder e que se aliou aos persas para garantir o poder local (*História da guerra do Peloponeso*, III, 62), o que oferece respaldo à versão apresentada por Heródoto. Em um relato tardio, Diodoro Sículo retoma o afirmado por Tucídides e interpreta a traição dos tebanos como algo restrito a uma facção política filopersa (*História Universal*, XI, 4 e 6).

705. Tebano, século V a.C., provavelmente tenha exercido o cargo de beotarca, ou principal magistrado da Liga Beócia, região que abrigava a cidade de Tebas.

706. Não dispomos de mais informações sobre essa personagem.

les. Mas Leônidas empenhou-se para que eles fossem os únicos dentre os helenos que se associassem a ele, e foi pelo seguinte motivo: que eles eram bastante acusados de ser partidários dos medos; portanto, ele os convocou para a guerra porque queria saber se eles enviariam reforço, ou se rejeitariam de forma aberta a aliança militar dos helenos. E embora tivessem outras coisas em mente, eles o enviaram.

206. Então, os cidadãos espartanos enviaram esses primeiros que estavam em torno de Leônidas, a fim de que os outros aliados militares vissem que eles estavam participando da expedição militar e que não eram mesmo partidários dos medos, cuja informação sobre eles que lhes foi dada era que eles estavam atrasados; e depois disso, porque tinham as Carneias[707] como impedimento, após terem celebrado o festival e deixado alguns guardas em Esparta, rapidamente partiram em ajuda com todo o seu contingente militar. E ainda porque os restantes dos aliados militares tinham em mente de eles também realizarem outras ações como essas; pois havia nesse mesmo momento os Jogos Olímpicos[708] acontecendo em meio a esses

---

707. Festival dos povos dórios realizado na cidade de Esparta, realizado em honra a Carneu, epíteto de Apolo na península do Peloponeso. O primeiro Festival de Carneias foi realizado em 676 a.C. entre os meses de julho e agosto, com um grande banquete, competições musicais e um ritual de caça.

708. O primeiro catálogo de vencedores dos Jogos Olímpicos foi elaborado por Hípias de Élis, por volta de 400 a.C., que lista desde os primeiros jogos realizados em 776 a.C. até os de sua época, cujo título escolhido foi Ὀλυμπιονίκαι (*Olympioníkai*), "Os vencedores dos Jogos Olímpicos", ou os Olimpiônicos. Os Ὀλυμπιονίκαι não somente deram nome ao catálogo como também aos homens que se tornaram vitoriosos nas competições. A principal competição dos Jogos Olímpicos era o στάδιον (*stádion*), uma corrida de aproximadamente 200 metros. Em algumas cidades, os nomes dos vencedores do estádio se tornaram epônimos. Os vitoriosos davam seu nome ao ano e alcançavam grande influência social. Porém a grande marca simbólica dos Jogos Olímpicos era a coroa de louros que os vencedores das competições recebiam, e muitos louros olímpicos foram levados para Esparta. Há ainda o registro de vencedores em outras competições, mas não com a mesma regularidade com que se manteve a lista dos nomes dos vencedores do estádio. Desde Hípias de Élis, os antigos helenos mantiveram a tradição de atualizar a lista dos vencedores, a ponto de os Jogos Olímpicos serem utilizados como referência cronológica para calendários e eventos históricos. E a tradição de atualização do catálogo se deu até 249 d.C. pelas mãos de Eusébio de Cesareia em suas *Crônicas*, obra que foi preservada em grego e em armênio, em uma tradução que data de 450 d.C. e que se encontra no Codex Parisinus

fatos; portanto, não pensavam que tão rapidamente assim eles se deliberariam sobre ir para a guerra nas Termópilas, então eles enviaram tropas do exército.

207. De fato, eles tinham a intenção de fazer isso. E os helenos que estavam nas Termópilas, quando o Persa surgiu na sua entrada, começaram a ficar temerosos e deliberar sobre o recuo dos exércitos. Então, esses restantes dos peloponésios pensavam que era melhor ir para o Peloponeso e manter-se na guarda do Istmo; mas porque os foceus e os locros protestaram com veemência contra, Leônidas escolheu permanecer no mesmo lugar e enviar mensageiros para as cidades e convocá-las para partir em ajuda deles, porque eles estavam com poucos homens para repelir o exército dos medos.

208. Enquanto eles deliberavam sobre esses assuntos, Xerxes enviou um cavaleiro como espião, para que observasse quantos eram e o que estavam fazendo; e ainda ouviu, quando estava na Tessália, que um pequeno contingente do exército estava reunido nesse lugar, cujos comandantes eram os lacedemônios e Leônidas, que era de descendência Heraclida[709]. Quando o cavaleiro aproximou-se do acampamento militar, contemplou e observou não todo o contingente do

---

Graecus 2600. Embora a tradição de registrar os nomes dos vencedores no Catálogo dos Olimpiônicos tenha se mantido até o século III d.C., cobrindo 1.025 anos dos Jogos Olímpicos, em um registro que se perpetuou por sete séculos, os Jogos foram realizados até 393 d.C. (século IV), ano em que o imperador Teodósio I decretou sua extinção. E a cidade de Olímpia conhece o seu declínio no período romano tardio, quando é arrasada por invasões, depois por enchentes e terremotos, e sucumbe em ruínas até ser redescoberta em 1776, exatos dois mil anos depois dos primeiros Jogos Olímpicos, pelo arqueólogo Richard Chandler.

709. Herclida era o nome dado não somente aos filhos do herói heleno Héracles, mas também a todos os seus descendentes. Quanto à origem dos Herclidas na Ásia Menor, Heródoto conta: "E a hegemonia, que era dos Heraclidas, assim chegou à descendência de Creso, os chamados Mérmnadas. Candaules, que os helenos chamavam de Mirsilo, era rei dos sardianos, descendente de Alceu, filho de Héracles. Ágron, filho de Nino, filho de Belo, filho de Alceu, foi o primeiro rei dos Heraclidas, e Candaules, filho de Mirso, o último. O primeiro, Ágron, e os que reinaram nessa região eram descendentes de Lido, filho de Átis. Graças a ele, todo esse povo é chamado de lídio, antes era chamado de meônios. Da parte desses, os Heraclidas são descendentes, nascidos de uma escrava de Iárdano e de Héracles, e receberam o poder por causa de um oráculo, governando por vinte e duas gerações de homens, por quinhentos e cinco anos, com

acampamento militar; pois havia os que estavam alinhados dentro da muralha, a que eles haviam colocado de pé e estavam na guarda, e não era possível que todos fossem vistos; e ele depreendeu os que estavam do lado de fora, os que permaneciam com suas armas diante da muralha. E esses que estavam alinhados nesse momento eram os lacedemônios. De fato, na hora, dentre os homens, estava acontecendo de uns fazerem exercícios físicos, enquanto outros estavam penteando suas cabeleiras[710]. De fato, após ter observado isso, ele ficou admirado e apreendeu qual era o número de seu contingente; e assim que apreendeu todos os contingentes com precisão, ele cavalgou em retorno à sua terra natal com tranquilidade; pois ninguém o perseguiu nem teve muita preocupação com ele; e assim que ele chegou, contou a Xerxes exatamente tudo que ele tinha ouvido.

209. E depois tê-lo ouvido, Xerxes não pôde compreender a realidade, que eles estavam se preparando para que morressem e matassem o quanto lhes fosse possível; mas porque essas ações lhe pareceram ridículas, mandou que Demarato, filho de Aríston, que estava no acampamento militar, viesse a sua presença. E logo que ele chegou, Xerxes perguntou-lhe sobre cada uma dessas ações, quis saber o que estava sendo feito pelos lacedemônios. E ele lhe disse: "também antes ouviste de mim, quando nós nos movimentamos contra a Hélade, a respeito desses homens; mas ao me ouvir, soltaste risadas para o que eu estava te dizendo, porque eu estava vendo exatamente como esses

---

o filho sucedendo o pai no poder até Candaules, filho de Mirso". (*Histórias*, I, 7). In: Heródoto. *Histórias. Livro I – Clio. Op. cit.*

710. Os cabelos compridos eram uma marca distintiva dos povos lacedemônios. Aristófanes afirma que: "então, todos os homens estavam se laconizando, tinham suas cabeleiras [...]" (ἐλακωνομάνουν ἅπαντες ἄνθρωποι τότε,/ἐκόμων...) (Aristófanes, *Aves*, 1281-1282), tradução nossa. Sobre esse assunto, Plutarco registra: "Nessas ocasiões, os jovens podiam infringir o rigor extremo das normas. Podiam cuidar dos cabelos, ornamentar suas armas e vestimenta; havia prazer em vê-los semelhantes a corcéis que escarvam e nitrem à aproximação do combate. Usavam a cabeleira longa depois da idade da efebia, mas tinham com ela cuidados especiais quando os rondava o perigo; untavam-na e a dividiam ao meio". (Plutarco, *Vida de Licurgo*, XXII, 1-2), tradução de Gilson César Cardoso. In: Plutarco. *Vidas Paralelas. Primeiro volume. Licurgo.* Introdução e notas de Paulo Matos Peixoto. Tradução de Gilson César Cardoso. São Paulo: Paumape, 1992.

Livro VII - Polímnia | 215

acontecimentos se produziriam[711]. Pois, para mim, exercitar a verdade contra a tua vontade, ó rei, é a minha maior luta; e escuta-me também agora. Esses homens partiram para combater-nos na região da entrada e eles estão preparados para isso. Pois eles têm um costume que é assim: quando vão entrar em uma situação de perigo de vida, nesse momento, eles penteiam e adornam suas cabeças. E esteja ciente de que: se os voltarem para uma situação de dominação em Esparta, não existe nenhuma outra etnia dentre os homens para ti, rei, que possa se colocar em posição contrária a ti com seus exércitos que não domines; pois na realidade conduzirias a mais bela realeza entre os helenos e os homens mais corajosos". Então, o que foi dito a Xerxes lhe pareceu muito inacreditável, e pela segunda vez ele perguntou-lhe de que modo eles combateriam contra a sua expedição militar que tinha tamanho contingente. E ele disse: "Ó rei, trata-me como se fosse um homem mentiroso[712], se isso não caminhar por onde eu te digo".

210. As palavras que ele disse não convenceram Xerxes. Então, ele esperou que se passassem quatro dias, porque tinha sempre a esperança de que eles começassem a desertar; e no quinto dia, como eles não abandonavam os seus postos, ao contrário, estavam determinados a permanecer neles, pareceu-lhe que eles estavam agindo com intransigência e imprudência, e porque foi tomado pela fúria, enviou medos císsios contra eles e lhes ordenou que os trouxessem vivos até a sua presença. E quando os medos avançavam precipitando-se com violência contra os helenos, muitos sucumbiram, e outros atacavam, eles também não retrocediam, embora estivessem enormemente feridos

---

[711]. Consultar os capítulos 101 a 104 deste *Livro VII — Polímnia*.

[712]. O temor de Demarato é que Xerxes o trate como Sataspes neste episódio: "E contou-lhe porque ele não circunavegou a Líbia por completo, e pelo motivo ainda de que o seu barco não podia ir adiante, e lá ficou detido. E Xerxes percebeu que ele não lhe contara a verdade, que ele certamente não havia cumprido a missão, e o condenou à empalação, impondo-lhe a sentença inicial. E um eunuco desse Sataspes fugiu para Samos imediatamente depois de ser informado sobre a morte do seu senhor com uma grande riqueza, um homem sâmio apoderou-se dela; embora eu saiba o seu nome, eu o deixo ao esquecimento por decisão própria". (Heródoto, *Histórias*, IV, 43). In: Heródoto. *Histórias. Livro IV — Melpômene. Op. cit.* Heródoto afirma que "E consideram que a pior coisa para eles é mentir". (Heródoto, *Histórias*, I, 138). In: Heródoto. *Histórias. Livro I — Clio. Op. cit.*

pelo embate com eles. E isso ficou evidente para todos e não menos para o próprio rei que muitos eram os seus homens, enquanto poucos eram os deles[713]. E o combate aconteceu por todo o dia.

211. E depois os medos foram duramente tratados; eles começaram a se retirar de lá, enquanto os persas vieram para o seu lugar, os que o rei chamava de Imortais[714], e Hidarnes era quem os comandava, porque certamente eles os venceriam com muita facilidade. E quando eles travaram combate contra esses helenos, não conseguiram precipitarem-se com mais violência contra eles que a expedição médica, mas aconteceram as mesmas ocorrências, porque combatiam em um território que era estreito e eles usavam as lanças mais curtas que as dos helenos[715], e não puderam se valer do grande contingente que tinham. E os lacedemônios os combatiam de modo digno de discurso, mas como mostravam que eram completos conhecedores da arte que estavam combatendo contra quem

---

713. Note-se que com este episódio Heródoto demonstra que nem sempre era por estratégia militar ou por qualificação de seu exército que o Império Persa alcançava suas conquistas territoriais, mas que também a quantidade de homens que levava para o campo de batalha era determinante para a vitória dos persas.

714. Lanceiros selecionados para fazer a guarda do rei.

715. Em outro episódio, Heródoto registra a coragem e a diferença no tamanho das lanças por meio destas palavras de Aristágoras: "E ao chegar para a conversa, Aristágoras disse para ele o seguinte: 'Cleômenes, não te admires com a minha pressa de vir até aqui. Pois os acontecimentos em curso são os que se seguem. E os iônios eram escravos em vez de livres; nós temos especial censura e dor por eles, e ainda dentre os demais povos da Hélade, ainda o quanto estais adiante. Portanto, agora, pelos deuses dos helenos, afasta os iônios do perigo da escravidão; são homens que têm o mesmo sangue de vós. E sem dificuldade vós seríeis capazes de avançar nesses assuntos. Pois os bárbaros não são valentes, e vós nos assuntos relacionados à guerra alcançaste os mais importantes feitos por vossa excelência. E o combate deles é do modo que se segue: têm arco e flechas e uma lança curta; com calças compridas amplas, vão para os combates e turbantes nas cabeças. Desse modo, sem dificuldade, eles serão dominados por vós. E os que habitam naquele continente ainda têm tantos bens que nem todos os homens juntos não têm, começando pelo ouro, mas também prata, cobre, vestes bordadas, animais de carga e escravos de guerra; se vós mesmos os desejardes com o coração, poderias tê-los. E eles habitam na sequência uns dos outros, como eu apontarei. Na sequência desses iônios, habitam estes lídios em um território fértil e são possuidores de muitas riquezas". (Heródoto, *Histórias*, V, 49). In: Heródoto. *Histórias. Livro V – Terpsícore. Op. cit.*

não a conhecia de fato, quando eles viraram as costas, como se tivessem a necessidade de fugir em massa, e os bárbaros, porque viam que eles estavam fugindo, perseguiam-nos com gritos de guerra e estrondos, e quando eles os alcançavam, viravam-se contra esses bárbaros que ficavam de frente para eles, e depois que giravam no sentido contrário, abatiam um número incontável de persas. E nessa ocasião poucos dentre os cidadãos espartanos tombaram lá. E visto que os persas não conseguiam obter nenhum avanço, embora tivessem tentado a entrada e os atacado com suas tropas e de todas as maneiras, eles cavalgaram em retirada.

212. E nesses tais ataques do combate, conta-se que o rei, enquanto a contemplava, pulou três vezes para fora do trono, porque temeu por suas tropas. Nesse momento, assim eles lutaram. E na manhã seguinte, os bárbaros não os atingiram melhor que eles; e porque os seus inimigos eram poucos, tiveram a esperança de que eles estivessem feridos, que não fossem capazes de avançar, ainda de ir contra eles em combate, mas eles começaram a se reunir. E os helenos estava em formação e ordenados conforme cada povo, cada um deles combatia na sua parte, exceto os foceus; e eles foram alinhados em formação para a montanha e vigiaram o estreito caminho. E como eles não encontraram uma situação mais diferente que a vista no dia anterior, eles partiram em cavalgada.

213. E quando o rei não sabia o que seria preciso fazer na situação presente, Epialtes, filho de Euridemo[716], um homem melieu, foi até a presença dele porque pensava que receberia uma grande recompensa[717] do rei, e lhe explicou a respeito do estreito caminho que conduzia

---

716. Personagens citadas apenas em Heródoto. Por um fenômeno chamado psilose, típico da linguagem iônia, que é a perda da aspiração rude, o nome Epialtes é identificado como Efialtes em linguagem ática.

717. Xerxes atua como seus antecessores, os reis Ciro e Dario, que concediam vultosas recompensas aos que os aconselhavam bem, ou aos que lhe prestassem um notável serviço, e por isso os mais ambiciosos se empenhavam em lhes apresentar soluções infalíveis ou a lhe entregarem quem ou o que ele desejasse. Há o caso extremo de Zópiro, filho de Megabizo, que se tornou sátrapa da Babilônia porque ajudou Dario a conquistá-la. Sobre este episódio, Heródoto conta que: "[Zópiro] foi ao encontro de Dario e informou-se se ele dava muita importância para capturar a Babilônia. Depois de ter sido

através da montanha em direção às Termópilas, também destruiu os helenos remanescentes no local. E mais tarde, porque teve medo dos lacedemônios, ele fugiu para a Tessália, e ele fugiu no momento em que acontecia a reunião promovida pelos Pilagoros[718], os Anfictiões em Pilas[719] estabeleceram um prêmio em prata pela sua cabeça. E um tempo mais tarde, porque ele desceu até Antícira[720], onde ele foi morto por Atenades, um homem traquínio; e esse Atenades matou Epialtes por outro motivo, o que eu relatarei nos livros seguintes[721]; todavia, ele não tenha sido menos honrado pelos lacedemônios. E assim foi como, posterior a esses acontecimentos, Epialtes morreu.

214. E existe outro relato que é contado, que Onetes, filho de Fanagoras, um homem carístio[722] e Coridalo, um anticireu, foram os que contaram para o rei esses relatos e descreveram em linhas

---

informado que em muito ele estimava essa conquista [...] Nesse momento, pensando que fosse um gesto fácil de suportar, mutilou-se em flagelo de modo irreparável; pois cortou seu próprio nariz, orelhas, também raspou terrivelmente a sua cabeleira e açoitou-se com chicote, e foi para a corte de Dario. E Dario suportou muito mal ver um homem notabilíssimo mutilado [...] perguntou-lhe [...] Mas, por quê, tolo, os inimigos irão se render mais rápido contigo mutilado? [...] Pois eu, como estou, passarei para o outro campo do muro e direi aos babilônios que, por tua causa, eu sofri estas mutilações; também penso que, se eu os persuadir que as coisas foram desse modo, eles prepararão um exército para mim. [...] Pois, como eu penso, quando eu demonstrar meus grandes feitos, e outras coisas, os babilônios se voltarão para o meu lado, e além disso, eu terei as chaves das portas. E doravante, eu e os persas teremos de nos empenhar para fazer as coisas que devemos". (*Histórias*, III, 154-155). In: Heródoto. *Histórias. Livro III – Talia. Op. cit.* E assim, segundo Heródoto, o rei persa conseguiu conquistar a Babilônia.

718. Ο πυλαγόρος (*pylagóros*) era o delegado enviado para o Conselho dos Anfictiões em Pilas.

719. Isto é, nas Termópilas.

720. Sobre esta cidade, ver o capítulo 199 deste *Livro VII – Polímnia*.

721. A informação não foi dada por Heródoto, tal quando anunciou que: "Muitos e outros se tornaram reis dessa Babilônia, os quais trarei à memória nas minhas *Histórias assírias*, que adornaram suas muralhas e seus templos, então, entre eles, houve duas mulheres. A primeira a reinar, cinco gerações antes da presente, cujo nome era Semíramis, essa construiu diques na planície que eram os mais dignos de relato; e antes disso o rio costumava formar um mar sobre a planície toda". (Heródoto, *Histórias*, I, 184). In: Heródoto. *Histórias. Livro I – Clio. Op. cit.*

722. Proveniente da cidade de Caristo, localizada na Eubeia.

gerais aos persas o caminho para a montanha, eu mesmo não tenho isso como confiável. Pois é preciso que seja levado em consideração isto: que os Pilagoros dos helenos não anunciaram por meio do arauto que Onetes e Coridalo tinham um prêmio por sua cabeça em prata, mas sim Epialtes, o traquínio, de algum modo foram informados completamente sobre o acontecimento com a máxima precisão. E nós sabemos que esse Epialtes fugiu por esse motivo; pois mesmo se houvesse a necessidade, como não era um melieu, Onetes poderia conhecer esse caminho estreito, se tivesse estado habitualmente nesse território. Mas foi Epialtes quem os guiou para a montanha até o caminho estreito, disso eu o acuso.

215. E Xerxes, visto que lhe contentou o que Epialtes prometeu que faria, imediatamente, tomado por uma excessiva alegria, enviou Hidarnes e também os[723] que tinham Hidarnes como estratego; movimentaram-se para fora do acampamento militar na hora em que se acende as lamparinas[724]. E foram os mélios que eram habitantes locais que encontraram esse caminho estreito, e após tê-lo descoberto, guiaram os tessálios até a Foceia, e nesse momento, quando os foceus contaram que tinha uma muralha na passagem, que estava na sua proteção para uma guerra; a partir de então, consideraram que essa passagem não era em nada útil.

216. E esse caminho estreito era como segue. Ele começa vindo do Rio Asopo que corre através de uma cavidade, e o nome colocado nessa cavidade e no caminho estreito é o mesmo, Anopas; e essa Anopas se estende até o cume da montanha, e termina na cidade de Alpeno, que é a primeira cidade da Lócrida próxima dos melieus, e nas redondezas de uma rocha chamada Melâmpigo[725] e a morada dos Cercopes[726], lugar que tem o caminho mais estreito.

---

723. Isto é, os Imortais.

724. No fim da tarde.

725. Μελαμπύγος (*Melampýgos*) significa literalmente "Nádegas Negras", outro epíteto para Héracles.

726. Filhos de Tia, filha de Oceano, eram dois bandidos rudes e robustos que assaltavam e matavam os viajantes. Um dia foram alertados por sua mãe sobre um

217. De fato, por esse caminho estreito, que é assim, os persas atravessaram o Asopo e marcharam durante toda a noite, tinham no lado da sua mão direita a cadeia montanhosa dos eteus e no lado de sua mão esquerda estava a dos traquínios. Então, quando a aurora surgiu, eles estavam na parte alta da montanha. E fizeram a vigilância nesse local da montanha, como também eu havia mostrado antes, mil hoplitas foceus, que o faziam em defesa de seu próprio território e montavam a guarda desse caminho estreito; pois a entrada que estava no sopé da montanha estava sendo vigiada por aqueles que já foram citados por mim; enquanto os foceus haviam se comprometido com Leônidas a vigiar o caminho estreito que atravessava a montanha.

218. Os foceus perceberam que eles estavam subindo a planície desta maneira: os persas lhes passaram despercebidos quando estavam subindo, porque a montanha toda estava repleta de carvalhos. De fato, estava sem vento, e o barulho gerado era muito, porque era costumeiro que as folhas fossem pisadas pelos pés, e os foceus correram na subida, equiparam-se com suas armas, e imediatamente os bárbaros se fizeram presentes. E porque viram os homens equipados com suas armas, ficaram espantados; porque não esperavam que ninguém aparecesse e lhes fizesse oposição, então eles encontraram com seu exército; nesse momento, Hidarnes, porque temia que os foceus fossem os lacedemônios, perguntou a Epialtes de que lugar era o exército; e assim que foi informado com exatidão, alinhou os persas em fileiras para a batalha. E os foceus, porque estavam sendo atingidos por muitas flechas e dardos, partiram em fuga para o alto da montanha, uma vez que acreditavam que eles haviam se movimentado contra eles desde o início, e eles estavam preparados para morrer. De fato, eles estavam preocupados com isso, e os persas que estavam em torno de Epialtes e Hidarnes não deram nenhuma importância ao dito e desceram a montanha o mais rápido possível.

---

tal Melâmpigo, um homem de nádegas negras, e foi quando encontraram Héracles dormindo e tentaram roubá-lo, mas o herói acordou e os pendurou pelos pés em um tronco e os levou como se fossem animais pendurados atrás dele, então eles compreenderam o aviso de sua mãe, pois Héracles tinha as nádegas negras.

219. Para alguns helenos que estavam nas Termópilas, primeiro, o adivinho Megístias, após examinar as entranhas das vítimas sacrificiais, disse-lhes o que aconteceria ao amanhecer, que eles encontrariam a morte; na sequência, houve alguns desertores que lhes anunciaram a manobra estratégica dos persas; eles haviam sinalizado isso ainda à noite, e os observadores diários foram os terceiros que desceram correndo do alto das montanhas imediatamente após o dia ter surgido. Nesse momento, os helenos deliberaram entre si, mas as opiniões deles estavam divididas; pois alguns que não estavam em fileira queriam abandoná-los, enquanto outros queriam fazer a resistência contra eles. Depois disso, eles partiram e se reuniram em diferentes lugares, alguns foram embora e se dispersaram, cada um deles voltou para a sua cidade, enquanto outros deles estavam preparados a permanecer ali junto com Leônidas.

220. E conta-se também que o próprio Leônidas mandou que partissem, porque estava preocupado com que eles não morressem; e ainda para ele e para os cidadãos espartanos presentes não era conveniente abandonar a formação, eles tinham vindo desde o início para protegê-la. E por esse ponto de vista, eu também sou muito mais dessa opinião; quanto a Leônidas, depois de ter se dado conta que seus aliados de guerra estavam desanimados e que não queriam atravessar o perigo junto com ele, ordenou-lhes que fossem embora, pois para ele não seria belo partir; se permanecesse, uma grande glória seria deixada por ele[727], também não destruiria a felicidade de

---

727. Sobre esse relato, Plutarco tece este comentário: "Dentre os seus motivos, o último que lhe restava dizer é que 'talvez os deteve para que morressem'". E o historiador destrói o feito com o que declara sobre a ambição de Leônidas. Conforme seu estilo, afirma: "De fato, isso foi dito por Leônidas, pois queria conferir glória somente aos cidadãos espartanos, por isso dispensou os aliados, mais do que por divergirem em suas opiniões". Pois foi um excesso de tolice ter retirado os aliados da glória para deter os inimigos, enquanto fez destes partícipes dela. Então, Leônidas não acusava os tebanos, mas os considerava amigos fiéis, o que é claro dados os acontecimentos. Pois também marchou em direção a Tebas, conduzindo a expedição militar, e, quando suplicante, obteve o que nenhum outro conseguira: dormir no templo de Héracles, e a visão que teve durante o sonho anunciou-a aos tebanos. Pareceu-lhe que havia no mar uma onda muito agitada, quando as mais ilustres e importantes cidades da Grécia se destruíam e se moviam de modo irregular, e a dos tebanos sobressaía-se dentre todas, e em suspensão elevava-se para o céu,

Esparta. Pois o oráculo proferido pela Pítia aos cidadãos espartanos que consultaram o oráculo a respeito dessa guerra deflagrada logo desde o seu início dizia que a Lacedemônia seria arruinada pelos bárbaros, ou o rei deles pereceria. E ela disse-lhes isso utilizando versos em hexâmetros[728], deste modo:

*"A vós, habitantes de Esparta de amplo território,
ou a grande cidade gloriosa por homens Persidas[729]
será destruída, ou se não for isso, um descendente de Héracles,
um rei morto será chorado pela terra de Lacedêmon[730];
pois não terá face a face a força dos touros nem
dos leões; pois tem a força de Zeus; e profiro que não
pouparão nada, antes de devorar uns aos outros em tudo."*

De fato, após ter refletido sobre essas palavras, porque queria que a glória fosse colocada somente dentre os cidadãos espartanos, Leônidas mandou seus aliados militares irem embora antes que eles se debatessem por uma opinião e os que estavam partindo fossem embora de modo tão desordenado.

---

depois desapareceu de repente. E essas coisas foram semelhantes às que ocorreram muito tempo depois na cidade. Heródoto, em sua descrição da batalha, obscurece a mais importante ação de Leônidas, afirmando que todos os seus homens tombaram nos estreitos em torno da Colina, e isso se realizou de outra forma". (*Da malícia de Heródoto*, 865E-866A), tradução de Maria Aparecida de Oliveira Silva. In: Plutarco. *Da malícia de Heródoto. Op. cit.*

728. Hexâmetro (ἑξάμετρος/*hexámetros*), que significa "seis medidas", era atribuído à Pítia e o dactílico, formado por seis sílabas, leia-se ˘ para uma sílaba breve e – para uma sílaba longa, no seguinte ritmo: – ˘ ˘ – ˘ ˘. Sobre o uso dos versos hexâmetros dactílicos, no tratado *Do oráculo da Pítia*, de Plutarco, séculos I e II d.C., o autor constrói seu dialogo em torno do debate sobre a imperfeição linguística e a métrica de muitos oráculos, permeado pela questão central posta na correlação que se estabelece entre o fim dos vates versificados e a decadência da arte divinatória helena – em particular, do Oráculo de Delfos.

729. Descendentes de Perseu. Para mais detalhes, consultar o capítulo 150 deste *Livro VII – Polímnia*.

730. Filho de Taígete e de Zeus. Lacedêmon casou-se com Esparta, filha do rei Eurotas, de quem herdou o trono e deu nome ao seu povo e território, e deu o nome de sua esposa à principal cidade da região: Esparta.

221. E eu tenho o seguinte argumento, que não é menos importante sobre esse ocorrido, que é, de fato, o adivinho que acompanhava essa expedição militar, Megístias[731], o acarnense, é contado que sua descendência vinha de Melampo[732], ele que havia proferido os fatos futuros a partir de sua observação das entranhas das vítimas sacrificiais. É claro que Leônidas o havia mandado embora, a fim de que não perecesse junto com eles. E mesmo após ter sido mandado embora, ele próprio não abandonou o local, porque seu filho realizava a expedição militar junto com eles e era o único filho que ele tinha, então ele o mandou embora.

222. Então, os aliados militares que foram mandados embora obedeceram a Leônidas, marcharam e partiram, mas téspios e tebanos permaneceram ao lado dos lacedemônios. E dentre eles, os tebanos permaneceram contra a sua vontade[733] e não queriam permanecer lá (pois Leônidas os detinha, considerava em teoria que eram seus reféns[734]),

---

731. Não dispomos de mais informações sobre essa personagem.

732. Μελάμπους (*Melámpous*), que significa literalmente "Pés negros", que era um epíteto dado aos egípcios. De acordo com o mito, Melampo recebeu este nome porque ao nascer sua mãe deixou seus pés ao Sol, é filho de Amitáon e de Idômene, obteve o dom da adivinhação ainda criança, quando um dia encontrou uma serpente morta e lhe prestou honras ao realizar o seu funeral em uma pira, os descendentes da serpente deram-lhe o dom de conversar com os animais. Melampo também desenvolveu seus conhecimentos na medicina e no uso de ervas medicinais e mágicas.

733. Este relato de Heródoto é contraditório ao deixado por Diodoro Sículo (*Biblioteca histórica*, XI, 4), no qual afirma que os tebanos enviaram soldados para as Termópilas em auxílio ao rei Leônidas por serem contra as tiranias instituídas pelas oligarquias.

734. Temos a seguinte crítica tardia de Plutarco a este episódio: "Então, não está claro que nutria particular ira e hostilidade contra os tebanos, por isso não somente acusa falsa e injustamente a cidade, como também não reflete sobre a credibilidade de sua acusação, nem de como afirma coisas contraditórias e como não se mostra informado sobre alguns homens? Pois declara que 'Leônidas, quando percebeu que os aliados estavam hesitantes e que não queriam correr risco, ordenou-lhes que se retirassem'; outra vez, há pouco, afirma que ele deteve os tebanos contrariados e que seria compreensível se fossem expulsos, ainda que quisessem permanecer, se eram acusados de serem partidários dos persas. Portanto, como não havia necessidade dos que estavam de má vontade, qual seria a utilidade de se misturar homens suspeitos com os combatentes? O rei dos cidadãos espartanos e comandante da Grécia não tinha tais pensamentos, de modo a 'detê-los na condição de reféns' com seus Trezentos e os quatrocentos soldados armados, enquanto os inimigos já se posicionavam ao mesmo

e os téspios permaneceram com mais boa vontade, eles disseram que não queriam ir embora nem abandonar Leônidas e os que estavam com ele, mas que permaneceriam até morrer com eles; e Demófilo, filho de Diadromes[735], desempenhava o papel de estratego deles.

223. E Xerxes, assim que o Sol se levantou, fez libações, transcorrido algum tempo, fez o caminho para a ágora no momento em que ela ficou mais cheia; porque era o que de fato Epialtes havia recomendado, pois a descida do cume da montanha era mais breve e a distância era muito menor que o contorno e a subida que fizeram neste mesmo lugar. De fato, os bárbaros que estavam no entorno de Xerxes avançaram enquanto os helenos que estavam no entorno de Leônidas, como se estivessem partindo para a morte, já avançaram muito mais que nos combates iniciais para a parte mais larga do desfiladeiro. Pois a proteção do muro estava sendo vigiada, e no transcorrer das primeiras manhãs, entravam sem serem vistos nas passagens mais estreitas e os combatiam; e nesse momento, eles travaram um combate entre si fora das passagens estreitas e muitos bárbaros, em grande quantidade, tombaram ali; pois os comandantes ficavam atrás das divisões militares com seus chicotes, chicoteavam cada homem e os exortavam para que sempre fossem adiante. De fato, muitos deles caíram dentro do mar[736] e morreram, e ainda muito mais foram pisoteados vivos

---

tempo de fronte e na retaguarda deles. Porque, ainda que os tenha conduzido na condição de reféns, em circunstâncias extremas, seria razoável que aqueles abandonassem Leônidas, sem que se preocupassem, e que Leônidas temesse mais ser cercado por aqueles do que pelos bárbaros. Exceto isso, como Leônidas não seria ridículo por ordenar que o restante dos gregos se afastassem, porque logo muitos seriam mortos, e impedir os tebanos, porque seriam protegidos por ele e pelos gregos, quando ele iria morrer? Pois se mantinha aqueles homens a seu lado na condição de reféns, em particular de escravos, não deveria tê-los obrigado a permanecer com os que morreriam, mas entregá-los aos gregos que se retiravam". (*Da malícia de Heródoto*, 865B-D), tradução de Maria Aparecida de Oliveira Silva. In: Plutarco. *Da malícia de Heródoto. Op. cit.*

735. Não dispomos de mais informações sobre essas personagens.

736. Sobre essas passagens curtas, temos o seguinte relato de Pausânias a respeito da batalha entre gálatas e helenos em 279 a.C.: "Ele [Breno] avançou de Heracleia – pois, por meio dos desertores, foram informados de que aqueles estavam reunidos nas Termópilas e vinham de cada cidade helena – e, desprezando o exército heleno, no dia seguinte, deu início a uma batalha ao nascer do sol, sem ter nenhum adivinho heleno ou fazer uso de sacrifícios de seu território, se é verdade que existe algum tipo de adivinhação celta. Então os helenos marcharam contra eles em silêncio e em

uns pelos outros; e ninguém tomava conhecimento de quem estava morrendo. Pois sabiam o que iria lhes acontecer, que seria a morte dos que contornavam a montanhas; revelaram sua força e o quanto ela era grande para os bárbaros, então combateram sem pensar em suas vidas e foram enlouquecidos contra eles.

224. Então, a maioria dos persas tiveram suas lanças nessas circunstâncias já partidas em pedaços, e os helenos destruíram os persas. E Leônidas tombou nessa difícil situação, mas se tornou o homem mais corajoso, e os outros que estavam em sua companhia tornaram-se notáveis dentre os cidadãos espartanos, eu busquei me informar sobre quais eram os nomes desses homens valorosos, de todos os Trezentos[737]. E além disso, dentre os persas, tombaram lá muitos outros homens também ilustres, nesse lugar também: dois filhos de Dario, Abrocomes e Hiperantes[738], nascidos da filha de Artanes[739], Fratagones[740], com Dario; e Artanes era irmão do rei Dario,

---

ordem; e quando eles começaram a se enfrentar, a infantaria não saiu de sua fileira para atrapalhar sua própria formação, enquanto que os levemente armados ficaram em seus lugares, jogaram dardos e dispararam seus arcos e dardos. A cavalaria de ambas as partes não foi utilizada, não somente porque o território das Termópilas era estreito, mas também liso por causa das pedras do local e escorregadio em sua maior parte por causa das contínuas correntes de água. A armadura dos gálatas era pior – porque eles não tinham outra arma como defesa do corpo que seus grandes e alongados escudos –, além disso, eram inferiores em experiência militar". (Pausânias, *Descrição da Hélade*, XXI, 1-4), tradução de Maria Aparecida de Oliveira Silva.

737. Os nomes do rei espartano e dos Trezentos que pereceram ao seu lado foram vistos por Pausânias, conforme lemos neste relato: "Indo da ágora em direção ao poente, foi construído o cenotáfio de Brásidas, filho de Télis. Não muito longe da tumba, vale a pena ver um teatro de mármore branco. Em frente ao teatro está o sepulcro de Pausânias, o tirano de Plateias, e o de Leônidas; todos os anos eles fazem discursos sobre eles e estabelecem uma competição na qual ninguém, exceto os espartanos, pode participar. Os ossos de Leônidas foram coletados nas Termópilas quarenta anos depois por Pausânias. Há também um velório contendo os nomes, também os de seus pais, daqueles que lutaram contra os medos nas Termópilas". (Pausânias, *Descrição da Hélade*, XIV, 1), tradução de Maria Aparecida de Oliveira Silva.

738. Não dispomos de mais informações sobre essas personagens.

739. Irmão de Dario.

740. Não dispomos de mais informações sobre essa personagem.

e Histaspes[741] era filho de Ársames[742]; que ele também se casou com a filha de Dario, recebeu toda a sua riqueza para ele, porque essa era a sua única filha.

225. E os dois irmãos de Xerxes também tombaram durante o combate, e pelo cadáver de Leônidas, houve uma grande disputa entre persas e lacedemônios, até o momento em que os helenos prevaleceram em coragem e fizeram os adversários retornarem por quatro vezes. E isso se estabeleceu até o momento em que os que estavam com Epialtes apareceram. E quando os helenos foram informados de eles estavam chegando, a partir desse momento o combate se tornou outro; pois eles bateram em retirada, voltaram ao ponto estreito do caminho, ultrapassaram a muralha, foram se assentar sobre a colina, todos eles juntos, exceto os tebanos[743]; e a colina está situada

---

741. Heródoto registra o seguinte sobre Histaspes e seu núcleo familiar: "Depois de ter atravessado o Rio Araxes, quando veio a noite, teve uma visão enquanto dormia no território dos masságetas, que foi a seguinte: Ciro, em sonho, pensou que estava vendo o mais velho dos filhos de Histaspes com asas em seus ombros, uma delas escurecia a Ásia e a outra estava cobrindo de sombra a Europa. Histaspes era filho de Ársames, um homem de ascendência Aquemênida, Dario era o seu filho mais velho; nessa época, tinha mais ou menos vinte anos de idade, e ele havia sido deixado na Pérsia; pois não tinha ainda a idade para realizar uma expedição militar. Depois, então, que Ciro acordou, raciocinou sobre a visão que teve. Porque essa visão lhe pareceu importante, chamou Histaspes e, ficando sozinho com ele, disse: 'Histaspes, teu filho está conspirando contra mim e já arrebata o meu poder; como sei disso com exatidão, eu lhe indico. Os deuses preocupam-se comigo e mostraram-me todos os fatos futuros; então, já na noite passada, quando estava dormindo, vi o teu filho mais velho com asas sobre os ombros e uma delas escurecia a Ásia e a outra estava cobrindo de sombra a Europa. Não há nenhum artifício vindo dessa visão que não seja aquele conspirando contra mim. Tu, então, o mais rápido possível retorna para a Pérsia e faze de modo que, quando eu para lá regressar, após subjugar este território, coloques teu filho diante de mim para interrogá-lo'". (Heródoto, *Histórias*, I, 209). In: Heródoto. *Histórias. Livro I – Clio. Op. cit.*

742. Sexta esposa do rei.

743. Plutarco contesta o afirmado por Heródoto tendo como seu testemunho o relato de Aristófanes da Beócia; contudo, seus escritos não chegaram até nór para que pudéssemos estabelecer a comparação e a análise dos registros. Diante disso, vejamos o relato de Plutarco: "E reprova os tebanos pela mesma situação, porque sofreram semelhante necessidade. Impedido de arruinar a maior e mais bela obra, como se não tivesse sido realizada por eles, por meio de um motivo insignificante e suspeito, para com gravidade prejudicá-lo, registra o seguinte: 'Agora os aliados, quando foram dispensados, partiram e se afastaram, obedecendo Leônidas, e

na entrada, onde está agora a pedra em formato de leão[744] que foi colocada em honra a Leônidas[745]. Nesse mesmo território, eles se defenderam com suas espadas curtas, os que dentre eles as mantinham ainda presentes, também com os braços e as bocas; enquanto os bárbaros lançavam flechas e dardos, uns que estavam do seu lado oposto os perseguiam e demoliam a proteção da muralha, outros os cercaram e se colocaram por todos os lados.

226. Apesar desses lacedemônios e téspios terem tido um comportamento igual, conta-se que havia um homem corajoso, um cidadão

---

somente téspios e tebanos permaneceram junto aos lacedemônios. E, dentre esses, os tebanos permaneceram de malgrado, contra a vontade, pois Leônidas os deteve na condição de reféns; e sobretudo os téspios de bom grado afirmavam que jamais abandonariam Leônidas e aqueles que o seguiam'. Então, não está claro que nutria particular cólera e hostilidade contra os tebanos, por isso não somente acusa falsa e injustamente a cidade, como também não reflete sobre a credibilidade de sua acusação, nem de como afirma coisas contraditórias e como não se mostra informado sobre alguns homens? Pois declara que 'Leônidas, quando percebeu que os aliados estavam hesitantes e que não queriam correr risco, ordenou-lhes que se retirassem'". (*Da Malícia de Heródoto*, 865A-C). A divergência de Plutarco com o relato herodotiano, no entanto, perde força quando encontramos em Tucídides a descrição do contexto que favoreceu a traição dos tebanos, que nos esclarece que a cidade estava sob o domínio de uma pequena elite ansiosa pelo poder e que se aliou aos persas para garantir o poder local (*História da Guerra do Peloponeso*, III, 62), o que oferece respaldo à versão apresentada por Heródoto.

744. Λεωνίδης (*Leōnídēs*), ou Leônidas, é um nome que deriva de λέων (*leōn*), que significa "leão" e o sufixo ίδης (*ídēs*) que denota filiação, ou seja, Leônidas significa "filho do leão". Em razão disso, dedicaram uma pedra esculpida, leia-se um mármore esculpido, em formato de um leão, que também reafirma a sua coragem, força e determinação.

745. É interessante perceber que Heródoto também relaciona o nascimento do estratego ateniense Péricles à epifania de um leão, conforme lemos neste relato sobre a linhagem do político ateniense: "Tantos foram os acontecimentos em torno da seleção dos pretendentes, e assim os Alcmeônidas foram celebrados ao longo da Hélade. E desse casamento nasceu Clístenes, o que instituiu as tribos y a democracia entre os atenienses, com o nome do seu avô materno, tirano de Sícion; além dele, Mégacles também teve, Hipócrates, que teve outro Mégacles e outra Agariste, que tinha o nome de Agariste, a filha de Clístenes, que se casou com Xantipo, filho de Aríton, que enquanto estava grávida, viu um sinal em sonho, parecia-lhe que dava à luz a um leão; e pouco dias depois, ela deu à luz a Péricles para Xantipo". (Heródoto, *Histórias*, VI, 131). In: Heródoto. *Histórias. Livro VI – Érato. Op. cit.* Portanto, notamos que Heródoto associa a imagem dos grandes líderes helenos à dos leões, que também gozavam de prestígio entre os persas e povos oriundos da Ásia.

espartano, Dieneces, sobre o qual se conta que ele proferiu o seguinte discurso antes que eles travassem o combate contra os medos, porque foi informado por um dos traquínios que, quando os bárbaros disparavam suas flechas, eles escondiam o Sol por sua grande quantidade de flechas[746]; tamanha era a quantidade delas; e ele não ficou perturbado com as palavras que ele disse, nem deu atenção à questão da quantidade de medos, que o estrangeiro traquínio estava anunciando coisas muito boas, e que, se os medos escondiam o Sol, que eles travariam uma batalha contra eles não no Sol, mas na sombra. Essas palavras e outras do mesmo tipo, contam, que Dieneces, o lacedemônio, deixou como memórias.

227. E depois disso, contam que dois irmãos lacedemônios exceliram em coragem, eram Alfeu e Máron, filhos de Orsifanto[747]. E dentre os téspios, o nome que mais obteve boa reputação foi o de Ditirambo, filho de Harmátides[748].

228. E eles foram enterrados exatamente no mesmo lugar no qual tombaram e os que morreram antes daqueles que foram mandados embora por Leônidas, e sobre os seus túmulos estavam gravadas inscrições que diziam o seguinte:

---

746. Dois aspectos importantes estão contidos neste relato, o primeiro é a valorização da quantidade e o segundo é a habilidade persa com o arco e flecha, conforme nos explica Heródoto com este registro: "E a bravura própria é aprovada, depois ser corajoso em combate. O que é recebido favoravelmente é ter muitos filhos; para aquele que mostra a maior quantidade deles, o rei lhe envia presentes todo ano; consideram que a quantidade é um tipo de força. Educam seus filhos, começando a partir dos cinco anos até os vinte, para somente três coisas: cavalgar, usar arco e flecha e dizer a verdade. Antes de atingirem os cinco anos de idade, não são levados à vista do pai, mas vivem com as mulheres; fazem isso assim, por causa disto: para que, se eles morrerem durante a criação, nenhum desgosto recaia sobre o pai". (Heródoto, *Histórias*, I, 136). In: Heródoto. *Histórias. Livro I – Clio. Op. cit.*

747. Pausânias registra que havia um templo em homenagem aos irmãos: "Há também um templo de Marón e Alfeu. Eles estavam dentre os lacedemônios que marcharam para as Termópilas e tinham a fama de ter se destacado mais no combate depois de Leônidas". (Pausânias, *Descrição da Hélade*, XII, 9), tradução de Maria Aparecida de Oliveira Silva.

748. Não dispomos de mais informações sobre essas personagens.

*Um dia combateram aqui contra três milhões
quatro mil vindos do Peloponeso.*

De fato, essas palavras foram inscritas para todos eles, mas existem estas que são em particular para os cidadãos espartanos:

*Estrangeiro, anuncia aos lacedemônios que aqui jazemos
porque obedecemos aos seus ditos[749].*

E, de fato, isso foi para os lacedemônios, e este aqui foi para adivinho:

*Esta é a tumba do glorioso Megístias, que um dia os medos,
após a travessia do Rio Esperquio[750], mataram,
um adivinho, que então sabia claramente que Cer[751] viria,
não suportaria abandonar o comandante[752] de Esparta.*

---

749. Algumas traduções trazem τοῖς κείνων ῥήμασι (*toîs keínōn rhḗmasi*) como "suas leis" ou "suas ordens"; outra opção é "seus ditos". A opção por esta tradução se pauta no argumento de Plutarco na *Vida de Licurgo*, XX-XXI, em que revela a versão dos cidadãos espartanos por discursos longos e que as crianças aprendiam ditos para serem objetivas. Não por acaso, Plutarco registra mais de duzentos ditos de espartanos, entre eles, existem os atribuídos às mulheres. Com a leitura desses ditos, percebemos mulheres orgulhosas por verem sua contribuição na geração de homens valorosos a Esparta. Notamos nesses discursos a padronização de uma conduta; as mulheres reproduzem ditos voltados para o bem da cidade, ausentes de um sentimento de posse individual para cultivar o de pertencimento a uma comunidade, como se o marido, ou o filho, ou qualquer outro membro da família pertencesse somente à cidade. A repetição de situações e ditos neste tratado tem esse propósito de enfatizar o sucesso da educação das mulheres em Esparta, pois vemos que, ao serem indagadas, diferentes mulheres respondem de modo quase semelhante, sempre colocando os interesses de Esparta em primeiro lugar.

750. Ou Esperqueu, era um rio localizado na região da Tessália.

751. Κήρ (*Kḗr*), ou Cer, era a personificação da morte. As primeiras ocorrências aparecem em Homero, na maioria dos casos, Cer aparece grafada como se fosse um substantivo, como vemos neste verso homérico: "Pois como a negra Cer ele era odiado por todos." (ἶσον γάρ σφιν πᾶσιν ἀπήχθετο κηρὶ μελαίνῃ.) (Homero, *Ilíada*, III, 454). Encontramos correlação como vemos Κῆρα μέλαιναν negra Cer (Hesíodo, *Teogonia*, 211). O poeta de Ascra, no entanto, grafa como nome próprio. Se notarmos o seguinte, Homero nos traz em maiúsculo. Podemos atribuir esta variação aos copistas: "Lá estava Éris em companhia de Cidemo, e lá estava a funesta Cer" (ἐν δ' Ἔρις ἐν δὲ Κυδοιμὸς ὁμίλεον, ἐν δ' ὀλοὴ Κήρ) (Homero, *Ilíada*, XVIII, 535).

752. Isto é, Leônidas.

Então, com inscrições e estelas, fora o epigrama do adivinho, foram os Anfictiões[753] que os honraram; enquanto o do adivinho Megístias, foi Simônides[754], filho de Leoprepes, ele que foi o autor de sua inscrição[755] por laços de hospitalidade entre eles.

229. E sobre dois dos Trezentos, conta-se que Euríton e Aristodemo, se ambos tivessem utilizado o mesmo raciocínio, poderiam ter retornado juntos para Esparta, porque tinham sido autorizados por Leônidas a se retirar do acampamento militar e estavam assentados em Alpenos porque estavam sofrendo de oftalmia que já estava indo para o seu estágio mais avançado, ou se certamente não quisessem retornar a sua terra natal, ter morrido com os outros companheiros, quando lhes foi possível tomar outras atitudes, não quiseram concordar um com o outro, mas eles tinham uma opinião diferente do outro; por um lado, Euríton havia sido informado sobre a manobra estratégica dos persas, pediu suas armas, ele as colocou e as empunhou, ordenou ao seu hilota[756] que eles partissem para o combate, para que ele o conduzisse[757], e após tê-lo conduzido para atingir o combate, ele fugiu, mas ele se lançou ao combate e foi morto, enquanto Aristodemo perdeu a coragem e permaneceu lá. Então, se somente Aristodemo retornasse para

---

753. Os Anfictiões eram guardiões e benfeitores dos templos, estavam relacionados à deusa Deméter, a protetora da Anfictionia, que era uma confederação religiosa ou política das cidades vizinhas ou aliadas. Em Delfos, havia o seu grupo de anfictiões que se organizavam em uma Anfictionia Délfica que congregava iônios, dórios e outros povos da Hélade.

754. Poeta e epigramatista, 557-467 a.C., nascido na ilha de Ceos. Ilha situada no Mar Egeu, que compunha as chamadas Cíclades, que recebem esse nome por estarem no centro do Mar Egeu e, juntas, terem o formato de um círculo; não à toa, seu nome deriva do termo κύκλος (kýklos), que significa "círculo".

755. Epigramas contidos na *Antologia Palatina*, VII, 248-249.

756. Os hilotas eram oriundos das regiões conquistadas por Esparta, seu nome deriva da primeira Hilos, que seriam os primeiros habitantes da Península do Peloponeso. Após a Guerra da Messênia, por volta do século VII a.C., com a vitória de Esparta, os messênios foram reduzidos à condição de hilotas.

757. Os hilotas carregavam os víveres, armas reservas e outros apetrechos de guerra para o seu senhor, um cidadão espartano.

Esparta porque estava agonizando de dor, ou se ambos tivessem retornado salvos, parece-me que os cidadãos espartanos não os teriam recebido com nenhuma ira; na verdade, quando um deles já havia morrido, o outro, ainda que estivesse lá sob o mesmo pretexto, não queria morrer; inevitavelmente, eles estavam enormemente irados com Aristodemo.

230. Desse modo, então, contam que Aristodemo foi salvo ao ir para Esparta e foi por causa deste pretexto e outros, que ele foi mandado embora do acampamento militar para cumprir uma missão como mensageiro, e que lhe seria possível ter chegado ao combate ainda acontecendo, porém ele não quis isso, mas se estendeu no caminho para que sobrevivesse, enquanto o mensageiro que era seu companheiro retornou ao lugar do combate para que morresse.

231. Após ter retornado para a Lacedemônia, Aristodemo foi censurado e desonrado[758]; e continuou sofrendo, pois costumava ser desonrado em tais circunstâncias: nenhum cidadão espartano acendia o seu fogo[759] nem conversava com ele[760], e tinha a vergonha de ser

---

758. ἀτιμία (*atimía*) também significa "perda de cidadania", neste caso específico, significa "desonra", pois Plutarco (*Vida de Licurgo*, XXX, 3) afirma que não lhes tiravam o direito à cidadania porque temiam uma insurreição desses cidadãos, assim a situação de humilhação e desdém dos seus pares já representava uma punição grave.

759. Havia o costume de um vizinho passar uma tocha para que cada família acendesse sua lareira, Heródoto nos mostra que Aristodemo foi excluído deste ritual que se mostra exclusivo para cidadãos.

760. Xenofonte afirma que o legislador Licurgo "proporcionou abertamente a felicidade para os corajosos e a infelicidade para os covardes. Porque, entre as demais cidades, quando alguém se mostra covarde, a única coisa que lhe acontece é ter o apelido de covarde, porque frequenta a mesma ágora que o corajoso, senta-se no mesmo lugar dele e vai ao mesmo ginásio, se quiser. Mas, na Lacedemônia, qualquer um sentiria vergonha de dividir sua tenda com um companheiro covarde e de ser ainda seu companheiro de ginásio e de luta". (Xenofonte, *Constituição dos lacedemônios*, IX, 3), tradução de Maria Aparecida de Oliveira Silva. E Xenofonte segue arrolando as perdas sociais daqueles que se acovardavam nos combates, que condenava também a sua família ao isolamento citadino, a ponto de suas mulheres não conseguirem casar; ou seja, era também uma desonra para a família.

chamado "o trêmulo[761] Aristodemo". Mas, na batalha de Plateias[762], ele reparou toda a desonra que lhe foi imputada.

232. E conta-se também que houve outro mensageiro que estava dentre esses Trezentos foi enviado para a Tessália e sobreviveu, cujo nome era Pantites[763]; mas após ele ter retornado a Esparta, porque passou por uma situação desonrosa, ele se degolou.

233. E os tebanos, sobre os quais Leontíades atuava como estratego, embora estivessem em companhia dos helenos durante todo o tempo, combatiam contra a expedição militar do rei porque foram forçados a isso[764]; mas quando viram que os acontecimentos

---

761. Sobre esses cidadãos considerados covardes nos combates, temos o seguinte relato de Plutarco: "Assim, aos que se haviam mostrado frouxos no combate (os lacedemônios chamam-nos 'Trêmulos'), por numerosos e influentes, hesitava-se em aplicar a degradação cívica prevista nas leis, dado o receio de que fizessem uma revolução. Pessoas dessa espécie não apenas ficam excluídas da magistratura como ninguém aceita dar-lhes ou receber deles esposa. Quem os encontra pode sová-los à vontade. Têm de resignar-se a sair com roupas infamantes e enxovalhadas, mantos remendados e escuros – e apenas metade da barba raspada". (Plutarco, *Vida de Licurgo*, XXX, 3-4), tradução de Gilson César Cardoso. In: Plutarco. *Vidas Paralelas. Primeiro volume. Licurgo*. Introdução e notas de Paulo Matos Peixoto. Tradução de Gilson César Cardoso. São Paulo: Paumape, 1992.

762. Cidade localizada ao Sul da Beócia, foi a única cidade beócia a lutar ao lado dos atenienses em Maratona, conforme este relato de Heródoto: "E quando eles iam se engajar na batalha, os coríntios não descuidaram; eles estavam presentes por acaso e os contiveram, então foram escolhidos como árbitros por ambas as partes e fizeram um acordo sobre os limites de seu território em que os tebanos permitiam aos beócios que não quisessem pertencer ao grupo dos beócios. Então, depois de terem compreendido a situação, os coríntios foram embora, e enquanto os atenienses estavam partindo, os beócios os atacaram, mas durante esse ataque, foram derrotados na batalha. E os atenienses ultrapassaram os limites que os coríntios haviam estabelecido como sendo dos plateenses, depois de ultrapassá-los, e delimitaram essa fronteira do Asopo aos tebanos que estavam em Plateias e Hísias. Então, os plateenses se ofereceram aos cuidados dos atenienses do modo como foi dito, e nesse momento, chegaram em Maratona para socorrê-los". (Heródoto, *Histórias*, VI, 108). In: Heródoto. *Histórias. Livro VI – Érato. Op. cit.*

763. Não dispomos de mais informações sobre essa personagem.

764. Existe a divergência de Plutarco sobre esse relato herodotiano em seu tratado *Da malícia de Heródoto*, 856A-B; no entanto, a crítica de Plutarco perde força quando encontramos em Tucídides a descrição do contexto que favoreceu a traição dos tebanos, que nos esclarece que a cidade estava sob o domínio de uma pequena elite ansiosa pelo

estavam se tornando a favor dos persas, desse modo então, enquanto os helenos estavam com Leônidas na colina, eles se separaram deles, estenderam suas mãos a eles e aproximaram-se dos bárbaros, e lhes disseram que tinham o mais verdadeiro dos discursos, que eles também eram partidários dos medos e que estavam entre os primeiros que deram terra e água para o rei, e que foram às Termópilas por terem sido forçados e que não foram seus adversários de guerra, porque não geraram prejuízo ao rei; de modo que, ao dizerem essas palavras, eles sobreviveram. Pois eles tinham os tessálios como testemunhas dessas palavras. Todavia, os acontecimentos todos não obtiveram sucesso; pois como os bárbaros os capturaram quando partiram, uns eram mortos porque estavam se aproximando e outros, a maioria deles, porque Xerxes ordenou, foram marcados com estigmas reais[765], a começar pelo estratego Leontíades, o filho de Eurímaco, um tempo depois, os plateenses o assassinaram quando atuava como estratego de quatrocentos homens tebanos e estava tomando posse da cidade dos plateenses.

---

poder e que se aliou aos persas para garantir o poder local, conforme lemos a seguir: "A constituição de nossa cidade naquele tempo não era nem a de uma oligarquia com direitos iguais, nem a de uma democracia; o governo estava nas mãos de um pequeno grupo de homens poderosos – a modalidade mais oposta à lei e à melhor constituição e mais própria à tirania. Tais homens, na esperança de conseguir um poder ainda maior para si mesmos se a sorte favorecesse os invasores, mantiveram o povo oprimido e chamaram os persas. A cidade como um todo não tinha o controle de suas próprias ações quando Tebas tomou aquela decisão, e portanto não é justo censurá-la por erros cometidos quando não estava sob o domínio da lei". (Tucídides, *História da Guerra do Peloponeso*, III, 62). (*História da guerra do Peloponeso*, III, 15), tradução de Mário da Gama Kury. In: Tucídides. *Op. cit*. O relato de Tucídides oferece respaldo à versão apresentada por Heródoto. Em um relato tardio, Diodoro Sículo retoma o afirmado por Tucídides e interpreta a traição dos tebanos como algo restrito a uma facção política filopersa (*História Universal*, XI, 4 e 6).

765. Este parece ser um costume comum entre os antigos. Plutarco nos conta que "Os sâmios, para devolver aos inimigos o ultraje de que tinham sido vítimas, marcaram com a figura de uma coruja a fronte dos prisioneiros, assim como os atenienses haviam marcado a dos seus com o desenho de uma embarcação típica de Samos. Essa embarcação, chamada 'sâmia', é um vaso cuja proa apresenta a forma de um focinho arrebitado, é bojudo e mais fechado que os outros, podendo destarte recolher carga pesada e singrar velozmente ao mesmo tempo. Foi-lhe dado esse nome porque o primeiro exemplar se construiu em Samos, a mando do tirano Polícrates". (*Vida de Péricles*, XXVI, 3-4). In: Plutarco. *Vidas paralelas. Op. cit.*

234. De fato, os helenos que estavam em torno das Termópilas lutaram dessa maneira, e Xerxes convocou Demarato e começou a lhe perguntar o seguinte: "Demarato, és um homem bom; e eu reconheço por meio desses acontecimentos que tu estás com a verdade; pois tudo o que tu disseste, assim tudo aconteceu. E agora, diz-me, quantos são os lacedemônios restantes, e dentre eles, quantos nos assuntos militares são como tais, se todos também são assim". E ele lhe disse: "Ó rei, o número de todos os lacedemônios é muito grande e suas cidades são muitas; e o que desejas compreender, conhecerás. Existe na Lacedemônia a cidade de Esparta que tem mais ou menos a quantidade máxima de oito mil homens; esses homens todos são iguais aos que combateram aqui neste lugar; certamente, os demais lacedemônios não são iguais a eles, mas são bons". Xerxes disse-lhe essas palavras: "Demarato, por teu modo de pensar, como dominaríamos esses homens do modo menos penoso? Vai, explica-me! Pois tu, como foste rei deles, tens os detalhes de seus planos".

235. E se dirigiu a eles em resposta: "Ó rei, se realmente deliberas comigo de boa vontade, é justo que eu te revele qual é o melhor modo. Se enviares trinta naus da tua expedição militar para as imediações do território da Lacônia[766]. Nas imediações desse território, existe uma ilha localizada ali, cujo nome é Citera[767], a que Quílon[768],

---

766. Região localizada na península do Peloponeso, também conhecida como Lacedemônia, da qual Esparta era a sua cidade principal.

767. Integrava o complexo conhecido por Ilhas Iônias, localizado ao sul do Cabo Málea, nos confins da península do Peloponeso. Heródoto nos conta que a ilha pertencia aos argivos, conforme lemos neste relato: "E também sobreveio uma luta a esses cidadãos espartanos, nessa mesma época, que eram contra os argivos, por causa de um território chamado Tírea. Essas terras tíreas ficavam em uma parte da Argólida que os lacedemônios tinham desanexado. Além dela, tomaram até Málea, que ficava a oeste do território dos argivos, que era um território que ficava na planície, e ainda a ilha de Citera e o restante das ilhas". (Heródoto, *Histórias*, I, 82). In: Heródoto. *Histórias. Livro I – Clio. Op. cit.*

768. É o sábio espartano que integrava o grupo dos Sete Sábios. Os Sete Sábios era uma lista com os nomes dos homens mais sábios da Grécia Antiga; em sua maioria, políticos do século VI a.C. A primeira referência aos nomes que compunham a lista dos Sete Sábios aparece no diálogo platônico intitulado *Protágoras*, 343e-343b, quando reflete sobre a natureza da educação espartana. Com pequenas variações, a lista era composta pelos seguintes nomes: Tales, Pítaco, Bias, Cleóbulo, Sólon,

que se tornara o homem mais sábio junto a nós, disse que seria melhor para os cidadãos espartanos que estivesse submersa no mar que emergida; sempre teve a expectativa de que algo viria dela e que seria tal o que eu te explicarei, que ele não previu a tua expedição, mas porque temia qualquer expedição de homens por igual[769]. Portanto, a vossa movimentação fora dessa ilha será motivo de temor aos lacedemônios. E quando eles tiverem uma guerra vizinha à sua morada, não lhe serão terríveis em nada; eles não socorreriam esse território, mesmo se o restante da Hélade fosse capturado por teu exército terrestre; assim que o restante da Hélade for escravizado, já extenuada, a Lacônia será deixada sozinha. E se não fizeres isso, estes serão os acontecimentos reservados para ti: existe um istmo[770] estreito na região do Peloponeso; nesse território, todos os peloponésios formarão uma liga contra ti, e prevê que existirão outras batalhas mais intensas que as acontecidas. E se fizeres isso, sem que exista uma batalha, esse istmo e as cidades mudariam para o teu lado".

Quílon e Periandro. O mito originou-se com uma trípode de ouro encontrada no Mar Iônio, a qual um oráculo determinou que fosse entregue ao homem mais sábio. Então, ela foi enviada a Sólon, que depois a passou para Pítaco e, assim, sucessivamente; quando atingiu o número de sete, ofereceram-na ao deus Apolo.

769. Sobre esse ponto vulnerável do território lacônio, temos o seguinte relato tucididiano, datado de 424 a.C.: "Durante o mesmo verão os atenienses, com sessenta naus, dois mil hoplitas e um pequeno destacamento de cavalaria, além de alguns milésios e outros aliados, fizeram uma expedição contra Citera. Comandavam a expedição de Nícias filho de Nicératos, Nicôstratos filho de Diítrefes e Áutocles filho de Tolmeus. Citera é uma ilha adjacente à Lacônia, situada defronte do cabo Maléia; seus habitantes são lacedemônios da classe dos perícos, e um funcionário chamado 'juiz para Citera' costuma viajar para lá uma vez por ano vindo de Esparta; os espartanos também mantinham lá regularmente uma guarnição de hoplitas e davam muita atenção ao lugar; com efeito, a ilha lhes servia como ponto de escala para naus mercantes vindas do Egito e da Líbia e, além disso, graças a ela era menos provável que os piratas molestassem a Lacônia, vindos do mar – único lado por onde poderiam atacá-los – pois a ilha dominava os mares da Sicília e de Creta". (Tucídides, *História da Guerra do Peloponeso*, IV, 53) (*História da guerra do Peloponeso*, III, 15), tradução de Mário da Gama Kury. In: Tucídides. *Op. cit.*

770. Istmo de Corinto, localizado ao norte da península do Peloponeso, que liga a península Ática à do Peloponeso.

236. Toma a palavra, depois disso, Aquêmenes, que era irmão de Xerxes e estratego do exército marítimo, e que por acaso encontrava-se presente no debate, e temia que Xerxes fosse persuadido a fazer isso[771]. "Ó rei, vejo-te acolhendo as palavras desse homem que inveja a tua capacidade de administrar bem os assuntos públicos ou também está traindo os teus propósitos[772]; pois, além do mais, acontece disso ser algo característico deles, os helenos se alegram com tais comportamentos e eles odeiam o fato de serem superados. E se acontecer nessas condições presentes, de trezentas naus das suas serem destroçadas dentro dessas circunstâncias, enviares outras trintas vindas do seu exército terrestre para navegar nas imediações do Peloponeso, os seus adversários se tornarão mais valorosos; e se o teu exército marítimo estiver reunido, vós vos tornaríeis difícil de ser atacados e não serão combatentes dignos de ir contra o teu poderio. E todo o teu exército marítimo com o terrestre te socorrerão e o

---

771. Em nosso entendimento, é interessante notar que Heródoto não introduz a fala de Aquêmenes – conforme habitualmente faz –, para demonstrar que a fala do irmão de Xerxes foi repentina, não houve uma introdução pausada e formal; em razão disso, não temos o costumeiro: "E ele disse", "E ele respondeu-lhe com essas palavras", "ele se virou e disse-lhe em resposta" etc.

772. Aquêmenes tem em mente a traição que Dario também recebeu de um homem heleno que se aproximou do rei como amigo e conselheiro, cujo nome era Histieu, conforme lemos neste relato: "E depois que lhe deu essas ordens, chamou à sua presença o milésio Histieu, que Dario já detinha por muito tempo, e disse-lhe: 'Estou informado, Histieu, que teu administrador, a quem tu confiaste Mileto, há pouco provocou problemas para mim; pois trouxe homens de outro continente contra mim, também iônios junto com eles, estes devem ser punidos pelas coisas que fizeram contra mim, porque eles tiveram essa convicção; seguiu junto com eles e despojou-me de Sárdis. [...] E como algo desse tipo foi feito sem os teus conselhos? Toma cuidado para que, mais tarde, não tenhas tu mesmo a responsabilidade disso'. Histieu disse-lhe o seguinte: 'Rei, qual opinião emitiste, que eu aconselhei alguma coisa que para ti foi uma grande ou pequena dor, com qual intenção te trouxe isso? Por que eu faria isso, o que procuraria, ficar desprovido de ti? Tenho junto a mim tudo quanto possuis, e sou digno de ouvir todas as tuas decisões. [...] juro pelos deuses da casa real que não me despirei do quíton que estiver trajando em minha chegada a Iônia até que faça a ilha de Sardo, a maior ilha que existe, uma tributária sua'. De fato, Histieu, ao dizer isso, enganava-o, e Dario se persuadiu e o deixou ir ordenando-lhe que, quando cumprisse o que lhe havia prometido, voltasse para Susos e se apresentasse diante dele". (Heródoto, *Histórias*, V, 106-107). In: Heródoto. *Histórias. Livro V – Terpsícore. Op. cit.*

exército terrestre com o marítimo marcharão juntos; e se os dividires[773], tu não terias utilidade para eles nem eles para ti. Tem bom pensamento sobre os teus próprios assuntos, não te preocupais com assuntos dos teus inimigos de guerra e para que lado se posicionarão na guerra e com o quanto eles farão e a sua quantidade. Pois eles próprios são capazes de se preocupar com eles mesmos, enquanto nós com os nossos o tanto quanto. E se os lacedemônios forem contra os persas na batalha, não irão reparar nenhum desastre presente".

237. Xerxes virou-se em resposta com estas palavras: "Aquêmenes, parece-me que tu estás falando bem e eu farei isso. E Demarato diz que ele tem a esperança de que eu tome as melhores decisões; mesmo que tua opinião seja superior. Pois, eu não posso admitir aquilo, da mesma maneira que ele não tenha pensado nos meus assuntos, de fato pelo que foi dito antes dessa conjectura e da realidade presente, que é possível que um cidadão inveje outro cidadão que age bem e lhe seja hostil em silêncio; e quando não pode dar nenhum conselho a um cidadão proveniente da cidadela, um homem cidadão pode dar os melhores conselhos, os que lhe parecem bons, a não ser que não tenha avançado antes na direção da virtude; e esses desse tipo são raros; e aquele que tem laços de hospitalidade, dentre todos, tem muito mais boa vontade com outro que tenha laços de hospitalidade, se lhe pedisse um conselho, ele poderia lhe dar os melhores

---

773. Novamente, Aquêmenes faz referência ao revés persa em Maratona, conforme lemos neste relato: "e os atenienses em seguida foram destemidos e se encontraram em batalha contra os bárbaros, e os combateram de modo digno de relato. Pois foram os primeiros dentre todos os helenos que nós conhecemos que utilizaram a corrida contra os inimigos, e os primeiros que se mantiveram firmes ao ver as vestimentas dos medos e os homens que trajavam essas vestimentas; e até aquele dia, o medo tomava os helenos quando ouviam o nome dos medos. E o combate entre eles em Maratona durou muito tempo. E os bárbaros venceram a parte central da infantaria, com os próprios persas e os sacas alinhados; os bárbaros venceram nesse ponto, romperam a formação e os perseguiram em direção ao interior, mas os atenienses e os plateenses venceram cada uma das fileiras. Depois de os vencerem, permitiram que o grupo derrotado dos bárbaros fugisse, e combateram contra aqueles que romperam o centro de ambas as suas fileiras, e os atenienses venceram. Os persas fugiram e eles seguiram no encalço dos persas e os dizimaram, até que eles chegaram na costa do mar, pediram fogo e tentaram se apossar das naus". (Heródoto, *Histórias*, VI, 112-113). In: Heródoto. *Histórias. Livro VI – Érato. Op. cit.*

conselhos. Desse modo então, ordeno ao restante que, em seguida, qualquer um se abstenha de caluniar Demarato, porque ele é o meu hóspede".

238. Assim que disse essas palavras, Xerxes passou em meio aos cadáveres e o de Leônidas, que tinha ouvido dizer que era rei e estratego dos lacedemônios, então ordenou que eles cortassem a sua cabeça e a espetassem no alto de um bastão. É evidente para mim que existem muitas e diferentes provas, e esta não está entre as menos importantes, de que o rei Xerxes, dentre todos os homens, era o que estava mais furioso com Leônidas enquanto ele ainda estava vivo; pois jamais teria transgredido a lei em função desse cadáver, visto que, dentre os homens, os persas são os que mais têm consideração para com os homens valentes nas circunstâncias de guerra, isto está dentre os fatos que eu conheço. De fato, os que deviam executar suas ordens executaram o que ele havia ordenado.

239. E eu volto para aquela parte da história que eu tinha antes deixado de lado[774]. Os lacedemônios foram os primeiros a serem informados de que o rei estava preparando uma expedição militar contra a Hélade, e desse modo, então, eles enviaram mensageiros para consultar o oráculo de Delfos, então lá foi-lhes proferido o oráculo que eu lhes falei há pouco[775]; e eles foram informados sobre isso de uma maneira espantosa. Pois Demarato, filho de Aríston[776], após ter se exi-

---

774. O relato herodotiano é conhecido por sua narrativa cíclica, o episódio que Heródoto inicia neste capítulo está relacionado aos capítulos 18 e 220 deste *Livro VII – Polímnia*.

775. Consultar capítulo 220 deste *Livro VII – Polímnia*.

776. O reinado de Aríston foi um dos mais prósperos e pacíficos da história espartana, conforme lemos neste relato de Heródoto, após o cumprimento de um oráculo: "Então, durante a primeira guerra, eles combatiam sempre mal contra os tegeatas, mas durante a época de Creso e dos reinados de Anaxândrides e de Aríston na Lacedemônia, os cidadãos espartanos foram superiores na guerra, e isso aconteceu do seguinte modo: uma vez que eles sempre eram derrotados pelos tegeatas, enviaram mensageiros para consultar o oráculo de Delfos e perguntar o que poderiam fazer para que os deuses lhes fossem propícios para serem superiores na guerra. E a Pítia proferiu-lhes um oráculo para que trouxessem de volta os ossos de Orestes, filho de Agamêmnon. Como eles não descobriram onde estava o túmulo de Orestes, enviaram novamente os mensageiros ao

lado entre os medos, como eu penso e o plausível é meu aliado de batalha, que não tinha boa intenção para com os lacedemônios, e é possível que pareça que ele tenha feito isso quer de boa intenção, quer para rir-se às custas dele. Porque depois que Xerxes decidiu realizar uma expedição militar contra a Hélade, Demarato, quando estava em Susos, já havia sido informado a respeito disso, e quis lhe contar a novidade sobre os lacedemônios. De fato, ele não podia ter indicado isso de outro modo; pois corria risco de ser apanhado em flagrante; então, ele tramou a situação que segue. Ele pegou uma tabuletazinha[777] de duas camadas, raspou a cera dela e depois inscreveu na madeira o plano do rei; e após ter feito isso, derreteu a cera, vertendo-a sobre as letras, a fim de que durante o transporte daquela tabuletazinha não houvesse nenhum problema diante dos guardas dos caminhos[778]. E assim que ela chegou à Lacedemônia, os lacede-

---

deus, a fim de que lhe perguntassem sobre o território no qual jazia Orestes. E a Pítia, respondendo às perguntas postas por esses mensageiros, proferiu as seguintes palavras: '*Há uma certa Tegea em uma região plana da Arcádia, onde dois ventos sopram, por força da necessidade, e há golpe e contragolpe, e mal sobre mal se coloca. Lá, a terra fecunda envolve o filho de Agamêmnon; tu, quando o trouxeres, serás o senhor da Tegea*'. Assim que os lacedemônios ouviram essas palavras, mantiveram sua busca com intensidade, procurando em todos os lugares, até onde Lico, um dos cidadãos espartanos chamados Benfeitores, encontrou-o". (Heródoto, *Histórias*, I, 67). In: Heródoto. *Histórias. Livro I – Clio. Op. cit.*

777. δελτίον (*deltíon*), ou "tabuletazinha", é o diminutivo de δέλτος (*déltos*) que é o nome dado à tabuleta de anotações, usada em diversos locais, como nas escolas para a alfabetização de alunos.

778. Este é o segundo episódio em que Heródoto demonstra que os helenos eram sagazes e conseguiam burlar a forte vigilância do rei, conforme lemos neste primeiro episódio que ilustra esse pensamento herodotiano: "E Aristágoras não pôde cumprir a promessa feita a Artafernes; e ao mesmo tempo ele estava apertado por causa da despesa do exército que lhe foi solicitado, e estava abalado com a má situação do exército e por ter se indisposto com Megabizo; pensava que seria destituído da soberania de Mileto. E porque estava nesse aperto com cada uma dessas questões, decidiu provocar uma revolta. Pois coincidia de ter chegado de Susos um homem com a cabeça tatuada, enviado da parte de Histieu, que sinalizava a Aristágoras que se revoltasse contra o rei. Porque Histieu desejava sinalizar a Aristágoras que ele devia se revoltar e não havia nenhum outro modo de estar seguro para fazer esta indicação, por que os caminhos estavam sendo vigiados, então ele raspou a cabeça de um dos seus escravos mais confiável, fez tatuagens nele e esperou que seus cabelos crescessem; e tão logo eles nasceram, enviou um mensageiro a Mileto ordenando-lhe que não fizesse nenhuma outra coisa que, assim que chegasse a Mileto, pedisse

mônios não sabiam interpretá-la, certamente até o momento em que, conforme eu estou informado, Gorgo[779], a filha de Cleômenes e esposa de Leônidas, ela mesma a observando chegou a uma conclusão, ordenou que a cera fosse raspada, e descobriu as suas letras inscritas na madeira. E descobriram que deveriam ser informados de algo e fizeram a sua leitura; em seguida, enviaram mensageiros com a notícia aos demais helenos. Certamente, diz-se que esses fatos aconteceram desse modo.

---

a Aristágoras que ele cortasse os seus cabelos e visse a sua cabeça; e as inscrições que indicavam, como também já havia dito antes, para que provocasse uma revolta". (Heródoto, *Histórias*, V, 35). In: Heródoto. *Histórias. Livro V – Terpsícore. Op. cit.*

779. Não nos chegaram muitas informações sobre Gorgo; sabemos que era filha do rei espartano Cleômenes, século V a.C.. Por este testemunho de Plutarco, sabemos que foi esposa de Leônidas: "Quando exortava seu marido Leônidas, que partia para as Termópilas para ser digno de Esparta, perguntou-lhe o que ela precisava fazer; e ele lhe disse 'com um nobre casar e nobres parir'". (Plutarco, *Ditos das lacônias*, 240E), tradução de Maria Aparecida de Oliveira Silva.

REFERÊNCIAS BIBLIOGRÁFICAS

OBRAS DE REFERÊNCIA

BOISACQ, E. *Dictionnaire etymologique de la langue grecque.* Heidelberg, C. Klinksieck, 1938.

DICIONÁRIO Grego-Português α-δ. Coordenado por Daisi Malhadas, Maria Celeste Consolin Dezotti & Maria Helena de Moura Nevpes. Cotia, Ateliê Editorial, 2006.

DICIONÁRIO Grego-Português ε-ι. Coordenado por Daisi Malhadas, Maria Celeste Consolin Dezotti & Maria Helena de Moura Neves. Cotia, Ateliê Editorial, 2007.

DICIONÁRIO Grego-Português κ-ο. Coordenado por Daisi Malhadas, Maria Celeste Consolin Dezotti & Maria Helena de Moura Neves. Cotia, Ateliê Editorial, 2008.

DICIONÁRIO Grego-Português π-ρ. Coordenado por Daisi Malhadas, Maria Celeste Consolin Dezotti & Maria Helena de Moura Neves. Cotia, Ateliê Editorial, 2009.

DICIONÁRIO Grego-Português σ-ω. Coordenado por Daisi Malhadas, Maria Celeste Consolin Dezotti & Maria Helena de Moura Neves. Cotia, Ateliê Editorial, 2010.

LE GRAND Bailly. Dictionnaire Grec Français. Rédigé avec les concours de E. Egger. Édition revue par L. Séchan & P. Chantraine, Paris, Hachette, 2000.

LIDDELL & SCOTT. *Greek-English Lexicon (with a revised supplement).* Compiled by Henri George Liddell & Robert Scott. Oxford, Clarendon Press, 1996.

ROCCI, Lorenzo. *Vocabolario Greco Italiano.* Trentasenttezima edizione. Roma: Società Editrice Dante Alighieri, 1993.

PARA A GRAFIA DOS NOMES E TOPÔNIMOS, CONSULTOU-SE:

PRIETO, Maria Helena de Teves Costa Ureña; PRIETO, João Maria de Teves Costa Ureña & PENA, Ariel do Nascimento. *Índices de Nomes Próprios Gregos e Latinos*. Lisboa, Fundação Calouste Gulbenkian, 1995.

PARA A REDAÇÃO DAS NOTAS DE TRADUÇÃO, FORAM CONSULTADAS AS SEGUINTES OBRAS DE REFERÊNCIA:

BURGUIÈRE, A. *Dicionário das Ciências Históricas*. Trad. Henrique de Araújo Mesquita. Rio de Janeiro, Bertrand Brasil, 1993.

GRIMAL, P. *Dicionário de Mitologia Grega e Romana*. Trad. Victor Jabouille. Rio de Janeiro, Bertrand Brasil, 1993.

HARVEY, P. *Dicionário Oxford de Literatura Clássica*. Trad. Mario da Gama Kury. Rio de Janeiro, Zahar, 1987.

HOWATSON, M. C. *Dizionario delle Letterature Classiche*. Torino, Einaudi, 1993.

LALOUP, J. *Dictionnaire de littérature grecque et latine*. Paris, Editions Universitaires, 1968.

PARIS, P. *Lexique des antiquités grecques: ouvrage illustrée de planches et de nombreaux dessins inédits*. Paris, Fontemoing, 1909.

MORKOT, R. *Historical Atlas of Ancient Greece*. London, Penguin, 1996.

EDIÇÕES E TRADUÇÕES

CORNELIUS NEPOS. Translated by John C. Rolf. London/Massachusetts/Cambridge, William Heinemann/Harvard University Press, 1984.

DIODORUS SICULUS. *Library of History. Vol. VII*. Translated by Charles L. Sherman. Cambridge/Massachusetts/London, Harvard University Press, 2005.

HERODOTUS. *The Persian Wars. Books V-VII*. Translated by Anthony D. Godley. Cambridge/Massachusetts/London, Harvard University Press, 1986.

HOMER. *The Iliad. Vol. I*. Translated by Augustus T. Murray and revised by William F. Wyatt. Cambridge/Massachusetts/London, Harvard University Press, 1999.

HOMER. *The Iliad. Vol. II*. Translated by Augustus T. Murray and revised by William F. Wyatt. Cambridge/Massachusetts/London, Harvard University Press, 1999.

PLUTARCO. *Como distinguir o bajulador do amigo*. Tradução, introdução e notas Maria Aparecida de Oliveira Silva. São Paulo: Edipro, 2015.

PLUTARCO. *Da malícia de Heródoto*. Edição bilíngue. Estudo, tradução e notas de Maria Aparecida de Oliveira Silva. São Paulo: Edusp/Fapesp, 2013.

TUCÍDIDES. *História da Guerra do Peloponeso*. Livro I. Tradução e apresentação de Anna Lia Amaral de Almeida Prado. Texto grego estabelecido por Jacqueline de Romilly. São Paulo: Martins Fontes, 2008.

Artigos e capítulo de livro

LURAGHI, Nino. "Meta-*historiē*: Method and Genre in the *Histories*". In: DEWALD, Carolyn & MARINCOLA, John. (eds.). *The Cambridge Companion to Herodotus*. Cambridge, Cambridge University Press, 2006, p. 76-91.

MUNSON, Rosaria V. "Who Are Herodotus' Persians?" *Classical World*, v. 102, n. 4, 2009, p. 457-470.

SIERRA MARTÍN, César. Desde la lógica de Heródóto: Milcíades y el asedio de Paros. *L'Antiquité Classique*, 82, 2013, p. 255-261.

SILVA, M. A. O. *A trilogia trágica de Heródoto*. Teatro: criação e construção de conhecimento, v. 6, p. 61-73, 2018.

SILVA, M. A. O. *Plutarco Historiador: análise das biografias espartanas*. São Paulo: Edusp, 2006.

ÍNDICE
ONOMÁSTICO

Abrocomes, 225
Acrísio, 99
Actéon, 161
Adimanto, 153
Adrasto, 122
Aécio, 18, 127
Aérope, 61, 148, 181
Afrodite Milita, 74
Afrodite Urânia, 117
Agamêmnon, 12, 61, 82, 148, 164, 174, 181-182, 198, 238-239
Agariste, 72, 227
Agbalo, 124
Agenor, 119
Agesilau, 208
Ágidas, 36-37, 164-165, 173, 208
Ágis, 129, 209, 211
Ágron, 125, 213
Ájax, 21, 133
Alcâmenes, 208
Alceu, 125, 213
Alcímede, 200
Alcínoo, 178
Alcmena, 188
Alcméon de Crotona, 18, 127
Alcmeônida, 159
Alcmeônidas, 42, 72, 227
Alévadas, 13-15, 41, 43, 146, 184
Alevas, 146
Alexandre, 62-63, 83, 178, 182, 186
Alfeu, 228
Alilata, 74
Amásis, 34, 85, 102, 198
Améstris, 79, 99, 138
Amílcar, 178-179
Amínocles, 197
Amintas, 186
Amirteu, 43
Amitáon, 223
Ámon, 45
Amorgos, 103
Anacársis, 51
Anafes, 101
Anaristo, 12, 149, 152

Anaxândrides, 164, 173, 208, 210, 238
Anaxilas, 178
Anaxilau, 177-179, 183
Androbulo, 156
Andrômeda, 99-100, 166
Anfiarau, 45, 117, 119
Anfictião, 206
Anfictiões, 206, 218, 230
Anfictionia, 206, 230
Anfíloco, 117, 119
Aniso, 124
Ánon, 178
Anquimólio, 155
Antifemo, 168
Antípatro, 13, 140
Apolo, 21, 66-67, 76, 119, 136-137, 147-149, 155-156, 158, 163, 176, 187
Apolo Peón, 137
Apolodoro, 99-100, 157, 189
Apriés, 34
Aquêmenes, 43-44, 55, 123-124, 236-237
Aquemênida, 35, 50, 65, 104-105, 111, 139, 226
Aquemênidas, 8, 139
Aqueu, 121
Aquiles, 28, 82-83, 146, 181, 199
Aratíctes, 72
Ares, 110, 156, 200
Argantônio, 62
Argonautas, 119, 200
Ariabignes, 123-124
Ariâmenes, 36
Ariamnes, 55
Ariazo, 113
Arídolis, 201
Arífron, 72, 227
Ariomardo, 104-105, 111
Aríon, 180
Arisbe, 82
Aristágoras, 18, 33, 40, 46-47, 90, 210, 216, 239
Aristea, 153
Aristodemo, 209, 230-232

Aristófanes, 73, 79, 157, 214, 226
Aristogíton, 41-42
Aristômaco, 209
Aríston, 9, 26, 36, 127-129, 165, 173, 214, 238
Aristonice, 155
Aristóteles, 18, 39, 41, 50, 104, 120, 130, 150-151, 169-170, 178
Arpoxes, 103
Arquelau, 208
Árquias, 161
Arriano, 83, 98
Arsamenes, 105
Ársames, 33, 55, 106, 226
Artabano, 22-23, 36, 46, 50-51, 55-59, 63, 84-91, 104, 110, 113, 134
Artabates, 104
Artabazo, 104, 194
Artafernes, 47, 51, 109, 201, 239
Artaintes, 105
Artanes, 225
Artapanes, 50, 104
Artaquea, 63, 102, 139-140
Artaxerxes, 44, 79, 132, 167
Ártemis, 67, 187
Artemísia, 125
Arteu, 63, 104
Artífio, 104-105
Artistone, 106
Artobazanes, 9, 35-37
Artocmes, 108
Ásia, 8, 10, 18, 33, 38, 40, 43, 46-47, 50, 52, 55, 59-61, 63-66, 68-70, 72, 80, 83, 93, 96, 101-103, 105-110, 116-121, 124-125, 133-134, 149, 152, 161-162, 172, 176, 186-187, 192-194, 213, 226-227
Asonides, 190
Aspatines, 35, 39, 113
Aspatínio, 123
Aster, 155
Astérion, 181
Astíages, 45, 60, 66, 89
Astíoque, 73

Astreu, 75, 137
Atamante, 136, 202-203
Átamas, 94
Atarneu, 81
Atena Calcieco, 194
Atena Ilíada, 83
Atena Poliocos, 81
Atenades, 218
Átis, 67, 87, 109, 125, 213
Atossa, 7, 9, 35-38, 43, 48, 50, 103, 113
Atreu, 61, 148, 181
Atridas, 61, 148
Áutocles, 235
Azanes, 104

Badres, 111
Bageu, 78, 112, 126
Baquílides, 171
Báratron, 11, 147
Bassaces, 110
Belo, 99, 125, 213
Benfeitores, 239
Bias, 234
Boges, 132-133, 137
Bóreas, 137, 145, 196-197, 206
Brásidas, 142, 211, 225
Bubares, 62-63
Búlis, 12, 149, 152

Cadmo, 136, 176-177, 202-203
Calcas, 119
Cálias, 167, 210
Cálias-Hipônico, 167
Calíope, 189
Camarina, 170-171
Cambises, 34-35, 43, 45, 55, 59-60, 66, 72, 77, 83, 88, 102, 105, 114, 138-139, 195, 201
Candaules, 17, 91, 124-125, 213-214
Careno, 185
Carneias, 212
Cassandane, 59
Cassiopeia, 99
Catreu, 61, 75, 181

Cécrops, 120, 157
Cefeu, 99-100, 166
Cefiso, 189
Céleo, 158, 205
Celes, 173
Cer, 229
Ciaxares, 45, 66
Cibernis, 124
Cidipe, 179
Cílix, 119
Címon, 133, 194
Cípselo, 133, 184
Circe, 100
Ciro, 8, 34-36, 38, 45, 55, 58-60, 66, 69-70, 74, 81, 83, 85, 88-89, 103, 105-106, 111, 114-116, 132, 191, 198, 217, 226
Cites, 176-177
Citissoro, 203
Cleandro, 152, 169-171
Cleóbulo, 234
Cleodeu, 209
Cleômbroto, 164, 173, 210
Cleômenes, 20, 36-37, 42-43, 128-129, 163-165, 173, 208-210, 216
Clície, 47
Clio, 17, 33, 42, 45, 54, 59-62, 66, 69-70, 74-75, 80-81, 85, 87-89, 93-95, 98-103, 109-111, 114, 116-117, 119-125, 139, 168-169, 173, 180, 189, 194, 200-201, 209, 214-215, 218, 226, 228, 234, 239
Clístenes, 19-20, 72, 122, 227
Clitemnestra, 61, 148
Coes, 124
Colaxes, 103
Coridalo, 218-219
Cóssicas, 124
Cótis, 46
Crânao, 206
Creso, 17, 34, 45, 53-54, 65-67, 69, 76, 80, 85, 93-94, 115-116, 119, 124, 173, 194, 213, 238
Cretines, 178, 197
Creusa, 20, 122

Crinipo, 177
Críside, 183
Crono, 20, 48, 138
Ctésias, 138
Ctônia, 196

Damasitimo, 124
Dânae, 99, 166
Danaides, 121
Dânao, 121
Dárdano, 83
Dario, 7-14, 18, 22-23, 33-39, 43-48, 50-53, 55-56, 59, 61, 63, 67, 71, 73, 77-78, 89-91, 93, 96, 100, 102-108, 111-114, 117-120, 122-124, 126, 132, 134, 144, 147, 149, 176, 194, 201, 217-218, 225-226, 236
Daro
Dátis, 47, 51, 109, 116
Dédalo, 182
Dejanira, 204
Demarato, 7, 9, 26, 29, 36-37, 127-129, 131, 165, 214-215, 234, 237-239
Deméter, 158-159, 168, 205-206, 230
Deméter Anfictionide, 205
Democedes, 48
Demófilo, 224
Demofonte, 158, 205
Demônoo, 202
Deucalião, 20, 81, 122, 206
Deusas Ctônias, 168
Diadromes, 224
Díctis, 99
Dieneces, 228
Diítrefes, 235
Dindimene, 116
Dinômenes, 161, 171
Diodoro Sículo, 78, 119, 121, 178, 183, 211, 223, 233
Diomedes, 65, 110
Dioniso, 136-137
Ditirambo, 228
Dodecaneso, 176
Dodecapolis, 122

Dorieu, 164, 173, 209-210
Dóris, 199
Dorisso, 209
Doro, 81
Doto, 107

Eácidas, 160
Éaco, 133, 191, 199
Eetes, 100, 200
Efialtes, 217
Egeu, 33, 42-43, 52, 62, 65, 67, 75, 89, 95-97, 110, 118, 120, 122, 125, 142, 159, 170, 176, 230
Egialeu, 122
Egina, 36, 133, 162, 199
Egito, 7, 9, 14, 33-35, 38-40, 43-44, 52, 59-60, 77, 83, 102, 105-106, 117-118, 121, 199, 204, 235
Eiromo, 124
Electra, 83
Enesidemo, 170, 178
Eobazo, 77-78, 105
Éolo, 94, 202-203
Eos, 75, 137
Epialtes, 27, 217-220, 224, 226
Epicarmo, 171
Equestrato, 209
Érato, 7, 47, 62-63, 72-73, 108, 112, 122, 127-130, 133-134, 139, 142, 147-148, 150-152, 163, 165, 176-177, 184, 189, 192-193, 197, 232, 237
Erecteu, 20, 122, 175, 196
Erictônio, 196
Esmérdis, 33-35, 39, 63, 74, 83, 111, 113
Esmerdomenes, 113, 142
Éson, 200
Esparto, 99
Espertias, 12, 149, 152
Ésquilo, 19, 74-75, 79, 119, 171
Estatira, 79
Esteno, 99
Esteságoras, 133
Estrabão, 110

Euclides, 171
Euríale, 99
Euríbato, 12, 148
Euricrátides, 208
Euridemo, 27, 217
Eurídice, 97, 99
Eurileonte, 173
Eurímaco, 25, 211, 233
Eurinassa, 47
Euripôntidas, 36-37, 165, 208
Euristemiste, 47
Eurístenes, 209
Euristeu, 188
Euríton, 230
Euro, 137
Europa, 10, 14, 22-23, 40, 45-46, 48-49, 51, 55, 61, 63, 72, 88, 92, 96, 106, 110, 120, 134, 144, 163, 181, 184, 186, 193, 226
Eurotas, 222
Euterpe, 59, 102, 117, 125, 168, 189, 195, 199, 204
Eveneto, 185

Fanagoras, 218
Farandaces, 111
Fárnaces, 104
Farnaspes, 59
Farnazatres, 104
Farnuques, 116
Ferendates, 105
Fileu, 133
Filócoro, 85
Filoctetes, 42, 187
Formo, 191
Fratagones, 225
Frixo, 94, 202-203

Ganimedes, 181
Geia, 189, 196, 199
Gélon, 161-162, 168, 170-177, 179-180
Gergis, 83, 113, 142
Gigea, 62

Góbrias, 14, 35, 39, 54, 107, 113, 124
Gorgo, 124, 210, 240
Górgona, 99

Hades, 97, 152, 158, 205
Harmamitres, 116
Harmátides, 228
Harmódio, 41-42
Harmonia, 136
Hárpago, 60, 89, 116, 168
Hécate, 100
Hegesicles, 209
Heitor, 73, 82
Hele, 94, 203
Helena, 61, 73, 148, 181-182, 199
Helênion, 125
Heleno, 47, 81, 94, 121
Heliconíades, 189
Hera, 66, 110, 136
Héracles, 83, 125, 161, 165, 178, 188, 200, 204, 209, 213, 219-222
Heraclida, 213
Heraion, 163
Hesíodo, 20, 48, 100, 110, 137, 146, 157, 189, 229
Hidarnes, 39, 104, 113, 149-151, 216, 219-220
Híeron, 171
Hilo, 116, 209
Hiparco, 15, 41-42
Hiperantes, 225
Hipermnestra, 121
Hípias, 41
Hípias de Élis, 183, 212
Hipócrates, 72, 169-171, 176, 227
Hipônico, 167
Hiseldomo, 124
Histanes, 111
Histaspes, 8, 33, 39, 46-47, 51, 55, 103, 105, 113, 226
Histieu, 46-47, 52-53, 73, 90, 124, 137, 151, 236, 239

Homero, 21, 54, 65, 68, 73, 81-82, 97, 110, 119, 134, 137, 148, 164, 175, 178, 181-182, 184, 198, 229

Iárdano, 125, 213
Idantirso, 71
Idia, 100
Idômene, 223
Íficlo, 73
Ifigênia, 148, 198
Ínaro, 43-44
Ino, 136, 202-203
Intafernes, 39, 113
Íon, 20, 121-122
Iságoras, 20
Isócrates, 87
Ísqueno, 190
Istro, 52, 85, 96
Itamitres, 105

Jasão, 100, 200

Lacedêmon, 99, 222
Laomedonte, 82
Laso, 15, 42
Leda, 182
Leíto, 203
Leobotes, 209
Léon, 190, 208-209
Leônidas, 23, 25-29, 164, 173, 194, 208, 210-213, 220-230, 233, 238, 240
Leontíades, 25, 211, 232-233
Leoprepes, 230
Leotíquides, 129, 183
Leto, 67, 187
Leucótea, 203
Lico, 69, 72, 120, 239
Licurgo, 108, 148-149, 207-209, 214, 229, 231-232
Lídio, 45, 65, 109
Lígdamis, 125
Linceu, 121
Lipoxes, 103

Mandane, 60
Mândrocles, 96
Manes, 46, 87, 109
Mardonces, 112
Mardônio, 14, 22, 35, 39-40, 47-48, 50, 54, 108, 113, 134, 142, 144, 193
Máron, 228
Mársias, 66
Mascames, 132
Masistes, 113, 142
Masístio, 112
Massages, 107
Matem, 124
Mázares, 81
Medeia, 100, 200
Medusa, 99
Megabates, 123
Megabizo, 39, 63, 105, 113, 123, 134, 142, 217, 239
Mégacles, 19, 42, 72, 227
Megacreonte, 141
Megadostes, 132
Megapano, 101
Megasidro, 107
Megístias, 27, 221, 223, 229-230
Melâmpigo, 219-220
Melampo, 223
Melisso, 161
Melpômene, 46, 51-53, 65, 71, 78, 90, 93, 96, 103, 106-107, 118, 134, 137, 143, 189, 215
Menares, 129
Meneceu, 175
Menelau, 61, 181-182, 184, 199
Merbalo, 124
Mérmnadas, 124, 213
Metanira, 158, 205
Metiadusa, 120
Metíon, 120
Métis, 82, 157
Mícito, 183
Milcíades, 52-53, 90, 133, 184
Minos, 110, 120, 181-182, 184
Mirmídones, 191

Mirsilo, 125, 213
Mirso, 125, 213-214
Mitra, 74, 78
Mnemôsine, 189
Musas, 146, 189

Néfele, 94, 202-203
Néocles, 159, 186
Nereidas, 99, 199
Nereu, 199
Nesso, 204
Nestor, 175
Nicératos, 235
Nícias, 235
Nicolau, 12, 149, 152
Nicôstratos, 235
Ninfodoro, 152
Nino, 125, 213
Niso, 120
Noto, 75, 137, 145, 206

Oarizo, 107
Oceano, 106, 189, 199, 219
Odisseu, 24, 65, 110, 178
Onésilo, 33
Onetes, 218-219
Onomácrito, 15, 41
Oretes, 78, 126
Orfeu, 41, 97
Orgeu, 13, 140
Oritíia, 196-197
Oromedonte, 124
Orsifanto, 228
Otanes, 16-17, 21, 35, 39, 79, 91, 99, 101, 113, 201
Otaspes, 102
Ótris, 145
Oxatres, 79

Páctias, 81
Pactolo, 47
Palas, 120, 157
Pámon de Ciro, 191
Pandíon, 196, 120

Livro VII - Polímnia | 253

Pantares, 169
Pantites, 232
Parebates, 173
Páris, 82, 178, 182
Pármis, 111
Pateco, 170
Patiranfes, 79, 101
Patizites, 35, 83
Pausânias (Geógrafo), 42, 67, 73, 100, 122, 161, 165, 183, 224-225, 228
Pausânias (Rei de Esparta), 165, 194, 225
Peleu, 199
Pélias, 200
Pélops, 47, 55, 174
Pentilo, 202
Periandro, 180, 235
Péricles, 19, 21, 72, 184, 227, 233
Persa, 7-8, 10, 13-15, 22, 24-25, 41, 45, 47, 52, 56, 63, 84, 97, 99-100, 117, 121-122, 147, 153, 161, 163, 165, 168, 172, 176, 179-180, 184-185, 189, 206, 213, 216
Perséfone, 97, 158, 168, 205
Perseu, 99-100, 165-166, 222
Persidas, 222
Piéride, 189
Pigres, 124
Pílades, 120
Pilagoros, 218-219
Pília, 120
Píndaro, 73, 100, 171, 200
Pisistrátidas, 13-15, 41-43, 47, 155
Pisístrato, 15, 41-42, 125, 133, 169
Pítaco, 234-235
Pites, 153
Pítia, 20-21, 42, 85, 94, 148, 155-156, 158-159, 164, 181, 184, 209, 222, 238-239
Pítias, 190
Pítio, 67, 76-77
Platão, 73
Plínio, 95, 124, 135
Plutarco, 11, 20, 28, 36, 42, 72, 79, 82, 85, 108, 122, 137, 148, 154, 159, 161, 166, 184, 187-188, 207, 210-211, 214, 221-224, 226-227, 229, 231-233, 240
Polícrates de Samos, 78
Polidectes, 99
Polidoro, 208
Polimedes, 200
Polímnia, 7-8, 10-11, 23, 26, 29-30, 35, 71, 76, 79, 95, 101-102, 113, 128, 137, 144, 151, 153-154, 159, 166, 189, 192, 215, 218, 222, 238
Posídon, 73-74, 99, 138, 146, 157, 161, 200, 202
Posídon Sóter, 199
Prexapes, 123, 138
Prexino, 190
Príamo, 82, 182
Pritaneu, 203
Prometeu, 46
Protesilau, 73
Protogênia, 196
Psamênito, 43
Psamético, 44, 117

Querasmis, 111
Quero, 183
Quérsis, 124
Quílon, 164, 234
Quíron, 200

Reia, 20, 48, 138
Reso, 65, 110

Sábilo, 169
Sandoces, 201-202
Sarpédon, 110, 120
Sataspes, 111, 215
Sêmele, 136
Sesóstris, 111
Sete Sábios, 200, 234
Seti I, 83
Síagro, 168, 174
Siênesis, 124
Simônides, 230
Siromítres, 105, 112

Sisamnes, 104, 201
Sitalces, 152
Sófocles, 19, 42, 81, 85, 187, 204
Sólon, 53, 69, 85, 234-235

Tales, 234
Talia, 19, 33-34, 37, 39, 43-44, 48, 63, 78, 83, 85, 92, 95, 98, 101-105, 108, 111-115, 117, 119-120, 126, 138, 189, 195, 198, 218
Taltibíadas, 12, 148-149
Taltíbio, 12, 148-149, 152
Tamásio, 201
Tanira, 43
Tântalo, 47, 148
Targitau, 103
Teáspis, 111
Teispes, 55
Télamon, 21, 199
Téleclos, 208
Telines, 168-170
Télis, 225
Temístocles, 154, 159-160, 186, 187, 194
Teócrito, 50
Teodoro de Samos, 67
Teodósio I, 184, 213
Teógnis, 50
Teres, 152
Terilo, 177-178
Téron, 178-179
Terpsícore, 10, 33, 40, 47, 70, 90, 96, 122, 143, 155, 160, 166-168, 173, 189, 201, 208, 210, 216, 227, 236, 240
Téssalo, 173
Tétis, 189, 199
Tetramnesto, 124
Teucro, 83
Tia, 219
Tiestes, 148
Tigranes, 100
Timágoras, 124
Timnes, 124
Tímon, 156

Timônax, 124
Tirteu, 108, 207
Tisandro, 20
Titeu, 116
Tolmeus, 235
Tritantecmes, 113, 142
Tritogênia, 157
Trofônio, 45
Tucídides, 28, 44, 64, 131-132, 137-139, 142, 154, 160, 168, 172, 175, 178, 182, 211, 227, 232-233, 235
Tuia, 189

Urânia, 74, 79, 190
Urano, 189, 199

Xantipo, 72, 227
Xanto, 47, 82
Xenofonte, 40, 67, 72, 79, 82-83, 98, 107, 132, 165, 171, 231
Xerxes, 7-14, 21-23, 26, 28-29, 35-39, 41, 43-44, 48, 50-51, 55-62, 65-68, 71, 73-77, 79-80, 82, 84, 86-87, 89-90, 92-94, 96-97, 99, 104, 113, 124, 126, 132, 134-135, 138-147, 149, 151, 153-154, 161-162, 166-167, 177, 186, 190, 194-195, 198, 200, 202-203, 206, 213-215, 217, 219, 224, 226, 233-234, 236-239
Xuto, 20, 121-122

Zaratustra, 91
Zéfiro, 75, 137
Zeus, 16, 20, 33, 48, 67, 74, 79-80, 82-83, 85, 93, 99, 103, 109-110, 136, 157-158, 181-182, 187-189, 191, 205, 209, 222
Zeus Calos, 102
Zeus Cário, 20
Zeus Lafístio, 202-203
Zeus Olímpio, 157
Zeus Urânio, 129
Zeus Xênio, 178
Zeuxipe, 196
Zópiro, 112-113, 217